KLAUS VON BEYME
DIE POLITISCHEN THEORIEN DER GEGENWART

Serie Piper
Band 211

Zu diesem Buch

Dieses Buch gibt einen systematischen Überblick über die politischen Theorien des 20. Jahrhunderts. Vom Standpunkt des Methodenpluralismus aus führt es ein in die Vielfalt und Dynamik politischer Theoriebildung, in deren wissenschaftstheoretische Voraussetzungen und in die wichtigsten Ansätze politikwissenschaftlicher Forschung.

Klaus von Beyme diskutiert zudem die Grundbegriffe politischer Theorien – sowohl die Ordnungsbegriffe wie Staat, Macht, politisches System, politische Kultur und Demokratie als auch die Konfliktbegriffe wie Gruppen, Klassen und Eliten. Seinen eigenen Worten zufolge versteht sich dieses Buch als Beitrag zur Suche einer Politikwissenschaft zwischen einem Szientismus, der die Wissenschaft nur noch für Wissenschaftler treibt, und einer Common-Sense-Ideologie, die eine relative Unabhängigkeit wissenschaftlicher Theorie von Umgangssprache und Erlebnisinhalten nicht anerkennen will.

Klaus von Beyme, 1934 in Saarau geboren, Studium der Politikwissenschaft und Soziologie an den Universitäten Heidelberg, München, Paris und Moskau. 1962 Promotion; 1967 Habilitation. 1967 bis 1973 o. Professor für Wissenschaftliche Politik an der Universität Tübingen, seit 1973 o. Professor am Institut für Politikwissenschaft der Universität Heidelberg. Von 1982 bis 1985 Präsident der *International Political Science Association.*

KLAUS VON BEYME

DIE POLITISCHEN THEORIEN DER GEGENWART

EINE EINFÜHRUNG

R. PIPER & CO VERLAG
MÜNCHEN ZÜRICH

ISBN 3-492-00511-X
5., überarbeitete und ergänzte Auflage, 16.–10. Tausend, Februar 1984
(2. Auflage, 6.–10. Tausend dieser Ausgabe)

Umschlag: Disegno
Gesetzt aus der Times-Antiqua
Gesamtherstellung Clausen & Bosse, Leck
Printed in Germany

Meiner Schwester Gisela

Inhaltsverzeichnis

Vorwort

Vorliegende Einführung entstand im Anschluß an eine Vorlesung über »Politische Theorie« aus einer Forderung der Studenten nach einem Skriptum, das erlaube, die »repressiven Stoffmassen« besser zu übersehen. Der verdienstvolle Überblick über die modernen Theorien in drei Bänden von Narr und Naschold schien mir zunächst eine weitere Einführung in die politische Theorie überflüssig zu machen. Ich wurde mit dem Hinweis umgestimmt, daß drei Bände für Einführungszwecke zu umfangreich seien und daß sie, was mir als Argument gewichtiger erschien, nicht vorwiegend didaktischen Zwecken dienen sollten, sondern der kritischen Rezeption bestimmter bisher in Deutschland vernachlässigter Theorien. Bei ihrer Beurteilung wurde gelegentlich eine gewisse Kenntnis dieser Theorien vorausgesetzt, wenn man die Arbeit mit Gewinn lesen will, und bei ihrer Bearbeitung und Bewertung zogen die beiden Autoren überwiegend nicht am gleichen Strang.

Für eine Einführung ist es nicht leicht, die Mitte zwischen Darstellung der Theorien, dem Hinweis auf die von den Theorien reduzierte politische Wirklichkeit und der Bewertung und Kritik der Theorien zu halten. Jedenfalls sollte man von einer Einführung in die politische Theorie keinen kompletten deskriptiven Überblick über die materiellen Bereiche der Politik erwarten, wie sie Einführungen in das *Comparative Politics* versuchen. Der Autor schmeichelt sich nicht, daß ihm die Vereinigung der drei Gesichtspunkte, die in Einführungen beachtet werden müssen, optimal gelungen ist, und er fragt sich, ob dies überhaupt gelingen kann. Einige Bereiche – wie die Klassen-, Gruppen- und Elitentheorien – haben einen geringeren Abstraktionsgrad der Konzeptbildung als andere, z. B. der Bereich der Erforschung von politischen Systemen und Kulturen. Daraus ergeben sich dann zwangsläufig Unterschiede der Darstellung. Je geringer der theoretische Abstraktionsgrad eines Ansatzes, um so stärker tendiert die Analyse zur deskriptiven Darstellung von Gegenständen.

Diese Einführung setzt sich einige andere Ziele als die bisher – vor allem auf dem amerikanischen Markt – vorliegenden Abrisse der politischen Theorie:

(1) Es wird versucht, die *Abstraktionsebenen stärker zu sondern*, als dies in den meisten amerikanischen Darstellungen der Fall ist, bei denen Argumente der metatheoretischen, theoretischen, methodologischen und forschungstechnischen Ebene häufig unvermittelt nebeneinanderstehen. Es sei nicht verschwiegen, daß dieser Versuch gelegentlich auch etwas Künstliches an sich hat, etwa wenn die metatheoretischen und theoretischen Annahmen des Funktionalismus vom Begriff des politischen Systems oder der Begriff der politischen Kultur von den Grundlagen des behavioristischen Ansatzes getrennt werden. Dennoch wird dieser Versuch unternommen, weil die Approaches in der Forschungspraxis häufig nur eklektisch einsetzbar sind. Teile von Theorien und Methoden lassen sich in konkreten Forschungen rezipieren, ohne zugleich alle metatheoretischen Implikationen einer Theorie zu übernehmen, wie sich vor allem am Funktionalismus zeigen läßt (vgl. Kap. II, 4).

(2) Der vielbeschworene *Methodenpluralismus* – von der linken Kritik gelegentlich als »Konzeptlosigkeit« angeprangert (v. Brentano, 1971) – wird seinen wissenschaftstheoretischen Grundlagen untreu, wenn er die marxistischen Theorieansätze nicht mit einschließt und wenn liberale Pluralisten im Namen Poppers zu diskriminieren, statt zu falsifizieren beginnen. Vom Standpunkt eines methodischen Pluralismus aus werden die einzelnen Theorien und methodischen Ansätze nicht ausschließlich nach ihrer logischen Schlüssigkeit, sondern auch nach ihrer Fruchtbarkeit für die Detail-Forschung beurteilt werden müssen. Der Methodenpluralismus muß sich vor allem auf die Behandlung der wissenschaftstheoretischen Diskussion vor den engeren Grenzen des Faches Politikwissenschaft beziehen und muß auch die Beiträge der Normativisten und Dialektiker würdigen, die sich vom *mainstream* positivistischer Sozialwissenschaft fernhalten. Methodenpluralis-

mus in diesem Sinn heißt jedoch nicht, daß die Methoden – und vor allem die metatheoretischen Positionen – beliebig gewählt und vertreten werden können und daß sich eine eigene Stellungnahme des Autors erübrigt. Die Position des Autors ist nach wie vor die eines kritischen Rationalismus, auch, wenn Kritiker des Verfassers ihm gelegentlich in den 70er Jahren »verhältnismäßig späte« Anpassung an den marxistischen Zeitgeist vorwarfen (Schissler, 1979, S. 140f.). Meine Auffassung des Kritischen Rationalismus ist jedoch durchgehend eine, wie sie Lakatos gegenüber Popper vertreten hat, der sich von dem Theorien-Killer-Sadismus eines rigorosen Falsifikationismus absetzte und den wirklichen Erfolg »nur durch konstruktive Kritik mit Hilfe konkurrierender Forschungsprogramme« entstehen sah (Lakatos/Musgrave, 1974, S. 173). Damit war für den Verfasser eine Entwicklung zu einem konsequenten Theorienpluralismus nahegelegt, der keine Berührungsangst gegenüber marxistischen Ansätzen entwickelt, auch, wenn er diese in vielen Bereichen nicht als haltbar ansieht. Die von mir bevorzugten Positionen sind seit der ersten Auflage dieses Buches von Paul Feyerabend (ehe er zum dezisionistischen Anarchisten wurde, der lieber Bürgerinitiativen als Wissenschaftstheoretiker zum Schiedsrichter über eine Theorie anrufen will) und von Helmut Spinner weiterentwikkelt worden. Der Verfasser muß als Nichtphilosoph weiterhin jener »Außenstehende« im Streit der Wissenschaftstheoretiker bleiben, den Spinner (1974, S. 234) wohlwollend apostrophierte. Er wird sich andererseits aber auch durch Kritik nicht abschrecken lassen, für eine bestimmte Position zu optieren, zumal es im Lichte einer Analyse der politikwissenschaftlichen Theorie gute Gründe gibt, weder Poppers noch Kuhns Vorstellungen über die Entwicklung theoretischen Fortschritts zu folgen, die allzusehr von der Geschichte der Naturwissenschaft geprägt sind (vgl. dazu das Schlußkapitel). In einer solchen Einführung wird der Autor daher eine Fülle von Theorien zu referieren haben, auch, wenn er sie selbst und ihre metatheoretische Grundlage für problematisch hält. »Der pluralistische Prüfprozeß muß eintrittsmäßig offen und im ganzen mehr auf Verbesserung aller Standpunkte als auf das

Herausprüfen der momentan schwächeren Alternativen angelegt sein« (Spinner, 1980, S. 46). Die Diskussion widerstreitender und zum Teil kaum vergleichbarer Theorien erübrigt sich auch aus didaktischen Gründen nicht, weil es zum Glück immer noch eine Mehrheit von Studenten gibt, welche die verschiedenen Ansätze kennenlernen will, ehe sie sich für ihre eigene Weiterarbeit festlegt, und nicht wenige von denen, die sich bereits metatheoretisch festgelegt haben, bleiben an einer Auseinandersetzung mit den Gegenpositionen interessiert.

(3) Die *Geschichte des politischen Denkens* vor dem 20. Jahrhundert wird nicht pauschal als Vorgeschichte empirischer Theoriebildung ausgeklammert, und die Verbindungen moderner Modelle zu älteren Denkansätzen werden nicht übersehen. Ebensowenig huldigt der Autor jedoch dem *nothing-new-under-the-sun-approach* einiger Normativisten, für welche die Ideengeschichte gelegentlich die Funktion eines bloßen Waffenarsenals zur Abreaktion von Aggressionen gegen moderne politische Theorien angenommen hat.

(4) Das Bemühen um brauchbare wissenschaftliche Methoden und Denkansätze soll sich nicht im *Methodenpurismus* mancher Szientisten verlieren, denen logische Klarheit oder technologische Verwertbarkeit über anderen Werten wie »gesellschaftliche Relevanz« und »Humanität« zu stehen scheint. Wissenschaftliche Methoden und Denkansätze werden in ihrer Verbindung mit den Interessen und Machtstrukturen der Gesellschaft und des Wissenschaftsbetriebes gesehen, ohne daß der Aufweis solcher Verbindungen dazu benutzt wird, bestimmte Methoden als ideologisch eindeutig fixiert abzulehnen. Den methodologischen Puristen, die jeden wissenssoziologischen Hinweis auf den Einfluß von Herrschafts- und Kommunikationsstrukturen als einen den Gesetzen der Wissenschaftslogik unangemessen relativistischen Historismus ablehnen, sei versichert: Der Hinweis auf die Gefahren einzelner Denkansätze und Methoden in einem bestimmten historisch-gesellschaftlichen Kontext ist notwendig, aber er sagt über die Validität einer wissenschaftlichen Aussage nichts aus, da Genesis und Verwertung von Theorien niemals identisch mit ihrem wissenschaftlichen Gehalt sind.

(5) Eine Einführung, die nicht auf eine eigene Position verzichtet, kann gleichwohl nicht den Anspruch erheben, eine eigene konsistente Theorie der Politik zu entwickeln. Dies konnten auch umfassendere Werke wie Friedrichs ›Man and his Government‹ (1963) nicht, die sich als »empirische Theorie der Politik« verstehen. Nicht einmal die Normativisten haben bisher eine solche entwickelt, obwohl es für sie vergleichsweise am leichtesten wäre. Nur bei einigen Systemtheoretikern seit Easton wird eine integrierte politische Theorie in Umrissen sichtbar. Die Ausfüllung des Skeletts ist jedoch auch ihnen nur unvollständig gelungen. Die politische Theorie hat sich in einzelnen Gebieten rasch entwickelt, als *general theory* ist sie jedoch wesentlich weniger entwickelt als die soziologische oder die ökonomische Theorie. Dennoch ist es nicht zu früh, sich mit den zahlreichen Theorien in einzelnen Bereichen der Politik zu befassen, zumal der Verfasser sich zu denen bekennt, denen die Komplexität der politischen Welt in den eigenen Arbeiten mehr am Herzen liegt als die allzu eilfertige Reduktion dieser Komplexität durch einige »general theories«.

Dieses Buch versteht sich als Beitrag zur Suche einer Politikwissenschaft zwischen einem Szientismus, der die Wissenschaft nur noch für Wissenschaftler treibt, und einer Common-Sense-Ideologie, die eine relative Unabhängigkeit wissenschaftlicher Theorie von Umgangssprache und Erlebnisinhalten nicht anerkennen will. Es gilt, die Errungenschaft moderner Theorien, Methoden und Forschungstechniken nicht zugunsten einer ideologisierten politischen Philosophie wieder über Bord zu werfen, aber den Beitrag der Ideologien und Philosophien zur Hypothesenbildung und zur Zielsetzung in der Anwendung wissenschaftlicher Ergebnisse in einer technokratisch bedrohten Praxis nicht zu verkennen und die kritische Frage nach der Relevanz einzelner theoretischer Bemühungen für eine Humanisierung der Gesellschaft nicht pauschal als »Wissenschaftsstürmerei« zu diskriminieren.

Heidelberg, Dezember 1979 K. v. B.

Literatur

I. Lakatos / A. Musgrave (Hrsg.): Kritik und Erkenntnisfortschritt. Braunschweig, Vieweg, 1974
M. von Brentano: Wissenschaftspluralismus. Das Argument, Nr. 66, 1971, S. 476–493
H. Spinner: Pluralismus als Erkenntnismodell. Frankfurt, Suhrkamp, 1974
J. Schissler: Probleme des Sozialismus. Kritik an zwei politologischen Neuerscheinungen Klaus vom Beymes. Geschichte und Gesellschaft, 1979, S. 137–149
H. Spinner: Theorienpluralismus in Wissenschaft und Praxis. In: Pluralität in der Medizin. Frankfurt, Umschau Verlag, 1980, S. 34–58

Im Text verwendete Abkürzungen:

APSR	American Political Science Review
ASR	American Sociological Review
KZfSS	Kölner Zeitschrift für Soziologie und Sozialpsychologie
MEW	Marx-Engels-Werke, Berlin-Ost
PVS	Politische Vierteljahresschrift
LW	Lenin, Werke
StW	Stalin, Werke

Einleitung

Theorie soll eine generalisierende Proposition genannt werden, die behauptet, daß zwei oder mehr Dinge, Aktivitäten oder Ereignisse unter bestimmten Bedingungen sich miteinander verändern. Eine Theorie enthält also drei Elemente:

(1) ein System von aufeinander bezogenen Aussagen über einen bestimmten Ausschnitt der politischen Realität;

(2) Angaben über die Voraussetzungen und Randbedingungen, unter denen diese Aussagen gelten sollen;

(3) die Möglichkeit, Hypothesen über künftige Ereignisse und Veränderungen zu bilden.

Diese politisch-prognostische Funktion der Theorie hat nichts gemein mit der historischen Prophezeiung der dialektisch-historischen Theorien. Von empirischen Theorien sind immer nur Wenn-dann-Sätze ableitbar, welche genau die Voraussetzungen angeben, bei denen eine bestimmte Veränderung eintreten kann, während historische Prophetien bedingungslos gegeben werden.

Eine Theorie, die vielfach bestätigt ist, wird häufig ein *Gesetz* genannt. Eine Theorie, die weiterer Tests bedarf, wird oft nur als *Hypothese* bezeichnet. Der Kritische Rationalismus kennt jedoch keine bestätigten Theorien. Jede Theorie ist der Falsifikation auch nach hundert Bestätigungen noch offen. Es gibt eigentlich nur Falsifikation, der laxe Sprachgebrauch in Sätzen wie »die Theorie X wurde durch die Studie Y verifiziert« ist für Neopositivisten daher logischer Unsinn.

Politische Theorie enthält wie jede Theorie die drei Grundelemente, dennoch ist die Möglichkeit der Theoriebildung in der Politikwissenschaft nicht mit der anderer Wissenschaften gleichzusetzen. Die Theorien auch der einzelnen Sozialwissenschaften – die sich ursprünglich aus einer philosophischen Gesellschaftstheorie ausdifferenzierten – bevorzugen unterschiedliche Abstraktionsstufen, unter denen sich drei unterscheiden lassen:

(1) einzelne Generalisierungen, die das Gros der Studien in der Politikwissenschaft ausmachen;

(2) partielle Theorien (z. B. über Nicht- oder Wechselwähler);

(3) allgemeine Theorie (general theory) über das ganze politische System.

Selbst ein Begriff wie der des »politischen Systems« ist jedoch verglichen mit dem Begriff »soziales System« in der Soziologie noch relativ wenig komplex. Die Erfahrung, daß die Politikwissenschaft mit relativ wenig komplexen Begriffen arbeitete, hat einzelne Theoretiker der Sozialwissenschaften zu der Behauptung geführt, die Politikwissenschaft sei eine »untheoretische Wissenschaft«. Parsons und Edward Shils (1954, S. 28f.) haben daher auch im Vergleich zwischen Volkswirtschaftstheorie und politischer Theorie der Volkswirtschaftslehre einen eindeutig höheren theoretischen Rang eingeräumt, weil in ihr eine größere Anzahl von Komponenten berücksichtigt würden und der Gegenstand für eine allgemeinere Handlungstheorie geeignet sei.

Trotz dieser Erschwernisse im Bereich politischer Theorienbildung haben wir kaum Veranlassung, die Wirtschaftswissenschaften zu beneiden, da ihre abstrakten Modellkonstruktionen unter vielseitige Kritik geraten sind. Gerade der stärker vom Einzelproblem her erfolgende Zugang vieler Politikwissenschaftler, auch unter denen, die nicht zu den orthodoxen Anhängern der Politik als praktischer Philosophie gehören, wird es leichter ermöglichen, der Relevanzfrage der kritischen Theorien gerecht zu werden. Im Bemühen um eine praxisbezogenere Politökonomie stehen beide Wissenschaften heute vor dem gleichen Problem.

In einem Überblick über die theoretischen Ansätze müssen wir uns daher bei der Überprüfung der Methoden einzelner politikwissenschaftlicher Werke vor Überheblichkeit hüten. Obwohl fast alle Einführungen in die Theorie verschiedener Sozialwissenschaften betonen, daß es Theorien verschiedener Abstraktionsgrade gebe, und nicht selten sogar die Contradictio in adjecto »deskriptive Theorie« benutzt wird, greift die Polemik sehr häufig zu dem Mittel, einem Konzept den Theoriecharakter abzusprechen.

Vielfach wird mit dem Vorwurf »Paratheorie« gearbeitet, oder ein im Selbstverständnis des Urhebers als Theorie bezeichnetes Aussagensystem wird nur als ein »analytisches Schema« angesehen (Narr/Naschold, 1971, Bd. 3, S. 212). An solchen rigorosen Ansprüchen gemessen, ließe sich die Mehrheit aller sogenannten Theorien als bloße analytische Schemen entlarven, da sie über den Vorhof der Hypothesenbildung meist nicht hinauskommen. Damit würden jedoch nicht nur Gedankenkomplexe niederen Abstraktionsgrades vom Theoriebegriff ausgeschlossen, sondern gerade die allgemeinen Theorien höchster Abstraktionsstufe. Es wird überwiegend anerkannt, daß etwa Parsons Systemtheorie auch nur den »Rahmen« für empirisch-analytische Hypothesenbildung abgibt, und dennoch würde ihr niemand den Theoriecharakter absprechen.

Der weniger rigorose Theoriekritiker könnte die immanente Stimmigkeit eines Gedankenbildes zum Maßstab für Theorie machen. Daran gemessen würden jedoch sehr methodenbewußte und auf einem hohen Reflexionsniveau stehende empirische Untersuchungen allenfalls einzelne theoretische Elemente enthalten, ohne daß dieses Verdikt ihre wissenschaftliche Ergiebigkeit mindern könnte. Die Fruchtbarkeit vieler Studien war oft größer als ihre methodische Exaktheit und theoretische Konsistenz. Methodische Stringenz wird denn auch vornehmlich von Rezensenten beschworen, die sich jedoch in ihren eigenen Werken – aus den beschriebenen Gründen – auch nur partiell daran halten können.

Schließlich kann man Ungerechtigkeiten gegen einzelne Werke dadurch ausschalten, daß man ihre Funktion im wissenschaftlichen Kommunikationssystem bedenkt, was sehr viele Rezensenten übersehen, die Werke kritisieren, ohne an den Adressatenkreis und die Lehrfunktion zu denken, die manchen Werken zukommt. Scharfe Kritik ist allenfalls dort angebracht, wo entweder der Autor oder die Werbung des Verlages mit falschen Ansprüchen auftritt. Politikwissenschaftliche Werke mit Einsichten, die für die Theoriebildung relevant sind, können als Materialsammlung und Handbuch, als einführendes Lehrbuch oder popularisierende Darstellung, als vorläufiger Essay zur Hypothesenbildung oder um die Priorität für einen Gedanken anzumelden, und schließlich sogar als wissenschaftliches Pamphlet, als verlängerte Rezension ohne Anspruch, eine Gegenthese auszuarbeiten, im Kommunikationssystem der Wissenschaft eine Funktion haben. In dieser Einschränkung müssen alle kritischen Hinweise auf theoretisches Vorgehen von Forschern verstanden werden, deren Verdienste mit knappen Bemerkungen – wie sie in einer solchen Einführung allenfalls möglich sind – keineswegs pauschal negiert werden sollen.

Literatur

T. Parsons / E. Shils: Toward a General Theory of Action. Cambridge/Mass., Harvard UP, 1954

W.-D. Narr / F. Naschold: Einführung in die moderne politische Theorie. 3 Bde. Stuttgart, Kohlhammer, 1969–1971

I. Wissenschaftstheoretische Grundlagen politischer Theorien

In der Politikwissenschaft der Gegenwart gibt es drei metatheoretische Ausgangspunkte, die miteinander in Wettbewerb stehen:

(1) normative Theorien,
(2) empirisch-analytische Theorien,
(3) dialektisch-kritische Theorien.

Jede der drei Varianten geht von anderen Grundbegriffen und von anderen Definitionen des Politischen als Zentralbegriff der Politikwissenschaft aus.

1. Normative Theorien

Im Gegensatz zwischen den normativen Theorien und den neupositivistischen empirisch-analytischen Theorien lebt der alte Konflikt zwischen der aristotelischen Politik als praktischer Philosophie und den rationalistischen und empirischen Theorien der Neuzeit seit Machiavelli, Bacon und Hobbes fort, die sich vornehmlich an einem technisch-rationalen Begriff des Politischen orientierten. Die klassische Politikwissenschaft seit Aristoteles verstand sich als Lehre vom guten und gerechten Leben und als Fortsetzung der Ethik. Plato behandelte Politik und Ethik in einem Buch, Aristoteles schied beide, aber ihr Zusammenhang blieb gleichwohl eng: Ethik befaßt sich mehr mit der statischen, Politik mehr mit der dynamischen Seite eines Gegenstandes (E. Barker). Politik wurde einerseits als »Königswissenschaft« angesehen, als die höchste der praktischen Wissenschaften, andererseits konnte sie sich in ihrem Erkenntnisanspruch nicht mit strenger Wissenschaft, der *episteme*, messen. Im Gegensatz zu den politischen Wissenschaften oder Künsten werden wissenschaftliche Erkenntnisse in den theoretischen Wissenschaften (Mathematik, Naturwissenschaften, Gotteslehre) um ihrer selbst willen erstrebt. Der Bereich der Praxis hingegen ist der Bereich des bewußten Wählens. Im Bereich der strengen Wissenschaft *(episteme)* herrscht Notwendigkeit. Der Bereich des Handelns, der Politik galt hingegen nicht als determiniert (Hennis, 1963, S. 37f.). Das Gerechte und Gute im Bereich der Praxis ist für diese Lehre nicht nach logischer Notwendigkeit auszumachen. Im Bereich der praktischen Philosophie kommt es auf die *phronesis*, das kluge Situationsverständnis an. Die *phronesis* setzte sich später in Begriffen wie *prudentia* (Cicero) und *prudence* (E. Burke) fort.

Der antike Politikbegriff zielte nicht nur auf die Erhaltung des Lebens ab, sondern auf Sicherung eines menschlichen, guten Lebens in Freiheit und Tugend. Diesen Sinn hatte die Politik auch im Mittelalter in der Verbindung aristotelischer und christlicher Gedanken. Bei Thomas von Aquin (Ausgewählte Schriften zur Staats- und Wirtschaftslehre. Jena, 1923, S. 83) heißt es: »So ist das Leben nach der Tugend das Endziel menschlicher Gemeinschaft. Ein Zeichen dafür ist es, daß nur diejenigen Glieder einer in Gemeinschaft verbundenen Gesellschaft sind, die einander wechselseitig zu dem guten Leben die Hilfe der Gemeinschaft leisten. Denn wenn sich die Menschen allein des bloßen Lebens willen zusammenschließen wollten, so wären auch Tiere und Sklaven ein Teil der staatlichen Gemeinschaft.«

Eine Reduktion des (in den Begriffen moderner Systemtheorie ausgedrückt) Systemzielmodells auf ein Systemüberlebensmodell setzte sich in der politischen Theorie erst im Zeitalter der Bürgerkriege der Neuzeit durch, als man sich mit der Sicherung des bloßen Lebens zufrieden gab und die Trennung von Ethik und Politik einsetzte. Die alte moralisch-pädagogische Fürstenspiegelliteratur wich bei N. Machiavelli erstmals der Theorie der technischen Möglichkeiten, ein Staatswesen zu erhalten, gipfelnd in der Theorie der Staatsräson, die für die Zeit des Absolutismus von großem Einfluß wurde. Bei Th. Morus trat zu den politischen und machttheoretischen Erwägungen zum erstenmal eine Theorie der Möglichkeiten sozialökonomischer Sicherung der menschlichen Existenz hinzu. Damit setzte auch die Bemühung um eine einheitliche wissenschaftliche Methode für die Naturwissenschaften wie für die Sozialwissenschaften ein. Bacon gab im ›Novum Organon‹ (I, 127) auf eine fiktive Frage die Antwort: »Auch könnte jemand fragen: ob wir bloß die Naturlehre auf diese unsere Weise bearbeitet sehen möchten oder auch andere Wissenschaften, wie Logik, Moral, Politik? Hierauf zur Antwort, daß wir alles bisher Gesagte ganz allgemein verstanden wissen wollen.«

Auch der Bereich der praktischen Philosophie wurde damit als Wissenschaft im strengen Sinne – wie sie seit Aristoteles für die Politik als möglich galt – konstituiert und in der frühen Aufklärung more geometrico analog zu den Naturwissenschaften zu entwickeln versucht. Stärker historisch denkende politische Theoretiker, von Machiavelli und Bodin bis hin zu Montesquieu, mißtrauten jedoch der geometrischen Methode und kamen zu kombiniert genetisch-morphologischen Theorien, welche der historischen Entwicklung trotz abstrakter Modellbildung stärker Rechnung zu tragen versuchten. In Deutschland befreite sich die politische Theorie in der Polizeiwissenschaft – die sich im 19. Jahrhundert in Nationalökonomie, Verwaltungslehre und Verwaltungsrecht differenzierte – weniger stark als die westeuropäischen Theorien von der aristotelischen Verbindung der Politik mit der Ethik in weitgehend kompilatorischen Entwürfen für eine Sozialpolitik, in der Theorie der »guten Polizei« (H. Maier, 1966). Mit der wachsenden Autonomie eines ausdifferenzierten politischen Systems im Zeitalter des Absolutismus differenzierte sich auch die Wissenschaft von der Gesellschaft und von der Politik, eine Entwicklung, die ihren Höhepunkt in der begrifflichen Absetzung von *civil society* und *government* in Großbritannien und in der Gegenüberstellung von Staat und Gesellschaft auf dem Kontinent hatte, durch welche die alte Einheit des Begriffes der *civitas sive societas civilis* aufgehoben wurde. In den einzelnen Disziplinen der Staatswissenschaft (Staatslehre, Verwaltungslehre, Volkswirtschaft) lebten jedoch auch im 19. Jahrhundert – trotz des aufkommenden Positivismus – theoretische Ansätze fort, welche die »politischen Wissenschaften« als präskriptive normative Wissenschaften verstanden.

Angelsächsische Darstellungen der politischen Theorie gehen in der Regel völlig vom positivistischen *mainstream* aus und diskutieren weder die normativen noch die dialektisch-kritischen Theorieansätze ausführlich, da sie nach dem vorherrschenden Selbstverständnis der politischen Theorie auf die Diskussion kleiner marginaler »Sekten« beschränkt sind. Im Gegensatz zur Zeit unmittelbar nach dem Krieg, als vor allem die Schule Arnold Bergstraessers die Politikwissenschaft als Reeducation-Wissenschaft unter der Protektion der Alliierten und später der maßgeblichen Politiker förderte, haben die normativen Theorien heute in der wissenschaftlichen Diskussion kaum einen Einfluß. Dennoch ist es notwendig, sie zu studieren, weil die normativen Theorien als gesunkenes Kulturgut im politischen Selbstverständnis vor allem der deutschen Politiker bis 1969 eine dominierende Rolle spielten, obwohl kaum einer von ihnen direkte Einflüsse erlebte, was sich an Hand der Schriften und Reden vieler Politiker zeigen läßt, die dem Normativismus schon in den Titeln ihrer Bücher verpflichtet waren.

Kritisch-dialektische Theorien berufen sich gern auf ihren antifaschistischen Charakter und neigen dazu, den konservativen Normativisten faschistoide Gesinnung vorzuwerfen. Zwar lassen sich bei einzelnen Normativisten – wie Voegelins ›Autoritärer Staat‹ (1936) – Werke mit zeitbedingtem faschistoiden Inhalt finden. Die Normativisten insgesamt sind jedoch nicht weniger durch das Erlebnis des Faschismus geprägt als die Dialektiker und die Neopositivisten. Wie die Vertreter jener Richtungen mußten Hannah Arendt, Arnold Bergstraesser, Eric Voegelin oder Leo Strauss emigrieren und formulierten ihre Theorien zum Teil in bewußter Erkenntnis, daß die positivistische Rationalität mangels Beachtung des Sollensbereichs sich meist widerstandslos vor den Karren irrationaler Ideologien spannen ließ.

In den Nachbardisziplinen, die sich mit Politik befassen – vor allem in der Philosophie und der Rechtswissenschaft –, überwiegen normative Politikbegriffe keineswegs nur bei jenen Denkern, die sich der christlichen Soziallehre verbunden fühlen. Zugleich gibt es verwandte normative Ansätze auch in anderen Sozialwissenschaften, und gelegentlich gibt es direkte Verbindungen zwischen diesen und der politischen Theorie, wie etwa vom normativen Modellplatonismus Euckens zur politischen Theorie von Manfred Hättich (1967–71). Normative Theorien der Politik finden sich in allen wichtigen Ländern, selbst in Großbritannien, einem Land, dem man eine geringe Anfälligkeit für den Normativismus auf Grund seiner empiristischen Traditionen nachgesagt hat. In Amerika stammen die bekanntesten normativen Theoretiker aus den Reihen der Emigranten, wie Hannah Arendt, Leo Strauss, Eric Voegelin, Herbert Spiro, oder haben einen stark europäischen Background bewahrt wie Dante Germino. Die philosophischen Grundlagen normativer Theorien lassen sich nicht einheitlich fixieren: Vom Thomismus bis zum skeptischen Konservatismus in der Tradition Humes bei Michael Oakeshott in England haben viele Lehren eingewirkt. Ein Novum nach dem Zweiten Weltkrieg ist jedoch der Umstand, daß die meisten und wichtigsten normativen Theorien nicht mehr religiös fundierte Theorien darstellen.

Allen normativen Ansätzen sind eine Reihe von Gemeinsamkeiten eigen:

(1) Fast alle normativen Theorien der Politik haben unter dem Eindruck des Wertrelativismus und des Zusammenbruchs älterer Demokratien und der Entstehung totalitärer Diktaturen im 20. Jahrhundert versucht, *an die klassische aristotelische Theorie der Politik wiederanzuknüpfen*. Die klassische politische Theorie preist Leo Strauss in ›What is Political Philosophy?‹ (in: Gould/Thursby, 1969, S. 58) als Mittel der Befreiung »gegen die Enge des Juristen, die Brutalität des Technikers, die Vagheit des Visionärs und die Niedrigkeit des Opportunisten«. Den führenden Köpfen normativer politischer Philosophie, L. Strauss, E. Voegelin, A. Cobban, H. Maier u. a., ist daher ein starkes Interesse an politischer Ideengeschichte gemeinsam, die vor allem am Anfang der Institutionalisierung des Faches Politikwissenschaft die Literatur zu überwuchern drohte. A. Schwan (in: Oberndörfer, 1961, S. 254) forderte zum Beispiel, »immer wieder zurückzukehren zu den aus den religiösen und philosophischen Arten des Selbst-

verständnisses sich ergebenden Normen, an denen sich als einem letzten Maßstab politisches Denken und Handeln orientierten«. Bisweilen verbindet sich dieser Approach mit großer Skepsis gegen die Akkumulation von Detailwissen, wie sie der unreflektierte Positivismus vornahm, etwa bei Hennis (1963, S. 25): »Montesquieu, Burke und Rousseau fühlten sich mit allen geistigen Erzeugnissen der Vergangenheit noch gleichsam auf einer Ebene« und jagten noch keinem imaginären letzten Forschungsstand nach. Im Bereich der Forschung über vergangene politische Theorien polemisiert dieser Ansatz stark gegen allzu historische Deutungen der politischen Theorien (wie etwa bei J. Berlin gegen die Interpretation von Hobbes und Locke durch Macpherson). Die normativen Theorien betonen die überzeitlichen Werte älterer politischer Theorien der Ideengeschichte und suchen ihre eigene politische Theorie in die untersuchten Denker hineinzutragen oder sie an ihnen zu messen (wie etwa L. Strauss in ungerechter Weise an Machiavelli). Der Rückgriff auf die klassische politische Theorie, der etwa bei Voegelin (1959, S. 13) nur in Hinsicht auf die platonisch-aristotelische *episteme* als möglich angesehen wird, wird jedoch nicht als eine bloße doxographische Renaissance angesehen, sondern versteht sich als Rückgriff auf die theoretische Grundlegung der Wissenschaft von politischer Ordnung. Normative Theorien werfen meist dem Positivismus vor, daß er notwendigerweise in Historismus ausarte, der die Frage nach guter Gesellschaft als illegitim verwirft, da jede Gesellschaft als historisch bedingt angesehen wird (Strauss, in: Gould/Thursby, 1969, S. 57).

(2) Den normativen Theorien der Politik wird meist bewußt eine *Ontologie* zugrunde gelegt. »Die Voraussetzung des Unternehmens, das über bloße Meinungen *(doxai)* zur Wissenschaft *(episteme)* von der Ordnung vordringen will, ist eine durchgearbeitete Ontologie, die alle Seinsbereiche, vor allem den welt-jenseitigen, göttlichen, als real anerkennt und nicht versucht, die höherstufigen Seinsbereiche durch Kausalerklärungen auf niederstufige zu ›reduzieren‹.« (Voegelin, 1959, S. 14) Voegelin und andere fühlen sich einem theozentrischen Humanismus im Gegensatz zum anthropozentrischen Huma-

nismus – der einzige, der sich logisch als Begriff halten läßt – verbunden (Germino, 1967, S. 169). Politische Theorien, vor allem die positivistischen, die ontologische Erwägungen in den Bereich der Metaphysik verbannen, werden als »unwissenschaftlich«, »gnostisch« oder »ideologisch« abklassifiziert. Zu den Prämissen der meisten normativen Theorien gehört die Annahme *objektiver Wahrheit*. Über die Möglichkeit, diese objektive Wahrheit und die Struktur der Seinsordnung zu erkennen, gehen die Meinungen jedoch auseinander. Von der Hermeneutik und der Phänomenologie bis zu konservativen angelsächsischen Common-sense-Philosophien werden der politischen Theorie die verschiedensten Methoden empfohlen.

(3) In der Methodologie haben die normativen Theorien meist *wenig zur empirischen Forschung beigetragen*. Normative Theorien stellen sich oft in bewußten Gegensatz zu den Versuchen der Neopositivisten, die Politikwissenschaft zu einer Wissenschaft zu erheben, die annähernd so exakte und meßbare Resultate ergibt wie die Naturwissenschaften: »Ihr methodischer Ansatzpunkt ist daher nicht der naturwissenschaftliche (Messung, kausale Schlußfolgerung, Verallgemeinerung). Sie geht vielmehr – ebenso wie die richterliche Rechtsfindung, die Heilkunde, Erziehung und andere praktische Wissenschaften – vom Einzelfall, von einzelnen Problemen aus, die sie mit Hilfe allgemeiner Regeln und Präzedentien zu lösen sucht.« (H. Maier, 1969, S. 238) Aus dieser Einstellung ergibt sich in der Regel eine starke Skepsis gegen abstrakte Modelle und selbst gegen die Theorien mittlerer Reichweite, vor allem gegenüber den modernen Systemtheorien. Die normativen Ansätze versuchen in konkreten Forschungen die von der positivistischen Wissenschaftstheorie sanktionierten Methoden nicht völlig auszuschließen, unverkennbar ist jedoch ihre Neigung zu genetischen Theorien, Fallstudien und präskriptiven Monographien. Bei W. Hennis (1963) und anderen wurde versucht, die Methode der Topik wiederzubeleben, die nicht von allgemeinen Sätzen, sondern einzelnen Problemen ausgeht, nach dem Vorbild der Rhetorik die plausiblen annehmbaren Gesichtspunkte (griech. *topoi*)

sucht und nur wahrscheinliche, nicht aber logisch zwingende Schlüsse auf der Basis der Einsicht und des »gesunden Menschenverstandes« zuläßt. Als ein Verfahren der Findung von Hypothesen wird die Topik auch von den Anhängern der Wissenschaftslogik für zulässig gehalten, sie kann jedoch nicht leisten, was die deduktiv-empirischen Theorien mit eindeutiger logischer Nachprüfbarkeit ihrer Sätze erreichen können. Wie in der klassischen Wissenschaft wird das »technische Wissen« der analytischen Politikwissenschaft dem praktischen Wissen gegenübergestellt und den Rationalisten und Positivisten eine Voreingenommenheit für »Gewißheit« vorgeworfen (M. Oakeshott, 1966, S. 20), die jedoch den kritischen Rationalisten (wie K. Popper oder H. Albert mit ihrer Betonung des Fallibilismus) gerade nicht nachgesagt werden kann. Gegenüber der Überfremdung politischer Theorie mit Reduktionen des politischen Prozesses auf andere Variablen (Klassen, wirtschaftliche Produktionsverhältnisse, demographische Prozesse usw.) wird von einigen normativen politischen Theoretikern eine Lanze für die »reine Politik« gebrochen (B. Crick, B. de Jouvenel).

(4) Ziel der Erkenntnis normativer Theorien ist *das Handeln*, nicht das Erkennen um seiner selbst willen. Das politisch zu Tuende ist nicht »vorgegeben«, sondern »aufgegeben«; während die deskriptiv-analytischen Theorien sich vornehmlich mit *res gestae* befassen, zielt normative Politik als praktische Wissenschaft auf die *res gerendae* (D. Oberndörfer, 1962, S. 19). Normative Theoretiker sind entschiedene Gegner der im Positivismus und vor allem im Neukantianismus rigoros durchgeführten Trennung von Sein und Sollen. M. Oakeshott (1966, S. 32f.) bedauert, daß seit Machiavellis Kurs in politischer Technik das politische Training an die Stelle der politischen Erziehung getreten ist, und führt darauf die Ausbreitung politischer Unerfahrenheit in der Neuzeit sowohl bei den Herrschenden wie bei der ganzen politischen Gesellschaft zurück. Politische Erziehung der Rationalisten, die auch Oakeshott nicht ganz wegdiskutieren kann, wird mit bloßer Aneignung von »Buchwissen« gleichgesetzt.

Das erkenntnisleitende Interesse der Anleitung zu Bürgertugend und kluger Verwaltung führt daher zu einer starken Betonung von Regierungs- und Verwaltungslehre (etwa bei W. Hennis) und zu einem geringeren Interesse für den »Mitbestimmungssektor« der Politik (Parlament, Wahlen, politisches Verhalten der Massen).

Nach dem Zweiten Weltkrieg förderte dieser Ansatz die Selbstauffassung der Politikwissenschaft als Demokratiewissenschaft, die im Dienst der *Reeducation* vornehmlich präskriptiv angereicherte Fertigkeiten der Staatsbürger zu vermitteln trachtete und weniger auf Analyse der Realität oder kritische Infragestellung des politischen Systems und der ihm zugrundeliegenden Werte gerichtet war. Beides hat dem Ruf der Wissenschaftlichkeit der jungen Disziplin, vor allem in Deutschland, stark geschadet.

(5) Normative Theoretiker haben in der Regel ein *normativ-statisches Verhältnis zur Sprache*. Rein äußerlich zeigt sich das darin, daß viele von ihnen (in Deutschland etwa Wilhelm Hennis und Hans Maier, in England Bernard Crick und Michael Oakeshott) einen geschliffenen, lebendigen, an der Rhetorik geschulten Stil schreiben. Schwieriger ist das Verhältnis zur Sprache bei einigen Emigranten wie Hannah Arendt, Eric Voegelin oder Leo Strauss zu beurteilen, die zum Teil deutsch dachten und englisch schrieben. Den meisten Normativisten ist eine Abneigung gegen das technizistische Vokabular der Neopositivisten gemeinsam, das manchen von ihnen an den internationalen Pilotenjargon erinnert. Der Vorwurf gegen die Politikwissenschaft als einer »Jargonwissenschaft«, die nur Gegenstände und Probleme anderer Wissenschaften mit einer eigenen Terminologie versieht, um sich als neue Wissenschaft zwischen die etablierten zu drängen, kommt bei den Nicht-Politologen häufig aus einer den Normativisten in der politischen Theorie geistesverwandten Haltung. Im Rahmen der Totalitarismusforschung gab es immer auch Sprachuntersuchungen – meist nicht von der exakten Natur, wie sie die sprachanalytische Oxforder Schule seit Wittgenstein anstellte, die bei Th. Weldon der Politikwissenschaft wertvolle, auf ihre speziellen Bedürfnisse hin zugeschnittene Einsichten vermittelte –, etwa bei Dolf Sternberger (1962) und

anderen im ›Wörterbuch des Unmenschen‹. Der verdienstvolle Kampf gegen die unmenschliche Sprache autoritärer Regime hat jedoch selbst bei Wissenschaftlern wie Sternberger, die nicht pauschal zur normativistischen Schule gezählt werden können, einige ideologische Vorurteile impliziert, die sich auch gegen das Spezialvokabular der empirischen Wissenschaft richten und heute auf verlorenem Posten gegen die Sprache der Kybernetik kämpfen. In dieser Abneigung gegen technizistisches Vokabular in der Politik berühren sich die Extreme in der politischen Theorie. Herbert Marcuse (Der eindimensionale Mensch. Neuwied, Luchterhand, ^{2}1967, S. 112) mit seiner Polemik gegen Wortbildungen wie »saubere Bombe« oder »science military dinner« geht ähnlich von einer »heilen Sprachwelt« aus wie einige Normativisten auf der »Rechten« – wobei seine allzu weitreichenden Schlüsse die ihren zum Teil noch übertreffen –, wenn er dieses Vokabular als schlechthin der spätbürgerlichen Gesellschaft eigen bewertet.

(6) Normative theoretische Ansätze bewegen sich in der empirischen Forschung vorzugsweise in *ideengeschichtlicher Sphäre*. Wenn sie zu konkreten politischen Fragen vorstoßen, so – dem topischen Falldenken gemäß – punktuell, in zupackender Analyse, die meist in geistreicher Form die Problematik eines Falles bis zu Aristoteles zurückverfolgt. Beispiele dafür sind die Thesen zur Parlamentsreform von Bernard Crick und das Büchlein von Wilhelm Hennis ›Demokratisierung‹ (Köln/Opladen, Westdeutscher Verlag, 1970). An dem zweiten Beispiel kann man die Mängel dieses Ansatzes in klassischer Weise aufzeigen: Es herrscht eine Neigung zum *Begriffsrealismus* vor. Begriffe werden als verfälscht und unsinnig abgetan, die der Nominalist kampflos aufzugeben bereit wäre. Hennis etwa beteuert, daß seine Feststellung der Sinnlosigkeit des Geredes über Demokratisierung im nichtstaatlichen Bereich nicht seine prinzipielle Gegnerschaft gegen erweiterte Mitbestimmung der Mitglieder eines Subsystems bedeutet. Nominalistische Gegner würden ihm entgegnen: Dann sprechen wir eben von Partizipation, aber halten uns nicht bei der Wahrung eines vorgeblich »reinen Sprachgebrauchs« auf, sondern diskutieren das Partizipationsproblem unter einer neu-

tralen, möglichst wenig affektgeladenen Formel. Hinter dem begriffsgeschichtlichen Interesse von Normativisten verbirgt sich jedoch häufig auch eine konservative politische Theorie, denn man kann nicht Begriffe auf einen bestimmten Definitionsstand festlegen, ohne auch den damit gemeinten Sinn in das gegenwärtige Problem hineinzutragen. Bei Hermann Lübbe (1965, S. 13f.) wird mit der Begriffsgeschichte ein stark konservatives Konzept verbunden: »In solchen und ähnlichen Fällen wächst der begriffsgeschichtlichen Forschung die Aufgabe zu, in einen sozusagen verluderten philosophischen Wortgebrauch korrigierend einzugreifen, damit der Begriff wieder praktikabel werde. Sie tut das, indem sie in historischer Aufarbeitung seiner Genesis ihn auf diejenige Definition festzulegen empfiehlt, die durch die Plausibilität und Stringenz jener Genesis am stärksten beglaubigt ist.«

Die meisten unserer politischen Begriffe entstanden aber als »Sprachverluderung« und setzten sich gleichwohl durch. Was wird heute nicht alles als Revolution, als Opposition, als Fortschritt, Demokratie und Parlamentarismus ausgegeben! Der Begriff Souveränität wird im Zeitalter der Supermächte mit nuklearer Sanktionsmacht noch immer verwandt, obwohl er schwerlich durch die Genesis seit Bodin noch im Sinne von Lübbe »stringent und plausibel beglaubigt« ist. Ebenso stark ist der Kampf der konservativen Normativisten gegen Neologismen, wie sie jede neue Theorie nun einmal braucht. Eine geheime Liebe für Hermeneutik und eine Tendenz zur Flucht in ästhetische Betrachtungsweisen, den die konservativen Ontologen mit den linken Dialektikern von Adorno bis Marcuse partiell teilen, lassen sich bei vielen nicht ganz verleugnen. Die Ahnherren der kritischen Theorie haben jedoch gegen ihre wissenschaftstheoretischen Widersacher mit dem gleichen Vorwurf gearbeitet und sogar den Neopositivismus des »Ästhetizismus« im »System abgelöster Zeichen« bezichtigt (M. Horkheimer / Th. Adorno: Dialektik der Aufklärung. Amsterdam, Querido, 1947, S. 29).

In einigen Punkten gibt es Berührungen zwischen den normativen Theorien und kritischen Ansätzen der Neuen Linken, und es ist auch hochschulpolitisch gesehen kein bloßer Zufall, daß einige der radikalsten Normativisten in den Konflikten mit der protestierenden Studentenschaft einen für die Bedürfnisse der Studenten sehr offenen Standpunkt bezogen haben. Die Linke unterstützt an den Normativisten das antipositivistische Credo, das ihren Arbeiten zugrunde liegt, und erkennt das Bemühen um einen Praxisbegriff an. Kritisiert werden muß jedoch, daß eine Teleologie, die sich weigert, das Telos konkret zu definieren, orientierungslos auf das Motiv subjektiven guten Willens beschränkt und letztlich systemaffirmativ bleibt durch die Deduktion von vorgegebenen Staatszwecken, die sich an den Werten des bestehenden Systems orientieren.

Trotz der zunehmenden Isolierung der normativen Theoretiker und der überwiegenden Ablehnung, auf die sie bei den Wissenschaftlern stoßen, die auf dem Boden der analytischen Wissenschaftstheorie einerseits und der dialektisch-kritischen Theorie andererseits stehen, wäre es ein ungerechtfertigter Hochmut, jedes Verdienst dieses theoretischen Ansatzes zu leugnen:

(1) Die Normativisten waren die größten *Anreger eines Studiums der politischen Ideengeschichte*; ähnlich wie der linke Normativismus in der kritischen Theorie. In der Regel haben sie zwar ihre eigene politische Philosophie in die großen Denker der Vergangenheit hineinprojiziert, wie Voegelin in die klassische griechische Philosophie, oder aber Denker der Vergangenheit an den Wertbekenntnissen der eigenen Position in ungerechter Weise gemessen, wie Leo Strauss in seinem Buch über Machiavelli. Häufiger aber haben sie fruchtbare neue Fragen an die großen Theoretiker der Vergangenheit gestellt, während die Positivisten nur zu gediegener Systematisierung der Gedanken und immanenter Interpretation politischer Theorien vorstießen oder historische Einflußstudien schrieben.

(2) Die normativen Theoretiker haben *wertvolle Anregungen für die empirische Forschung* gegeben, von Hannah Arendts Beitrag zur Totalitarismusforschung bis zu Bertrand de Jouvenels Initiativen zu einer Zukunftswissenschaft in der ›Kunst der Vorausschau‹. In der Theorie der politischen Bildung (Manfred Hättich) oder der Regierungslehre (Wilhelm

Hennis) wurden ebenfalls neue Fragen aufgeworfen, die der vorherrschende Behaviorismus ignorierte.

(3) Normative Theorie ist *unerläßlich zum Abbau von Irrationalität* im Bereich der Aussagen über das Sollen, in dem nicht mit der gleichen Verläßlichkeit und Stringenz Aussagen gemacht werden können wie auf der Stufe der Seinsanalyse in den Sozialwissenschaften. Ein normatives Element wohnt jeder systematischen Wissenschaft inne, die auf Praxis und Handlung hin angelegt ist, im Gegensatz etwa zu den historischen Wissenschaften.

Der unreflektierte ältere Positivismus neigte – wie mit Recht von den Normativisten und den Dialektikern kritisiert wird – zum Dezisionismus. Die politische Philosophie und die Sozialphilosophie gehen heute in der Regel nicht mehr rein spekulativ vor. Auch in normativen Systemen auf der Basis einer Ontologie oder Anthropologie werden – wie in jeder Ideologie – eine Fülle von Seinserkenntnissen aus dem Bereich der Sozialwissenschaften verarbeitet. In diesem Bereich wird so wenig rein irrational argumentiert, wie im Bereich der Seinserkenntnis und der exakten Methoden zu ihrer Gewinnung etwa nur streng rationale geistige Operationen durchgeführt werden. Bei der Auswahl aus der unendlichen Fülle von Hypothesen, die man auf jeder Stufe wissenschaftlicher Erkenntnisbemühung wieder testen müßte, geht jeder Wissenschaftler – auf der Basis seines normativ gewonnenen Vorverständnisses – relativ intuitiv vor. Solche Entscheidungen haben in der Regel keinen zwingenderen Charakter als die topische Suche nach plausiblen Argumenten auf der Basis eines gewissen Common sense. Ganz unverkennbar ist der Nutzen normativer politischer Philosophie im Stadium der Hypothesenbildung einerseits und am Ende des wissenschaftlichen Räsonnements andererseits, wenn nach der Prognosenbildung in Form von Wenn-dann-Sätzen eine Anregung zum politischen Handeln gegeben werden soll. So verdienstvoll der Kampf positivistischer Wissenschaftler zur Bekämpfung der Überwucherung empirischer Sozialwissenschaft durch Sozial- und politische Philosophie auf einer bestimmten Stufe des wenig spezialisierten sozialwissenschaftlichen Wissenschaftsbetriebes war, so sehr muß heute gegen den Trend Stellung genommen werden, diesen Bereich des Denkens, in dem in geringerem Maße intersubjektiv transmissibles Wissen gefunden wird, ganz aus der Universität hinauszudrängen. Dem Positivisten, der über Details der Politik forscht, steht durchaus Respekt vor der Originalität und Erudition vieler der Normativisten an.

Literatur

D. Sternberger u. a.: Aus dem Wörterbuch des Unmenschen. Hamburg, Claassen, (1957), [2]1962

H. Arendt: Vita activa oder vom tätigen Leben. München, Piper, 1960

D. Oberndörfer (Hrsg.): Wissenschaftliche Politik. Freiburg, Rombach, 1961

W. Hennis: Politik als praktische Philosophie. Eine Studie zur Rekonstruktion der politischen Wissenschaft. Neuwied. Luchterhand, 1963

H. Lübbe: Säkularisierung. Geschichte eines ideenpolitischen Begriffs. Freiburg, Alber, 1965

B. Crick: Eine Lanze für die Politik. München, Nymphenburger, 1966

D. Germino: Beyond Ideology. The Revival of Political Theory. New York, Evanston, Harper & Row, 1967

M. Hättich: Einführung in die Politikwissenschaft. 3. Bde, Mainz, v. Hase & Köhler, 1967–1971

B. de Jouvenel: Die Kunst der Vorausschau. Neuwied, Luchterhand, 1967

H. Maier: Politische Wissenschaft in Deutschland. München, Piper, 1969

L. Strauss: What is Political Philosophy? In: J. A. Gould / V. Thursby (Hrsg.): Contemporary Political Thought. New York, Holt, Rinehart & Winston, 1969, S. 46–69

D. Germino: The Contemporary Relevance of the Classics of Political Philosophy. In: F. I. Greenstein / N. W. Polsby (Hrsg.): Political Science: Scope and Theory. Reading/Mass., Addison-Wesley, 1975, Bd. 1, S. 229–281

P. Graf Kielmansegg / U. Matz (Hrsg.): Die Rechtfertigung politischer Herrschaft. Freiburg, Alber, 1978

B. Parekh: Contemporary Political Thinkers. Oxford, Robertson, 1982

2. Empirisch-analytische Theorien

Weit vielschichtiger als die normativen Theorien sind die empirisch-analytischen (auch deduktiv-empirische oder empirisch-generalisierend-induktive Theorien genannt), die auf der Basis einer Variante neopositivistischer Wissenschaftslogik ruhen. Die empirische Theorie verdient die Bezeichnung »Theorie« nur, insofern sie systematisch ist, das heißt durch formal widerspruchsfreie Deduktionen Erklärungen und Voraussagen von Ereignissen ermöglicht. Die Aussagen dieses Theorietyps müssen möglichst allgemein und aussagehaltig und in nomologischer Form gehalten sein; über das Ausmaß der Nomologisierbarkeit und die Höhe des Abstraktionsgrades von politikwissenschaftlichen Theorien herrscht jedoch unter Positivisten keine Einigkeit. R. K. Merton (1961, S. 6) hält zur Zeit in den Sozialwissenschaften nur Theorien mittlerer Reichweite für möglich und die Hoffnung auf eine umfassende Theorie, die von Tausenden empirischer Forscher getestet wird, für einen »verfrühten und apokalyptischen Glauben«.

Die Anhänger der analytischen Wissenschaftstheorie sind sich in der Politikwissenschaft meist einig, daß Wert- und Tatsachenurteile begrifflich geschieden werden müssen und nur Tatsachenurteile als wissenschaftliche Aussagen anerkannt werden. Es wird dabei unterschieden: (1) Die Wissenschaften haben eine Wertbasis und sind durch Wertungen beeinflußt, (2) sie müssen Wertungen in ihrem Objektbereich analysieren, aber sie brauchen keine Werturteile innerhalb ihres Aussagenzusammenhangs zu enthalten (Albert, 1967, S. 156). Die Tatsache, daß sich immer wieder Wertungen in die Aussagen einschleichen, wird nicht als Einwand gegen die Möglichkeit der Wertfreiheit durch kritische Eliminierung verschleierter normativer Gehalte der Aussagen akzeptiert.

Für die Sozialwissenschaften am einflußreichsten wurde von allen empirisch-analytischen Theorieansätzen der Kritische Rationalismus Karl Poppers. Paradoxerweise erhielt Poppers Werk Breitenwirkung erst in dem Augenblick, als er zum Zentrum des Angriffs für kritisch-dialektische Theoretiker wurde. Seine frühen Beiträge zur ›Logik der Forschung‹ (1934 mit der Jahresangabe 1935) und die ›Offene Gesellschaft und ihre Feinde‹ (dt. 1957) sind nur vereinzelt rezipiert worden.

Am knappsten informieren über die Ausgangsposition des Neopositivismus die 27 Thesen, die Karl R. Popper im Oktober 1961 in der Auseinandersetzung auf dem Soziologentag in Tübingen gegen die dialektisch-kritische Theorie vorgetragen hat. Popper geht davon aus, daß unsere Unwissenheit grenzenlos und ernüchternd ist. Dies unterscheidet die analytische Wissenschaftstheorie von Theorien, die sich auf absolute Werte oder Einsicht in den Geschichtsprozeß berufen. Wissenschaft beginnt mit Problemen. Konkrete anstehende Probleme geben den Anstoß, unser Wissen zu vermehren; zugleich ist es ohne einen gewissen Stand an Wissen nicht möglich, Probleme zu erkennen. »Kein Problem ohne Wissen – kein Problem ohne Nichtwissen« (Popper in: Adorno, 1969, S. 104). Diese Einsicht wird gerade heute von der Neuen Linken häufig ignoriert, und es wird manchmal als ausreichend angesehen, wenn man Problem- und Vorverständnis hat, andererseits aber von einem ziemlich grenzenlosen Wissen ausgeht, einem Wissen, das man im Vorgriff aus einer selbst nicht mehr in Frage gestellten Geschichtstheorie mit ihrem Totalitätsbegriff schöpft.

Diese Vorüberlegungen führten Popper zu seiner Hauptthese, daß die Methode der Sozialwissenschaften wie der Naturwissenschaften darin bestehe, Lösungsversuche für ihre Probleme auszuprobieren. »Lösungen werden vorgeschlagen und kritisiert« (ebd., S. 105). Alle Kritik besteht in Widerlegungsversuchen. Wenn ein Lösungsversuch durch die Kritik widerlegt wird, so versuchen wir es mit einem anderen. Wenn dieser der Kritik standhält, akzeptieren wir ihn vorläufig, aber er muß weiter diskutiert werden.

Diese Methode des tentativen Lösungsversuches mittels *trial and error* (Versuch und Irrtum) erlaubt keine Verifikation, da keine Theorie je als endgültig bekräftigt angesehen werden kann. Es hat Theorien gegeben, die Jahrtausende geglaubt wurden (z. B. die ptolemäische) und sich doch als falsch erwiesen. Jeder Unfehlbarkeitsanspruch für eine Theorie oder gar für eine Instanz wird zugunsten eines *Fallibilismus* zurückgewiesen. Der Infallibilismus mancher radikaler Geschichtstheorien hingegen wird wegen seiner Tendenz zum Dogmatismus als unvereinbar mit wissenschaftlichem Denken dargestellt (Albert, 1968, S. 36).

Die Rehabilitierung des Wahrheitsbegriffes gegen Relativismus und historizistische Ideen (z. B. dialektischen Materialismus und Wissenssoziologie) ist eine Grundlage der kritischen Methode. Es gibt nicht nur historische Wahrheiten, sondern die Gesetze der Logik gelten unabhängig von der historischen Epoche ebenso wie die Operationen, mit denen man feststellt, ob eine Theorie mit der Wirklichkeit übereinstimmt. Nur diese Wirklichkeit ändert sich, nicht die Erkenntnismethode der Wirklichkeit gegenüber.

Am meisten mißverstanden worden ist der angebliche Wertfreiheitsanspruch der Kritischen Rationalisten. Die Objektivität der Wissenschaft hängt für Kritische Rationalisten jedoch nicht von der Objektivität des einzelnen Wissenschaftlers ab. Auch der Naturwissenschaftler ist nicht objektiv, sondern ebenso parteiisch wie andere Menschen, vor allem wenn es um seine eigenen Ideen geht. Objektivität liegt allein in der Tradition, seine Theorien immer wieder der Kritik auszusetzen.

Der objektive und wertfreie Wissenschaftler ist kein idealer Wissenschaftler. Man kann diesem nicht seine Parteilichkeit rauben, ohne ihn zugleich seiner Menschlichkeit zu berauben. Objektivität und Wertfreiheit sind selbst Werte! Daher ist die Forderung nach unbedingter Wertfreiheit paradox.

In diesem Sinne hat Popper (1970, Bd. 2, S. 259) auch den moralischen Radikalismus des Marxismus noch gelobt, als er sich längst nach einem kurzen Intermezzo marxistischer Überzeugung von ihm abgewandt hatte. Den »wissenschaftlichen Marxismus« hielt er für tot, sosehr dieser sich gegen Falsifizierung und Überprüfung auch immer wieder immunisieren mochte (Popper, 1979, S. 53).

Die erstaunliche Wirksamkeit einer abstrakten Wissenschaftstheorie in den 60er und 70er Jahren ist auf die Analogie zwischen dem erkenntnistheoretischen Fallibilismus und dem sozialen Reformismus in der Gesellschaftslehre zurückzuführen, die von Anhängern und Gegnern des Kritischen Rationalismus vielfach unterstellt wurde. Für die Reformpolitik der 60er Jahre war ein sozialer Reformismus auf der Grundlage einer technologischen statt der utopisch-historistischen Begründung attraktiv. Die Trinität der Popperschen Prinzipien wie kritische Einstellung, gradualistische Stückwerktechnologie statt Revolution und die Vorstellung einer »offenen«

nichtdogmatischen Gesellschaft kamen dem Selbstverständnis der herrschenden Eliten in den Nachkriegsdemokratien sehr entgegen. Ein skeptischer Fortschrittsglaube, der überall Möglichkeiten des Fortschritts, aber keine deterministischen Gesetze des Fortschritts (wie der Historische Materialismus in der Form, die in sozialistischen Ländern vorherrschte) sieht, schien einem Demokratieverständnis, das gesamtgesellschaftliche Steuerung mit Offenheit der politischen Arena zu verbinden suchte, sehr gemäß. Der antirevolutionäre Gewaltverzicht, den Popper (1970, Bd. 2, S. 187) verlangte – mit Ausnahme des Widerstandsrechts gegen Angriffe auf die demokratische Verfassung und auf die Verwendung demokratischer Methoden –, schien geeignet als Abwehrtheorie gegen revolutionäre Transformationsideologien der 60er und 70er Jahre zu sein. In der Betonung der Argumentation als universalen Mittels der Auseinandersetzung berührte sich der Kritische Rationalismus partiell sogar mit Grundannahmen einiger Dialektiker wie dem Diskursmodell bei Habermas (vgl. Kap. I, 3).

Für die Politikwissenschaft speziell erschien das Programm des Kritischen Rationalismus besonders attraktiv, weil ihr im Kampf um Durchsetzung gegen die etablierten Fächer eine tröstliche Botschaft zuteil wurde: »Es gibt kein ›Ding an sich‹ wie ein wissenschaftliches Fach« (Popper, 1969, S. 108). Jede Disziplin ist nur ein konstruiertes Konglomerat von Problemen. Auch die Soziologie – deren Gegenstand immer so universal war, daß er sich niemals von anderen Spezialdisziplinen abgrenzen ließ, in der aber jede der älteren Schulen wenigstens eine spezifisch soziologische Methode gefunden zu haben glaubte – ist von der Suche nach dem abgrenzbaren Gegenstand und der spezifisch soziologischen Methode abgekommen (Dahrendorf, 1967, S. 43). Dies hat die Politikwissenschaft nicht ganz davor bewahrt, die gleichen Fehler noch einmal zu wiederholen, mit dem Unterschied, daß sie meistens optimistischer in bezug auf den abgrenzbaren Gegenstand (Politik) als auf die (spezifisch politikwissenschaftliche) Methode war. Es wird heute jedoch überwiegend für die Politologie akzeptiert, daß dieses Fach durch »Setzung« zustande gekommen ist. Noch ist es zu früh, mit Popper von »traditioneller Setzung« zu sprechen, da diese Setzung im Gefüge der als »hochschulreif« anerkannten Disziplinen noch immer nicht unumstritten ist.

Die Fachabgrenzung steht nach Ansicht der Neopositivisten der Kritik offen, wenn sie auch meist weniger aufgeschlossen gegenüber der Kritik waren, welche die kritische Theorie gegenüber der Abgrenzung des Faches Politikwissenschaft vorbrachte. Mit Recht wird die schottendichte Abschließung zur Ökonomie und Psychologie heute kritisiert. Ähnlich haben die Behavioristen bereits die Grenzen zwischen politischer Soziologie und Politikwissenschaft fließend werden lassen, die bei der alten überwiegend historisch-institutionell und juristisch-normativ orientierten Politikwissenschaft noch als vorgegeben galten.

Diese pragmatische Auffassung Kritischer Rationalisten vom Wandel der wissenschaftlichen Disziplinen schien geeignet, die Politikwissenschaft zu modernisieren. Dazu mußte sie nach Ansicht einiger ihrer Adepten das »Philosophenkönigtum« aufgeben (Wildenmann, 1967, S. 21), das bei der normativen Schule noch immer anklang. Das pluralistische Credo des Kritischen Rationalismus war ebenfalls für ein neues Fach attraktiv, in dem sich keine »herrschende Lehre« wie in der Jurisprudenz oder der Wirtschaftswissenschaft durchsetzen konnte. Es ließen sich nach Popper nur bessere von schlechteren Theorien unterscheiden. Das Urteil über die Qualität einer Theorie wurde meist recht pragmatisch gefällt: Eine Theorie gilt als besser als eine andere, wenn sie sich bewährt, wenn ihre Begriffe für empirische Forschung operationalisierbar werden und wenn sie bei der Anwendung im sozialen Bereich hilfreich ist.

Die Wissenschaftstheorie des Kritischen Rationalismus ist seit dem Tübinger Soziologentag von 1961 einer zunehmenden Kritik der Kritischen Theorie ausgesetzt. Es wird der positivistischen Theorie vorgeworfen, daß die »Gedankenmaschine« ihrer Theorie gleichsam aus der Wirklichkeit diejenigen realen Datenzusammenhänge herausstanzt, die sie in Gestalt nomologischer Hypothesen, stets überprüfbarer Gesetzmäßigkeiten schon im voraus entworfen hat, daß also alle Bewußtseins- und Handlungsautomatiken der Menschen schon vorweg kalkuliert sind.

Damit werden Erklärung, Prognose und Planung der positivistischen Theorie unter den technischen Zwang der Wiederholung gestellt, »sie verwandeln sie auf dem Fließband des szientifistischen und technologischen Wissens zur Warenwelt der industriellen Zivilisation«. Da fortlaufend nur die Daten selektiert werden, die in das vorentworfene Datennetz der Theorie passen, wird der Geschichte als »gerichtete Veränderung« die Wirklichkeit im voraus abgesprochen (Baier, in: Schäfers, 1969, S. 15ff.).

Die Kritischen Rationalisten hingegen sprechen zwar der Geschichte nicht die Wirklichkeit ab, bezweifeln aber, daß ein Telos der Geschichte mit wissenschaftlichen Mitteln zu erkennen ist, und befürchten, daß Aussagen über das Gerichtetsein des Geschichtsprozesses sich allenfalls mit Hilfe einer *self-fulfilling prophecy* bestätigen lassen.

Es wird dem Kritischen Rationalismus verargt, daß der Fortschritt nur noch als kontinuierliche Verbesserung der Theorie und als Erweiterung des informativen Gehalts der Theorie denkbar ist. Trotz der Beschränkung der meisten Positivisten auf Theorien mittlerer Reichweite wird ihnen vorgeworfen, daß sie durch Akkumulation von Aussagen mit zeitörtlich und thematisch eingeschränkter Geltung letztlich auf die »große Weltformel«, die theoretische »Herrschaftsutopie« hinstrebten (ebd., S. 19). Innerhalb des positivistischen Wissenschaftsbetriebes gilt für die Kritische Theorie die Frage nicht mehr als sinnvoll, welche konkreten Subjekte eine solche Globaltheorie überhaupt denken können und sollen oder welche subjektiven Interessen mit ihrer Hilfe in welchen Situationen möglichst befördert werden sollen (ebd., S. 20), während Habermas von einem Kommunikationsmodell interagierender Individuen ausgeht, in dem beide Fragen noch sinnvoll gestellt werden können.

Für die Kritische Theorie ist der Methodenstreit, der heute oft als »Positivismusstreit« apostrophiert wird, letztlich ein praktischer politischer Konflikt im Gewande eines theoretischen Konflikts. Dem Neopositivismus wird mangelnder Praxisbezug vorgeworfen, und es wird behauptet, daß die Politikwissenschaft unter Anleitung der analytischen Wissenschaftstheorie zur bloßen Hilfswissenschaft für rationale Verwaltung degradiert werde, da zwischen nicht kontrollierbarer Normsetzung und der atomisierten Isolierung datenverarbeitender wissenschaftlicher Individuen der Spielraum bloßer Dezision wachse. Es wird darüber hinaus geltend gemacht, daß das pluralistische Modell akademischen Gelehrtenstreites vor den politischen Aufgaben notwendigerweise versagen müsse, weil es bei moderner Politikwissenschaft um die Abschätzung von Folgen der praktischen Absichten von Menschen gehe.

Was von der Fundamentalkritik dabei als Positivismus und Neopositivismus vielfach in einen Begriff zusammengefaßt wurde, war weit davon entfernt, eine Einheit zu bilden. Eine differenzierte Kritik von links hat mit Recht vermerkt, daß »Politologie als moderne Sozialwissenschaft« – gegen Essentialismus wie Marxismus gerichtet – allenfalls eine »konzeptionelle Grundhaltung« teile (Kastendiek, 1977, S. 262f.). Ein Teil der *behavioristischen* Politikwissenschaft, die aus Amerika im Zuge der »Modernisierung« rezipiert war, stand in ihrer atheoretischen und induktiven Auffassung eher noch in einem Stadium positivistischer Theorieentwicklung, das dem Kritischen Rationalismus Poppers vorausging und gegen den Popper und Albert sich abgrenzten (vgl. Kap. II, 3).

In der Regel waren amerikanische Politologen unreflektierte Positivisten und Pragmatiker, die im Gegensatz zu vielen deutschen Wissenschaftlern angesichts des kaum erschütterten Grundkonsenses in der amerikanischen Politikwissenschaft keine metatheoretischen Bekenntnisse für nötig hielten. Selbst wo ein Buchtitel »positive politische Theorie« lautete, wurde auf metatheoretische Begründung dafür verzichtet. »Positiv« stand für »axiomatisch-deduktiv« im Gegensatz zum üblichen Induktionismus des Theoretisierens (Riker/Ordeshook, 1973, S. XI).

Ein anderer Teil der amerikanisierten Politikwissenschaft war durch hektische Übernahme *systemtheoretischer* Gedanken gekennzeichnet. Soweit der Systembegriff nicht zur bloßen Girlande im Vorwort von deskriptiver Untersuchung wurde (vgl. Kap. II, 4), sondern auf einer funktionalistischen Metatheorie beruhte, war dieser Teil der auch von der Linken gelegentlich als »positivistisch« denunzierten Politikwissenschaft mit einem stringenten Kritischen Rationalismus eher unvereinbar und ließe sich mühelos unter Hans Alberts Kritik am »Modellplatonismus« der ökonomischen Theorie subsumieren.

Ein Teil der herrschenden Rationalitätsauffassung in der modernen angeblich empirisch orientierten Politikwissenschaft ist in den vom Kritischen Rationalismus überwundenen »Certismus«, der nach Gewißheit strebt, zurückgefallen. Ungewißheit und Unsicherheit werden von solchen Ansätzen – vor allem jenen, die aus der Nationalökonomie kamen wie bei Downs und anderen Vertretern, die wirtschaftliche Marktmodelle auf die Politik übertrugen – allenfalls insoweit in den Bereich des Rationalen einbezogen, als es sich um ein überschaubares, kalkulierbares – nicht selten spieltheoretisch angegangenes – Risiko handelt (vgl. Spinner, 1978, Bd. 1, S. 116).

Die Vorwürfe der kritisch-dialektischen Theoretiker gegen den technokratischen Gehalt des Kritischen Rationalismus wurden im Tageskampf der politischen Lager überdehnt: Nicht jede Theorie, die technokratische Problemlösungen bevorzugt, ist zugleich dem Kritischen Rationalismus anzurechnen, wie man am eindeutigsten bei Niklas Luhmann (vgl. Kap. II, 4) zeigen kann.

Gewichtiger noch als die neomarxistische Fundamentalkritik am Kritischen Rationalismus, die kaum zu einem wirklichen Ideenaustausch führte, war die Fortentwicklung des Kritischen Rationalismus Ende der 60er und in den 70er Jahren.

In der Auseinandersetzung zwischen Helmut Kuhn und Popper um die Frage, wie sich Theorienwandel eigentlich vollzieht (vgl. Rückblick, S. 269ff.), haben aufgeklärte Kritische Rationalisten wie Lakatos (Lakatos/Musgrave, 1974, S. 173) begründete Zweifel angemeldet, daß die Kritik auf der Grundlage von Poppers Logik der Forschung so rasch tötet, wie man häufig unterstellt hat. Der Sterilität eines zwar nicht mehr »dogmatischen«, aber doch »naiv« gebliebenen Falsifikationismus wird die »konstruktive Kritik mit Hilfe alternierender Forschungsprogramme« gegenübergestellt. Die Reduktion der Forschung auf die Falsifizierung von Hypothesen, die Albert und die Popper-Schule vornahmen, wurde auch in Deutschland von vielen Wissenschaftlern, die der analytischen Wissenschaftstheorie nahestehen, als unrealistische Verengung nicht mitgemacht (vgl. Scheuch, 1969, S. 156). Rigoroser Falsifikationismus würde psychologisch im Forschungsprozeß sehr bald zu Frustrationen führen und eine Prämie auf Widerlegungsversuche setzen, die ohne eigene Neuansätze zur Fortentwicklung der Wissenschaft unternommen werden. Sehr allgemeine Theorien würden zudem der falsifikationistischen Verfolgungsjagd zunächst entgehen, weil sie sich mit begrenzten Forschungsmitteln und ohne vermittelnde Operationalisierungen gar nicht falsifizieren lassen. Ein kritischer Neopositivismus wird daher allenfalls den Geltungsbereich einzelner Theorien einschränken und versuchen, die mit reduziertem Geltungsanspruch vorgetragenen Aussagen einer Theorie durch neue Hypothesen anzureichern.

Auch Paul Feyerabend (1976, S. 48) nahm das pluralistische Erkenntnismodell und den epistemologischen Fallibilismus ernster als die Popper-Orthodoxie und entwickelte den Ansatz konsequent zu Ende: »Erkenntnis in diesem Sinne ist keine Abfolge in sich widerspruchsfreier Theorien, die gegen eine Idealtheorie konvergieren; sie ist keine allmähliche Annäherung an die Wahrheit. Sie ist ein stets anwachsendes Meer miteinander unverträglicher ... Alternativen.« Die anarchistische Revolte »wider den Methodenzwang« rückte von der Wissenschaftsgläubigkeit der Kritischen Rationalisten ab. In der sich zuspitzenden Polemik verstieg sich Feyerabend (1979, S. 89) auch gegenüber ihm näher gebliebenen Kritischen Rationalisten zu dem Ausdruck »Ratiofaschist«. Jede beliebige Theorie, jedes Märchen, jeder Mythos sollte nun wieder an der Konkurrenz der Ideen zur Entwicklung unseres Bewußtseins teilnehmen dürfen.

Bei Popper blieb Falsifikation von Theorien weitgehend noch ein »Zweikampf zwischen Theorie und Beobachtung« (Lakatos, 1974, S. 175). Feyerabend machte geltend, daß auch in den Erfahrungswissenschaften Theorien sich letztlich nur durch Alternativtheorien ›empirisch‹ widerlegen ließen, vor allem da, wo die empirischen Elemente einer Theorie zu klein oder zu diffus sind, um verläßlich isoliert und gemessen werden zu können. Der pluralistische Prüfprozeß würde in neueren Ansätzen möglich bleiben. Auch anscheinend widerlegten Theorien wurde das Recht zugesprochen, weiter im Ideenwettbewerb zu bleiben. Nicht nur neue Theorien sollten einen gewissen Schutz im Wettbewerb genießen. Auch für theoretische Renaissancen sollte der Wettbewerb offengehalten werden.

Kritischer Rationalismus wurde in den 70er Jahren auch gegen Popper und seine späteren Ausdeutungen der eigenen Lehre in Schutz genommen. Es wurde klargestellt, daß kein Standpunkt den Anspruch erheben kann, selbst ›der Pluralismus‹ zu sein und die geförderte Pluralität der Standpunkte zu verkörpern oder gar angeblich nichtpluralistische Ansätze auszuschalten. Pluralismus wurde als »Partei« anerkannt – in der Abwehr neomarxistischer Kritik am »Monopolpluralismus« des Kritischen Rationalismus (Spinner, 1974, S. 238f.). Außerdem wurde geltend gemacht, daß der Kritische Rationalismus die Analogie zwischen dem erkenntnistheoretischen Pluralismus und dem Pluralismus in der Gesellschaft überzogen habe. Der Kritische Rationalismus hat – ähnlich wie das Diskursmodell in der Kritischen Theorie (vgl. Kap. I, 3) – die Neigung entwickelt, politische Interessengegensätze in theoretische Abstraktionen aufzulösen und Interessenunvereinbarkeiten auf bloße Meinungsdifferenzen zu reduzieren.

Der Kritische Rationalismus drohte – vor allem in Deutschland – in den 70er Jahren gegen seinen ursprünglichen sozialreformerischen Impetus zur konservativen Abwehrideologie zu erstarren. Popper, Albert und Topitsch haben sich in den Tagesauseinandersetzungen der Studentenrevolte und ihres dialektisch-kritischen Impetus darauf beschränkt, über das Aufkommen des neuen Irrationalismus zu lamentieren und die neuen »Theologumena« unter ihre alten Kategorien zu subsumieren. Albert (1971, S. 46) bedauerte einmal: »Es gehört zweifellos zu den bedeutsamsten Wirkungen des Neomarxismus, der das Denken der neuen Linken bestimmt, auf das öffentliche Bewußtsein, daß er die oben skizzierte Konzeption der Rationalität einigermaßen wirksam in Frage gestellt und dadurch bei vielen ihrer Verfechter *und auch bei anderen* (Hervorhebung d. Autors), denen sie zumindest bis zu einem gewissen Grade plausibel oder gar selbstverständlich erschien, einen Prozeß der Neubesinnung hervorgerufen hat, dessen Konsequenzen noch abzuwarten sind.« Albert ist bereit abzuwarten, er scheut jedoch den Kampf mit seinen falschen Freunden, die im Namen der analytischen Wissenschaftstheorie eine durchaus ideologische, konservative Politik fördern.

Der Kritische Rationalismus drohte in den 70er Jahren zum gesunkenen Kulturgut der politischen Programmatik der deutschen Parteien zu werden. Zuerst bei den Liberalen (Dahrendorf), später bei der SPD (Lührs u. a., 1975) und schließlich sogar bei dem Teil der Unionsparteien, die nicht einer normativen Konzeption auf dem Boden der christlichen Soziallehre anhingen. Eine inhaltlich problemorientierte Reformtheorie kam dabei weniger heraus als ein gemeinsamer Minimalkonsens zur Abwehr neomarxistischer Gedanken. Radikales Problemdenken wurde durch »radikales Abgrenzungsdenken auf Popper-komm-raus« ersetzt, wie Spinner (1978, S. 55) mit gewohnter Bissigkeit formulierte. Mehrere Gefahren wurden bei dieser unerwarteten Popularitätswelle für das pluralistische Erkenntnismodell immer deutlicher:

(1) Der Pluralismus wurde eingeengt und das Denken über weitreichende Reformalternativen als »holistisch« verdächtigt. Die neoliberale Grundstimmung der in der Bundesrepublik relevanten politischen Öffentlichkeit wurde durch eine gewisse Entpolitisierung der Politik in der Sozialtechnologie des Kritischen Rationalismus angezogen, der zur Verharmlosung von Konflikten zu Meinungsdifferenzen neigt, als ob alle vitalen Bedürfnisse vorab schon befriedigt seien. Die Analogie vom Modell des Erkenntnispluralismus zum politischen Pluralismus erwies sich als überzogen: »Vitale Bedürfnisse gilt es nicht zu ›falsifizieren‹, sondern zu befriedigen« (Spinner, 1974, S. 236). Die Voraussetzung für die Akzeptierung der Regeln des Kritischen Rationalismus im Theorienkampf müs-

se durch Politik jeweils immer auf den Stand eines Minimalkonsenses der Gruppen, die Träger widerstreitender Paradigmen sind, gebracht werden, wenn nicht Gesprächsverweigerung die Antwort auf einen innovationsfeindlichen Status-quo-Pluralismus sein soll.

Selbst bescheidene Experimente mit bestimmten Innovationen – z. B. im Prüfungswesen oder mit Partizipationsmodellen – können mit solchen Subsumtionen zusammen mit den Totalitätsutopien der radikalen Ideologien verketzert werden; Experimente, die durchaus im Sinne der Popperschen Stückwerktechnologie sind, weil sie gerade keine Veränderungen der Gesamtgesellschaft anstreben, sondern simultane Reformen in einigen Subsystemen der Gesellschaft, in der manchmal trügerischen Hoffnung, daß diese *spill over*-Effekte auf andere Subsysteme entwickeln und langsam zu einer Umpolung des Gesamtsystems führen.

Die Erfahrung zeigt, daß die Popperschen Konzepte bis hin zum *piece-meal-engineering* immer wieder in den Armen einer etablierten Wissenschaftsgruppe unkritisch zu erstarren drohen, was gegen eine Grundregel des Kritischen Rationalismus verstößt, daß Theorien falsifiziert werden müssen, aber nicht diskriminiert werden dürfen. Man lehnt kritische Totalentwürfe ab und nimmt sich wegen ihres utopischen Charakters das Recht, wichtige Vorschläge, die sie produzieren, vom Testverfahren der *trial and error*-Methode auszuschließen.

Reformer pflegen das durchzusetzen, was Radikale und Revolutionäre in den Anfangsphasen ihrer Theoriebildung noch an sinnvollen Vorschlägen unterbreitet haben, oder schaffen eine Synthese aus jenen Ideen, die zwar nicht auf die Radikalen zurückgehen, jedoch geeignet sind, den Gravamina, die sie artikuliert haben, den Boden der Kritik zu entziehen. Was aber soll ein abstraktes Bekenntnis zur Stückwerktechnologie, wenn Experimente mit paritätischer Mitbestimmung in Betrieben, überbetrieblichen Umverteilungsfonds, mit Drittelparität in Universitäten, mit Nulltarif im öffentlichen Verkehr und viele andere keineswegs pauschal revolutionäre Konzepte als revolutionär und utopisch diskreditiert werden im Namen von Popper oder Albert?

(2) Kritischer Positivismus kann trotz der rigorosen Anforderungen seiner Metatheorie nicht so wenig pragmatischen Sinn für die Operationalisierbarkeit von Ansätzen entwickeln, daß er sich nicht darum kümmert, *wer die Kluft zwischen reiner Wissenschaftstheorie* – wie sie fast alle Teilnehmer am deutschen Positivismusstreit betreiben – *und der deskriptiven Empirie des täglichen Wissenschaftsbetriebes füllt.* Mertons These, daß nur Theorien mittlerer Reichweite möglich seien, weil eine generelle Theorie, die von Tausenden von Wissenschaftlern getestet werde, vorerst Utopie sei, sollte zu denken geben. Nur der Marxismus hatte bisher 60 Jahre lang in einem wissenschaftlich fruchtbaren Land wie Rußland die Möglichkeit, die gesamte Forschung in die Überprüfung einer *general theory* zu stellen. Erfahrungsgemäß verzichten jedoch gerade Systeme, in denen eine allgemeine Theorie verbindlich ist, auf Falsifikation und produzieren überwiegend den Typ von Literatur, der die Gegenpositionen – hier die der bürgerlichen Wissenschaft – über den Leisten der eigenen Theorie schlägt und für falsch erklärt, nicht aber systematisch mit selbsterhobenen Fakten zu falsifizieren sucht. Es wäre zu befürchten, daß jede allgemeine Theorie, auch wenn sie nicht von einer Partei, die »Hauptverwaltungen für ewige Wahrheiten« einrichtet, verbindlich gemacht wäre, ähnlich falsifikationsfeindliche Attitüden entwickeln würde. Der Funktionalismus zeigt bereits heute Anzeichen davon. (vgl. Kap. II, 4).

(3) Wissenschaftstheoretiker der verschiedenen Schulen pflegen *einander vorzuwerfen, daß nichts bei ihren theoretischen Ansätzen herausgekommen sei.* Vor allem gegenüber dialektischen Theorien hört man diesen Vorwurf nicht selten (Albert, 1971, S. 46ff.). Solche Vorwürfe stützen sich meist auf zwei Argumente:

a) Die Wissenschaftstheoretiker selbst versuchen nicht, empirisch mit ihren Konzepten zu arbeiten. In allen Schulen tun sie das allenfalls ideologiekritisch oder ideengeschichtlich: Albert sogar nur in kleinen Ausschnitten zu einzelnen Philosophemen oder ökonomischen und soziologischen Modellen, Topitsch wenigstens in Broschüren (so ungerecht sie manchmal ausfallen, wie im Falle von Hegel) und Popper immerhin in einer gewichtigen Längsschnittanalyse über die ›Offene Gesellschaft und ihre Feinde‹ von Plato bis Marx. Daß Adorno oder Habermas nur am Rande empirisch zu arbeiten versuchten (›Authoritarian Personality‹, ›Student und Politik‹), ist ihnen kaum anzukreiden. Die wissenschaftliche Arbeitsteilung läßt dies auch durchaus als sinnvolle Spezialisierung erscheinen.

b) Auch die wissenschaftlichen Adepten der bekannten Metatheoretiker haben kaum empirisch mit den Konzepten der Wissenschaftstheorien gearbeitet. Die analytische Wissenschaftstheorie hat den Vorteil, daß wegen ihrer großen theoretischen Offenheit eine Fülle von Ansätzen unter sie subsumierbar sind und als Operationalisierungsbereiche dieser Theorie gelten dürfen. Zum anderen ist sie als gesunkenes Kulturgut selbst bei den theoretisch oder wissenschaftstheoretisch nicht interessierten Empirikern angekommen, da sie stärker mit dem etablierten *mainstream* des westlichen Bildungsbetriebs verwoben ist.

Hier ein endgültiges Urteil zu fällen wäre verfrüht. Auf dem Boden kritischer Ansätze haben jüngere Politikwissenschaftler und Soziologen auch in Deutschland versucht, die Kritik an abgegrenzteren Gegenständen zu operationalisieren.

In der materiellen Politikanalyse hat sich in den 70er Jahren eine fruchtbare Ergänzung von analytischen und kritisch-dialektischen Orientierungen ergeben, die empiriegesättigter sind als die Ende der 60er Jahre rasch hinskizzierten Depravationstheorien im Bereich der Parlamentarismuskritik und der Faschismusanalyse. Dabei zeigte sich, daß die jüngere Generation der Politikwissenschaftler in Deutschland Beiträge zu einem kritischeren Politikverständnis leistete, ohne in ihrer Mehrzahl die Grundeinsichten des Kritischen Rationalismus und seine Beurteilungsmaßstäbe für die Auseinandersetzung mit anderen Theorien über Bord zu werfen. Es dient der Sache des Kritischen Rationalismus wenig, wenn alle solche Gesprächsversuche über die Grenzen der verschiedenen Paradigmen hinaus als politisch gefährlich und wissenschaftlich unsauber abgetan werden, nur weil die ersten Selbstverständigungsversuche mit – nach den Grundsätzen des Kritischen Rationalismus – ohnehin niemals ausrottbaren Mängeln und Unzulänglichkeiten behaftet waren.

(4) Die verschiedenen wissenschaftstheoretischen Positionen bedenken einander gern mit dem *Vorwurf der Ontologisierung*, der zuerst vom Funktionalismus gegen alle anderen Ansätze ausging, was Dialektiker mit der Behauptung der Verdinglichung des Funktionsbegriffs und der Fetischisierung bestimmter Annahmen in systematisch-strukturellen Theorieansätzen heimzahlten.

Der kritische Rationalismus verkennt nicht, daß durch Konsens der Wissenschaftler eine Reihe von Grundannahmen gesetzt werden. Im Vergleich zu anderen wird jedoch von der analytischen Wissenschaftstheorie am wenigsten gesetzt. Die ontologischste Aussage unter diesen Setzungen ist wohl die Trennung von Sein und Sollen. In ihr sind jedoch mehr Denkmöglichkeiten angelegt, diesen Konsens, der einer solchen Setzung zugrunde liegt, zu revidieren, als in anderen Wissenschaftstheorien.

Kritischer Rationalismus ist sich indessen bewußt, daß diese Revision von Konsens auf soziale Handikaps in großer Zahl stößt. Eine »herrschende Lehre« – wie sie vor allem in der Jurisprudenz als magische Einheit immer wieder beschworen wird – ist schwer revidierbar. Im Gegensatz zu einer normativen Wissenschaft wie der Jurisprudenz ist die Revision von allgemein akzeptierten Annahmen in den Sozialwissenschaften graduell einfacher. Zwar gibt es auch in ihnen wissenschaftliche Institutionen, die mit Initiations- und Kooptationsriten nur wenig Abweichung von der herrschenden Lehre durch die Schleuse lassen, aber es gibt nicht die mit staatlicher Sanktion verbundene gerichtliche Entscheidung, die bestimmte Anschauungen für Jahrzehnte durch Präzedenzfälle stabilisieren kann und sozial regulierend wirkt, so daß ein wichtiges Gerichtsurteil den Charakter einer *self-fulfilling prophecy* entwikkelt. In allen Wissenschaften ist jedoch die Konsensbildung relativ elitär strukturiert. Es wird weniger nach dem *maior pars* als nach dem *sanior pars* einiger wichtiger *opinion leaders* in der Wissenschaft entschieden, was herrschende Lehre ist. Immerhin ist die Politikwissenschaft wie alle Sozialwissenschaften heute zunehmend dadurch ausgezeichnet, daß es kaum noch herrschende Lehren gibt und der wissenschaftstheoretische Pluralismus wächst. Dieser Vorteil wird mit dem Nachteil bezahlt, daß die Stellenbesetzungspolitik in den Sozialwissenschaften heute von engem Proporzdenken beherrscht wird und die bisher ungerechte Unterdrückung marxistischer Ansätze in die Forderung nach »Konkordatslehrstühlen« für Marxisten umschlägt.

(5) Kritischer Rationalismus hütet sich, zwischen *Theorie und Ideologie* einen allzu schematischen Trennungsstrich zu ziehen. Popper hat in der ›Logik der Forschung‹ (1966, S. 13) bereits auf den Nutzen der Metaphysik und der Ideologien für die Hypothesenbildung hingewiesen, und wenn wir die Aussage im ›Traktat über kritische Vernunft‹ (Albert, 1968, S. 55ff.) ernstnehmen, daß die handlungsleitenden Werte zwar nicht beweisbar, aber dennoch rationaler Diskussion zugänglich sind, dann kann eine sozial verantwortlich denkende Politikwissenschaft den Bereich der Sollensaussagen nicht völlig den spekulativen Utopikern überlassen oder mit Scheuch (1969, S. 181) achselzuckend der Sozialphilosophie überweisen. Die Trennungslinie zwischen wissenschaftlicher Theorie und Ideologie ist in praxi weit schwerer zu ziehen, als die analytische Wissenschaftstheorie glauben läßt. Jedes theoretische System enthält einige ideologische Elemente und weist unterschiedliche Grade an Empiriesättigung und Falsifikationsmöglichkeiten auf. Auch Ideologien sind selten völlig ohne empirischen Gehalt, und selbst die großen Utopien enthielten immer ein gut Teil deskriptiver Beobachtung.

Ideologien sind für die Hypothesenbildung von Bedeutung. Ohne utopischen Vorgriff der Radikalen würden auch die auf empirische Überprüfung ausgehenden Wissenschaftler keine relevanten neuen Fragestellungen mehr aufgreifen. Die Zukunft des kritischen Rationalismus liegt nicht zuletzt darin, daß die Dialektiker so gut wie keine eigenen Forschungstechniken und Methodologien entwickelten und außerhalb ihrer metatheoretischen Arbeit überwiegend narrativ und historisch-genetisch vorgehen.

Die Position, die in der deutschen Hochschulpolitik als

»linksliberal« bezeichnet wurde, basierte überwiegend auf einem kritischen Positivismus. Die Neopositivisten waren, politisch gesehen, seit Popper niemals Liberale im älteren Sinn des Wortes, sondern standen überwiegend den sozialdemokratischen Parteien nahe und verbanden ihren wissenschaftstheoretischen Rigorismus in einer – psychologisch gesehen – manchmal schwer zu vollziehenden Weise mit einem optimistischen politischen Pathos zugunsten von Werten wie Toleranz und Fortschritt. Die Anhänger eines Kritischen Rationalismus heute haben eine intellektuelle »Öffnung nach links« vollzogen, die der des Neopositivismus im Vergleich zum älteren Positivismus ähnlich ist. Nicht selten haben Kritische Rationalisten dabei die Ideen aufgenommen, wissenschaftlich operationalisiert und zur politischen Durchsetzung vorbereitet, welche die utopischen wie die Kadersozialisten verschiedener Schattierungen in ihrer Pauschalablehnung bestehender kapitalistischer Gesellschaften »rechts« liegen ließen.

Literatur

R. K. Merton: Social Theory and Social Structure. Glencoe/Ill., Free Press, ²1961

K. R. Popper: Logik der Forschung. Tübingen, Mohr, ²1966

K. R. Popper: Was ist Dialektik? In: E. Topitsch: Logik der Sozialwissenschaften. Köln, Kiepenheuer & Witsch, 1966, S. 262–290

H. Albert: Marktsoziologie und Entscheidungslogik. Neuwied, Luchterhand, 1967

R. Dahrendorf: Pfade aus Utopia. München, Piper, 1967

R. Wildenmann: Politologie in Deutschland. Der Politologe, 1967, H. 23, S. 13–23

H. Albert: Traktat über kritische Vernunft. Tübingen, Mohr, 1968

K. H. Messelken: Politikbegriffe der modernen Soziologie. Köln/Opladen, Westdeutscher Verlag, 1968

Th. W. Adorno u. a.: Der Positivismusstreit in der deutschen Soziologie. Neuwied, Luchterhand, 1969

B. Schäfers (Hrsg.): Thesen zur Kritik der Soziologie. Frankfurt, Suhrkamp, 1969

E. Scheuch: Methodische Probleme gesamtgesellschaftlicher Analysen. In: Th. W. Adorno (Hrsg.): Spätkapitalismus oder Industriegesellschaft. Stuttgart, Enke, 1969, S. 153–182

A. Wellmer: Kritische Gesellschaftstheorie und Positivismus. Frankfurt, Suhrkamp, 1969
K. R. Popper: Die offene Gesellschaft und ihre Feinde. 2 Bde. Bern, Francke, ²1970
H. Albert: Plädoyer für kritischen Rationalismus. München, Piper, 1971
I. Lakatos / A. Musgrave (Hrsg.): Kritik und Erkenntnisfortschritt. Braunschweig, Vieweg, 1974
H. Spinner: Pluralismus als Erkenntnismodell. Frankfurt, Suhrkamp, 1974
G. Lührs u. a. (Hrsg.): Kritischer Rationalismus und Sozialdemokratie. Berlin/Bonn, Dietz, 1975
P. Feyerabend: Wider den Methodenzwang. Skizze einer anarchistischen Erkenntnistheorie. Frankfurt, Suhrkamp, 1976
H. Kastendiek: Die Entwicklung der westdeutschen Politikwissenschaft. Frankfurt, Campus, 1977
H. F. Spinner: Popper und die Politik. Bd. 1. Geschlossenheitsprobleme. Berlin/Bonn, Dietz, 1978
P. Feyerabend: Erkenntnis für freie Menschen. Frankfurt, Suhrkamp, 1979
K. R. Popper: Ausgangspunkte. Meine intellektuelle Entwicklung. Hamburg, Hoffmann & Campe, 1979
O. P. Obermeier: Poppers ›Kritischer Rationalismus‹. München, Vögel, 1980
W. Spinner: Ist der Kritische Rationalismus am Ende? Weinheim, Beltz, 1982

3. Dialektisch-kritische Theorien

Dialektische Theorien wurden im 19. Jahrhundert als Reaktion gegen szientistische Züge der Aufklärung konzipiert, um moralische Gehalte des Christentums in einer laizisierten Form der Philosophie zu erhalten. Szientistische Philosophien des neueren Positivismus, die inzwischen sogar die Vorstellung der Aufklärungsphilosophie aufgegeben hatten, daß die Sozialphilosophie Normen für das politische Handeln entwikkeln könne, und eine »wertfreie Wissenschaft« propagierten, sahen die dialektischen Theorien als »romantischen Rückfall« an. Die Dialektiker hingegen sahen im Positivismus der Nachkriegszeit eine Variante der Aufklärung, die durch Kants Nachweis, daß theoretisches Wissen praktische Vernunft nicht ausschließt, bereits als überwunden zu gelten hatte (Lorenzen, 1974, S. 38). Die Wiederbelebung der praktischen Philosophie in Deutschland hat daher bis heute mannigfaltige Berührungspunkte mit den dialektischen Ansätzen, soweit sie sich vom orthodoxen Marxismus abkoppelten.

Die metatheoretischen Grundlagen des Marxismus gehören kaum in eine Einführung in die politische Theorie der Gegenwart, sondern ins 19. Jahrhundert. Originelle Gedanken sind dem Neomarxismus nicht abzusprechen. Sie lagen jedoch meist nicht auf der Ebene der Metatheorie. Allenfalls die Verbindung von Marxismus und Strukturalismus in Frankreich war auf dieser Ebene fruchtbar. Daher läßt es sich vertreten, daß hier marxistische Theorieelemente vornehmlich auf der dritten Ebene der Partialtheorien behandelt werden, wie bei der Entwicklung der Konzepte »Staat« oder »Klasse« (Kap. III,1,3).

Für die empirischen Sozialwissenschaften war die Kritische Theorie der Frankfurter Schule noch einflußreicher und anwendungsnäher als der französische Strukturalismus. Die Kritische Theorie wird von ihren Gegnern häufig unter der Rubrik »Neomarxismus« eingeordnet. Historiker des Marxismus haben jedoch gezögert, diese Feindbezeichnung zu übernehmen. Selbst Kolakowski (1979, S. 373) klassifiziert die Frankfurter Schule als »paramarxistische Bewegung«.

Während der orthodoxe Marxismus der sozialistischen Systeme sich für das neue Fach Politikwissenschaft nur zögernd öffnete, wurden die kritisch-dialektischen Theorien in westlichen Ländern sehr viel rascher zu Anregern der Politikwissenschaft, obwohl bei der überwiegend liberalen und institutionell gesinnten älteren Generation von Politikwissenschaftlern die Disposition für Impulse durch die kritischen Theorien nicht groß war. Die kritischen Theorien teilten mit dem älteren Marxismus das Mißtrauen gegen die technologisch ausgerichtete Politikwissenschaft, und ihre Anhänger verstanden sich überwiegend als Soziologen. Bis heute gilt die Soziologie stärker als die Politikwissenschaft als »Oppositionswissenschaft«.

Die Kritische Theorie entstand aus den Erfahrungen von Faschismus und Stalinismus zugleich. Ohne die Pervertierung des Marxismus im Stalinismus wäre sie nicht verständlich, denn sie führte zu kritischen Fragen an den Marxismus, wie sie bisher keine revisionistische sozialistische Theorie gestellt hatte, da diese ihre Bemühungen auf Einzelprobleme des Machterwerbs beschränkten, ohne zu einer Theorie größter Reichweite vorzustoßen, die einige verhängnisvolle Entwicklungen sowohl im Kapitalismus wie im Sozialismus hätte erklären können. Man könnte diese Ausgangserfahrung eine erste Konvergenztheorie nennen, jedoch eine *negative Konvergenztheorie*, da sie nicht wie die meisten anderen davon ausgeht, daß die Annäherung der beiden wichtigsten Gesellschaftsordnungen auf Grund der Industrialisierung und der sie begleitenden Sozialprozesse nur positiv zu bewerten ist. Die Kritische Theorie sah vor allem die negative Konvergenz im Vordringen der instrumentellen Vernunft auf beiden Seiten des Eisernen Vorhangs.

Adorno und Horkheimer haben in dem Buch ›Dialektik der Aufklärung‹, das 1947 in Amsterdam erschien, die Gedanken der Kritischen Theorie, die sie in zahlreichen Aufsätzen geäußert hatten, zum ersten Mal zusammengefaßt. Sie gingen über den älteren Marxismus in einem wesentlichen Punkt hinaus: Während Marx hoffte, durch die Beseitigung der kapitalistischen Eigentumsordnung die Verdinglichung aufheben zu können, lösten sich die Frankfurter Philosophen von der arbeitswerttheoretischen Grundlegung in der Kritik der politischen Ökonomie und stießen zu einer *Kritik der instrumentellen Vernunft* vor, die sich nicht mehr auf den Bereich der Wirtschaft beschränkte, sondern zu einer Kritik der technischen Zivilisation wurde. Das Tauschprinzip der bürgerlichen Gesellschaft wird in der Kritischen Theorie als vollendetster Ausdruck dieser instrumentellen Vernunft interpretiert. Genauso kritisch wurde jedoch der »geheime Positivismus« im Marxismus unter die Lupe genommen, der zur Ausbreitung der instrumentellen Vernunft in den sozialistischen Ländern führte, zugleich zu einer bürokratischen Erstarrung der Doktrin und der Partei und zu einer Unterdrückung aller Gedankengänge seit Rosa Luxemburg, die stärker auf die Spontaneität der Massen setzten als auf die Vernunft der Berufsrevolutionäre.

Die Kritische Theorie der Frankfurter Schule hatte nach

dem Zweiten Weltkrieg vielfältige Pendants in der marxistischen Theorie überall da, wo der humanistische Ansatz des frühen Marx, manchmal zum »wahren dialektischen Marx« hochstilisiert, entdeckt wurde, ohne daß man inzwischen die vorübergehende Mode beibehielt, den ökonomischen Marx zu verketzern und nur den philosophischen der Frühschriften für den authentischen zu halten. Zu den verwandten Strömungen gehören:

die Philosophie Herbert Marcuses,
die Philosophie oppositioneller Marxisten in sozialistischen Ländern,
der Zagreber Marxismus der Praxis-Gruppe und
neue Gedanken im französischen Marxismus von Lefèbvre, Garaudy und Althusser.

Alle diese Varianten dialektischer Theorie nehmen implizit oder explizit gegen die objektivistischen Züge der Marxschen Geschichtsphilosophie Stellung und kämpfen um die Autonomie- und Glücksansprüche der Individuen gegen die historisch wirksamen Tendenzen zur Totalisierung technischer und bürokratischer Rationalität. Albrecht Wellmer (1969, S. 136) verrät sogar an einer Stelle die geheime Verwandtschaft dieses Ansatzes mit den normativen Theorien – sie ergreifen »Partei für die Tugend und gegen den Weltlauf« –, gibt aber zugleich zu, daß diese Stärke zu einer Schwäche geführt hat. An Operationalisierungsmöglichkeit und Anreicherung mit konkretem empirischem Gehalt kann sich der »nachrevolutionäre kritische Marxismus« nicht mit dem revolutionären orthodoxen Marxismus messen.

»Nachrevolutionär« kann die Kritische Theorie insofern genannt werden, als sie die marxistische Revolutionstheorie überwiegend aufgegeben hat, überall dort, wo revolutionäre Konsequenzen aus ihren Theorien von der protestierenden studentischen Jugend gezogen wurden, vor Illusionen gewarnt und sich gelegentlich sogar in die Attitüde der ästhetisierenden Kritik des technischen Zeitalters zurückgezogen hat.

Die Vielzahl der neomarxistischen Ansätze läßt es kaum noch zu, von einer einheitlichen dialektisch-kritischen Theorie zu sprechen. Dennoch haben alle dialektischen Theorien in der Konfrontation mit dem Neopositivismus einige Prinzipien gemeinsam:

(1) Dialektisch-kritische Theorien gehen von der *Geschichtlichkeit* der Politik und der Gesellschaft aus und sehen ihre Hauptaufgabe in der Kritik der Gesellschaft. Ausgehend von der Identität von Sein und Bewußtsein versuchen sie, ihre Begriffe mit der Entwicklung der Gesellschaft und ihren Widersprüchen in Deckung zu bringen und heben die Trennung von Theorie und Geschichte auf. Die dialektische Theorie der Gesellschaft verfährt *hermeneutisch* insofern, als sie das Sinnverständnis, »dem die analytisch-empirischen Theorien bloß einen heuristischen Wert beimessen«, als »konstitutiv« ansieht (Habermas in: Adorno, 1969, S. 164). Im Gegensatz zur bloß subjektiv verstehenden Hermeneutik sieht die kritische Theorie die Möglichkeit, durch Nachweis der Abhängigkeit der Ideen und Interpretationen von den Interessenanlagen eines objektiven Zusammenhangs der gesellschaftlichen Reproduktion objektivierende Verfahren zu entwickeln.

(2) Dialektische Theorien sehen die Fülle der politischen Einzelphänomene in Zusammenhang mit der *Totalität*, die restriktive Verwendung des Gesetzesbegriffes durch K. Popper und die analytische Wissenschaftstheorie lehnen sie ab. Starke hegelianische Einflüsse führten schon bei Georg Lukács dazu (1968, S. 199f.), daß der Begriff der »Totalität« überbetont wurde: »Nicht die Vorherrschaft der ökonomischen Motive in der Geschichtserklärung unterscheidet entscheidend den Marxismus von der bürgerlichen Wissenschaft, sondern der Gesichtspunkt der Totalität. Die Kategorie der Totalität, die allseitige, bestimmende Herrschaft des Ganzen über die Teile ist das Wesen der Methode, die Marx von Hegel übernommen und originell zur Grundlage einer ganz neuen Wissenschaft umgestaltet hatte.« 1967 hat Lukács im Vorwort zur Neuauflage dieses Werkes (1968, S. 22f.) sich einer »Hegelschen Überspannung« für schuldig erklärt, die ihn der Versuchung nachgeben ließ, den Totalitätsbegriff gegen die Priorität des Ökonomischen auszuspielen. In den Augen orthodoxer Marxisten im sozialistischen Lager sind die meisten Anhänger der kriti-

schen Theorie ähnlichen Hegelschen »Überspannungen« verfallen.

Obwohl der Totalitätsbegriff manche Ähnlichkeit mit dem Systembegriff vieler Funktionalisten gemeinsam hat, wird er von der analytischen Wissenschaftstheorie noch schärfer als der Systembegriff kritisiert, mit dem Argument Hans Alberts (in: Adorno, 1969, S. 199), daß er sich logischer Analyse entziehe. Adorno (ebd., S. 19) hingegen ist der Ansicht, daß die Interpretation der Fakten jeden Wissenschaftler zur Totalität geleite, ohne daß diese selber ein Faktum wäre. Totalität im Sinne der Dialektiker ist nicht nur keine empirische Kategorie, kein – im Gegensatz zu den Ganzheitsbegriffen der Funktionalisten – zeitloses gesellschaftliches Prinzip schlechthin, sondern an die unbefreite, bürgerliche Gesellschaft gebunden: »Totalität ist keine affirmative, vielmehr eine kritische Kategorie« (ebd). Für Adorno reicht die Idee des »Vorgriffs auf Totalität, die allenfalls ein sehr liberaler Positivismus zu billigen bereit wäre, ... nicht aus, sie visiert die Totalität in Erinnerung an Kant als ein zwar unendlich Aufgegebenes und Verschobenes, aber prinzipiell durch Gegebenheiten zu Erfüllendes, ohne Rücksicht auf den qualitativen Sprung zwischen Wesen und Erscheinung in der Gesellschaft« (ebd., S. 42). Gesellschaft wird mit der Totalität einer gelungenen Gesellschaft in »realer Utopie« (E. Bloch) durch dialektische Theorien konfrontiert. Stärke dieser Theorie in der Politikwissenschaft ist ihre ideologiekritische Arbeit und ihre Anregung für politische Handlungsentwürfe.

(3) Die Kritische Theorie *lehnt es ab, nach dem Vorbild der Naturwissenschaften in den Sozialwissenschaften zu verfahren*, da der Mensch nicht Objekt der Forschung ist wie Gegenstände der Natur, sondern jedes soziologische Objekt Subjektivität besitzt. Soziale Strukturen werden vorwiegend als Bewußtseinsstrukturen (wie Klasse, Volk, Familie) verstanden, und soziologische Reflexion hat nach diesem Ansatz die Aufgabe, sie zu entdinglichen, nachdem die ältere positivistische Soziologie – etwa bei Emile Durkheim – die Verdinglichung sozialer Fakten in der Theorie vom *fait social* sehr weit getrieben hatte.

Soziologische Sätze sind daher für die Dialektiker nach der These von Karl-Heinz Messelken (in: Schäfers, 1969, S. 123) ihrem Wesen nach entweder *self-fulfilling* oder *self-destroying prophecies*, was auch nicht durch Kontrolle – wie Robert Merton hoffte – auszuschalten sei, da soziologische Einsichten das Bewußtsein der sozialen Objekte notwendig verändern.

(4) Während positivistische politische Theorien vor allem nach den Bedingungen der Erhaltung von politischen Systemen und ihrer schrittweisen Veränderung fragen, suchen dialektische Theorien nach den Widersprüchen. Geschichte enthält Widersprüche, die ineinander übergehen, Gegensätze, die sich wechselseitig erzeugen, Stufen, die aufeinander folgen. Die *Geschichtlichkeit der Dialektik* ist das Gegenteil des logischen Identitätsprinzips; Position – Negation und Negation der Negation ist eine gesellschaftliche Entwicklungsformel, die sozialen Wandel zu erklären versucht.

Die Neopositivisten hingegen lehnen die Identitätsphilosophie, die hinter der Dialektik steht, ab und kritisieren den Panlogismus der Philosophie Hegels, die von der Identität von Wirklichkeit und Vernunft ausgeht und annimmt, daß die Gesetze der dialektischen Logik für die Entwicklung der sozialen Wirklichkeit gelten (Popper, 1966, S. 286). Popper würde etwa beim Kampf von Interessen und Theorien den Ausdruck *trial and error*-Methode vorziehen, da sie keine Ontologie impliziert und nur über eine Methode des Erkenntnisfortschritts etwas aussagt.

Das dialektische Erklärungsschema zwingt in den Augen der Positivisten zur Vergewaltigung sozialer Fakten. Leicht ist die Kritik an älteren Beispielen des Marxismus, nach denen etwa das Saatkorn das Positive, das Keimen der Pflanze die Negation und Hervorbringung einer Menge neuer Saatkörner die Negation der Negation, die neue Synthese ist. Darin wird mit Recht ein bloßes Wortspiel vermutet. Noch einfacher ist die Kritik bei mathematischen Beispielen der dialektischen Logik, wenn etwa die Synthese aus der Multiplikation der Antithese mit sich selbst erklärt wird, was so willkürlich erscheint wie die Addition von These und Antithese. Die Dialektik flüchtet sich nicht selten in eine verschwommen-metaphorische Ausdrucksweise, die sich der Überprüfung entzieht.

Zu noch größerer Willkür kann die *Festlegung der dialektischen Theorie auf dichotomische Widersprüche* führen. Viele Konfliktmodelle gehen von Widersprüchen aus, aber zwingen diese nicht in das dichotomische Prokrustesbett, das der Reduktion aller sozialen Konflikte auf den Gegensatz von Bourgeoisie und Proletariat zugrunde liegt. Positivisten werfen den Dialektikern vor, daß sie einerseits die Fruchtbarkeit der Widersprüche betonen, andererseits nach ihrer Beseitigung streben. Aller Fortschritt wird aus Widersprüchen erklärt. Nach Popper (1966, S. 267) ist die alleinige Kraft, die die dialektische Entwicklung vorwärtstreibt, der Entschluß, den Widerspruch zwischen These und Antithese nicht zu akzeptieren. »Es ist keine mysteriöse Kraft im Inneren dieser beiden Ideen, keine mysteriöse Spannung zwischen ihnen, die die Entwicklung vorwärtstreibt – es ist lediglich unsere Entscheidung, unser Entschluß, keine Widersprüche zuzulassen, wodurch wir veranlaßt werden, uns nach einer neuen Ansicht umzuschauen, die uns die Vermeidung der Widersprüche ermöglichen kann.« Die Rechtfertigung dieses Entschlusses sieht Popper in der Notwendigkeit, vor die der Wissenschaftler gestellt wird, da jede wissenschaftliche Tätigkeit aufhören müßte, wenn wir bereit wären, Widersprüche zu akzeptieren.

Dieses ambivalente Verhältnis der Dialektiker zum Widerspruch wird noch deutlicher, wenn man die Zielvorstellungen der Anhänger des dialektischen Materialismus betrachtet: In der Regel liegt ihnen ein harmonistisches, konfliktfreies sozialistisches Modell zugrunde. Die Fruchtbarkeit der Widersprüche endet gleichsam an der Schwelle zur kommunistischen Gesellschaft, was zu dem logischen Unsinn führt, mit dem sich westliche Konvergenztheorien konfrontiert sehen, daß gewisse Konflikte und Probleme, die aus Rationalisierung, Urbanisierung und Industrialisierung resultieren, in der kapitalistischen Gesellschaft zu deren Untergang beitragen sollen, während sie in der sozialistischen Gesellschaft angeblich ein höheres Nutzenniveau für alle erzeugen.

Benedetto Croce hatte bereits an der Dialektik kritisiert, daß sie »alles auf die bloß logische Form des Widerspruchs« bringe und damit die Mannigfaltigkeit des nicht Kontradiktorischen, des einfach Unterschiedenen beiseite lasse, das die Sozialwissenschaften meist in Typologien nebeneinanderstellten und nur in sehr abstrakten Systemansätzen wie bei Parsons logisch aufzuheben trachteten. Die kritische Theorie mit der negativen Dialektik Adornos (1970, S. 7, 15) ist dieser Versuchung älterer marxistischer Dialektik nicht erlegen, indem sie sich als »das konsequente Bewußtsein von Nichtidentität« definiert.

Adornos Dialektik versteht sich nicht affirmativ und kann nicht zur Rechtfertigung eines vorgeblichen sozialen Zustandes aufgehobener Widersprüche oder auch nur nichtantagonistischer Gegensätzlichkeiten einer sozialistischen Gesellschaft benutzt werden. Die Anhänger der Kritischen Theorie haben daraus überwiegend nicht nur den Schluß gezogen, daß keines der bisherigen sozialistischen Systeme zu Recht die Aufhebung der Widersprüche postuliere, sondern daß auch keine der marxistischen Herrschaftsideologien Ansätze zu einer wirklichen Überwindung dieser Widersprüche zeige.

Kritische Rationalisten sehen in der Dialektik eine Verwechslung von Dialektik und Logik auch darin, daß sie den Dogmatismus fördert. Damit wird auch der Zusatz »kritisch« in der Selbstbezeichnung vieler dialektischer Ansätze in Frage gestellt. Jede antidogmatische, progressive, auf Lösung praktischer sozialer und politischer Probleme gerichtete Wissenschaft ist »kritisch«, solange sie ihre eigenen Thesen ständig in Frage zu stellen bereit ist. Kritik an der kritischen Methode der Dialektik wird jedoch von den Dialektikern meist durch Immunisierungsstrategien abgewehrt. Positivistischer Kritizismus bedeutet daher nicht politische Neutralität, sondern Kampf um institutionelle Sicherung der Meinungsfreiheit und des Pluralismus, ohne damit die bloße Konservierung des Bestehenden zu verlangen.

Trotz der berechtigten Kritik an den kritisch-dialektischen Theorien sind gewisse Verdienste um den Fortschritt der Sozialwissenschaften nicht zu übersehen:

(1) Das Geschichts- und Ganzheitsdenken der dialektischen Theorien trägt bei zur *Beseitigung willkürlich verfestigter Grenzlinien zwischen den Wissenschaften*, die auch von den Neopositivisten nur als willkürliche Konventionen anerkannt werden, während sie gleichwohl den nötigen ideologischen Impuls vermissen ließen, aus diesem Wissen in abstracto konkrete Schlüsse zu ziehen. Dieser Vorteil wird mit dem Nachteil erkauft, daß der Totalitätsbegriff zu der Vorstellung einer einheitlichen Wissenschaft von der Gesellschaft führt, die keine autonomen Wissenschaften zuläßt und die der Ausdifferenzierung bestimmter Spezialdisziplinen wie Soziologie und Politikwissenschaft in sozialistischen Ländern bis heute große ideologische Widerstände entgegensetzt. Für die Politikwissenschaft – soweit sie überhaupt schon als autonome Disziplin anerkannt wird – bedeutet dies vor allem die Öffnung hin zur Wirtschaftswissenschaft und Psychologie. Der Versuch einiger Doktrinäre freilich, das ganze Fach Politikwissenschaft in Politökonomie umzufunktionieren, erscheint nicht sehr weitsichtig, weil er wichtige Gebiete sowohl der Politikwissenschaft als auch der Volkswirtschaftslehre wieder verkümmern ließe und der Komplexität der modernen sozialen Welt und den institutionellen Erfordernissen wissenschaftlicher Arbeitsteilung nicht gerecht würde.

(2) Dialektisch-kritische Theorien helfen, die Stoffhuberei im Rahmen einer nicht befragten Affirmation des bestehenden politischen Systems zu überwinden. Das Überwuchern der Methoden wird abgebaut, und die *Betonung der Relevanz politikwissenschaftlicher Fragestellungen* ermöglicht neue Verwertungen, die über die Anregung zur administrativen Teillösung von Problemen hinausgehen.

(3) Die *positive Rolle der Ideologie* wird betont. Trotz wissenschaftlicher Rationalität, auf die sich die Kritische Theorie ebensosehr beruft wie der Neopositivismus, wird das ideologische Element anerkannt, da sich der Sinn von Erscheinungen erst aus dem sozialen Kontext enthüllt (Messelken, in: Schäfers, 1969, S. 124). Auch der Positivismus erkennt den Nutzen

von Ideologien an, allerdings nur als Mittel der Hypothesenbildung. Sogar in den Naturwissenschaften hat die kosmologische Spekulation von Newton bis Einstein immer wieder fruchtbare Hypothesen für die Entwicklung von Theorien geliefert.

(4) Der *Praxisbegriff* der Kritischen Theorie und seine Herausforderung ließen die Mehrzahl der positivistischen Sozialwissenschaftler erstmals wieder über die Folgen ihres Tuns und ihre Möglichkeiten des politischen Engagements nachdenken.

(5) Die Befruchtung sozialwissenschaftlicher Forschung durch Rezeption der *Psychoanalyse*. Die Betonung der Emanzipation konkreter Individuen und ihrer Bedürfnisse hat zu einem Novum geführt: zu der Übernahme freudianischer Gedankengänge in den meisten Varianten Kritischer Theorie. Im orthodoxen Marxismus wurde Freud bis vor kurzem als einer der individualistisch-subjektivistischen Irrlehrer verketzert, und die Psychoanalyse gilt noch heute als eine bürgerliche, »ahistorische und biologisierende ... methodisch ungesichert intuitiv arbeitende ›Wissenschaft‹«.

Eine der schärfsten Attacken aus der Sowjetunion wurde 1930 von A. Stoljarov (wiederabgedr. in: Bernfeld u. a., 1970, S. 287ff.) gegen die »Freudomarxisten« geritten, deren Lehren er als »Reaktion gegen den Materialismus« und als eine »Woge der Dekadenz« ansah. Für August Thalheimer war Freud sogar der »Künder speziell des liederlichen Wiener Philisters«, und er scheute nicht vor Wortverdrehungen wie »Anal-Psycholyse, Verzeihung Psycho-Analyse« zurück (zit. in: Lorenzer u. a., 1971, S. 67).

Angesichts der scharfen Ablehnung Freuds durch fast alle Schulen des Marxismus blieben die Ähnlichkeiten der beiden Denkansätze weitgehend verborgen. Sie wurden allenfalls von den Gegnern des Freudianismus und des Marxismus unterstellt. Siegfried Bernfeld in dem Aufsatz ›Psychoanalyse und Marxismus‹ in der Zeitschrift ›Der Klassenkampf‹ von 1928 (in: Bernfeld u. a., 1970, S. 47) war einer der ersten, der Gemeinsamkeiten der beiden Lehren entdeckte. Solche Gemeinsamkeiten lassen sich in mehreren Punkten zusammenfassen:

a) Obwohl dem Freudianismus immer wieder seine ahistorische Denkweise vorgehalten wird, hat Bernfeld der Psychoanalyse im Gegensatz zur »offiziellen Psychologie« ihren *historisch-genetischen Standpunkt* positiv angerechnet, der sie dem marxistischen Denken verwandt erscheinen lasse. In beiden Theorien ist der Beginn der Geschichte mit einem mythologischen Element des Sündenfalls behaftet (Vatermord, private Eigentumsaneignung). Beide Theorien hoffen auf ein utopisches Ende dieser Fehlentwicklung, Freud jedoch ist darin pessimistischer als Marx.

b) Bernfeld (1970, S. 48) hebt hervor, daß der Freudianismus mit dem Marxismus den *materialistischen Ansatz* teilt, der von idealistischen Gegnern der Freud-Schule schon immer als die stärkste Ähnlichkeit mit dem Marxismus herausgestellt wurde – etwa in den Werken Sprangers.

c) Man hat beide Theoretiker als Anhänger der *Aufklärung* verglichen, die wissenschaftsgläubig das kausal-mechanische und deduktive Denken – das heute etwa durch den Funktionalismus stark modifiziert wird (vgl. S. 103ff.) – nicht ernsthaft in Frage stellen (Wyss, 1969, S. 54ff.). Für Freud muß jedoch der Vorbehalt gemacht werden, daß er dem Menschen einen Drang zur Entwicklung kaum zuerkennt.

d) Beide gehen von einem *Konfliktmodell* aus, stellen aber ihre Erwägungen auf Überwindung aller Konflikte hin ab: bei Marx Überwindung des Klassenkonflikts in der kommunistischen Gesellschaft, bei Freud die Erreichung einer seelischen Spannungslosigkeit. Lust und Spannungslosigkeit sind bei Freud nahezu identisch.

e) Marx und Freud haben eine Art *Haßliebe zur Arbeit*. Engels (MEW, Bd. 20, S. 444) geht so weit, zu definieren: »Arbeit ... hat den Menschen selbst geschaffen.« Hauptanliegen von Marx und Engels war es, die Entfremdung des Menschen von der Arbeit und ihren Produkten aufzuheben. Obwohl bei Freud Arbeit überwiegend als qualvolle Mühe und Ausdruck des Realitätsprinzips angesehen wird, ist Arbeit doch das »wahre Leben« des Menschen, und Freud hat nur abschätzige Bewertungen für das Entweichen in die Phantasie, die Kunst und ins Spiel zur Hand. Kulturerzeugnisse sind für beide Sekundärphänomene: Überbauphänomene für Marx, Ergebnisse des Verdrängungsdrucks und der Sublimierungsbemühungen bei Freud.

f) Für beide ist der Mensch hedonistisch vom *Lustprinzip* bestimmt, die Hindernisse zu seiner Durchsetzung werden bei Marx jedoch in den gesellschaftlichen und ökonomischen Bedingungen, bei Freud in der biopsychischen Konstitution gesehen.

g) Beide Denker kämpfen *gegen das Prinzip der Herrschaft*, die das Lustprinzip unterdrückt: bei Marx die bürgerliche Klasse und ihre wirtschaftlichen und ökonomischen Machtmittel, bei Freud der patriarchalische Vater. Konflikte werden bei beiden dichotomisch perzipiert: bei Marx im Kampf zwischen Bourgeoisie und Proletariat, bei Freud zwischen Lust- und Realitätsprinzip.

h) Beide bekämpfen den ideologischen Ausdruck der lustbeschränkenden *Herrschaftsgewalten*: Marx in allen Formen des Überbaus, Freud in Form des Überichs. Beide sind Gegner der Religion, die in ihren Augen Ausdruck eines überwundenen Stadiums der Menschheit ist – bei Marx mehr und mehr zum Ausdruck »falschen Bewußtseins« wird, bei Freud ein »neurotisches Durchgangsstadium« der Kollektiventwicklung, das durch die Herrschaft der Vernunft abgelöst werden soll (Rattner, 1970, S. 35). Marx und Freud sind im theoretischen Ansatz Reduktionisten, die weite Bereiche von Gesellschaft und Zivilisation auf eine Späre – die ökonomische oder die biologische – reduzieren.

Es gibt jedoch eine Reihe fundamentaler Unterschiede der Denksysteme beider Denker, die eine Synthese der beiden Denkansätze bis heute widersprüchlich erscheinen lassen:

a) Marx denkt historisch, Freud letztlich ahistorisch – die genetische Komponente wird in die Individualentwicklung verlagert und gesellschaftliche Entwicklung parallel zur individuellen gedeutet.

b) Freud geht von der Isoliertheit des Menschen aus. Erich Fromm hat nachgewiesen, daß der *homo libidinalis* gleichsam eine Spielart des liberalkapitalistischen *homo oeconomicus* ist.

Die libidinösen Beziehungen des Individuums lassen sich als Tauschgeschäfte beschreiben, die mehr oder weniger verlustreich verlaufen. Marx denkt weit stärker in Gruppen, da Geschichte für ihn die Geschichte von Klassenkämpfen darstellt. Gruppen tauchen bei Freud als Spannungsfeld zwischenmenschlicher Konflikte nur in Form der Familie auf, die Marx und Engels nur insoweit interessierte, als sie zur Verstärkung der Klassenabhängigkeit beitrug.

c) Marx glaubt an die Selbstbefreiung des Menschen und seine Entwicklung. Freud spricht zwar gelegentlich von der Herrschaft der Vernunft, bleibt aber skeptisch gegenüber der Idee der Vervollkommnung. Die menschliche Triebkonstitution ist letztlich nicht aufhebbar. Die aggressiven Neigungen des Menschen und der Destruktionstrieb – und damit der Krieg – sind kaum aus der Welt zu schaffen, während für Marx Krieg und Konflikt an bestimmte Gesellschaftsformationen gebunden sind, mit deren Aufhebung sie verschwinden.

d) Die Aufhebung der Unterdrückung des Lustprinzips ist durch politisch organisierte Aktivität für Marx möglich. Freud denkt wesentlich fatalistischer, und erst seine Schüler haben pädagogische Konzepte entwickelt, um die latente Befreiungsidee im Werk Freuds zu operationalisieren. Bei beiden gibt es Ansätze zu elitären politischen Organisationen, für die die neue Wissenschaft eine Art Herrschaftsinstrument wird: bei Marx in seiner elitären Konzeption des Bundes der Kommunisten, bei Freud in der Vereinigung seiner engsten Schüler in einem geheimen Komitee, in dem Abweichungen mit fast marxistischem Ritual von Kritik und Selbstkritik geahndet wurden. Dennoch war Marxens Befreiungsidee auf Mobilisierung der Massen angelegt, bei Freud hingegen bleibt die politische Weltanschauung elitär-bürgerlich. Massen waren nur Rohmaterial der Geschichte. Durch Triebverzicht schöpferischer Minderheiten machten sie Geschichte, die fast im sozialdarwinistischen Sinne als Geschichte großer Männer dargestellt wird.

Diese ideologische Synthese von Freud und Marx ist wenig durchgearbeitet, ihre politischen Implikationen sind nur von wenigen Freudo-Marxisten, wie Erich Fromm, Harry St. Sullivan oder Siegfried Bernfeld, herausgestellt und die Erkenntnisse des verachtungsvoll als »Schulpsychologie« abklassifizierten *mainstreams* psychologischer Forschung bisher kaum einbezogen worden. Der Beitrag der allgemeinen Psychologie zu spezifisch politischen Themen war bisher relativ gering: Er liegt vorwiegend in der Vorurteilsforschung, die in der Theorie der internationalen Beziehungen zum Beispiel in der Image-Forschung operationalisiert wurde.

Das Hauptverdienst der kritischen Theorien in ihrer Rezeption von Freudianismus und Marxismus liegt in der Ausweitung des Problembewußtseins. Die politische Psychologie verliert damit zunehmend ihre marginale Position, die sie im Bewußtsein der meisten Politologen – mit Ausnahme der Merriam-Lasswell-Schule – gehabt hat. Ein großer Teil der psychologisierenden Literatur der Kritischen Theorie beschränkt sich heute auf die Aufspürung von psychologischen Projektionen und auf ihre ideologiekritische Entlarvung. Zuwenig wird hingegen mit den Mitteln der traditionellen Psychologie experimentiert und werden sehr allgemeine Schemen wie die Trias Ich-Überich-Es einer kritischen Überprüfung zugeführt.

Die politische Psychologie auf dem Boden kritisch-dialektischer Theorien hat sich im Vergleich zu den älteren Ansätzen einige Verdienste erworben:

a) Sie hat zu Recht den mittelständisch *verengten Entfremdungsbegriff* der bisherigen amerikanischen Sozialisationsforschung kritisiert und die Verherrlichung der »Anpassung« an das gegebene System in seiner Fragwürdigkeit bloßgestellt. Die Gefahr der neuen politischen Psychologie liegt jedoch darin, daß sie ihrem Entfremdungsbegriff doktrinär die Werthaltungen einer relativ kleinen marginalen Intellektuellengruppe zugrunde legt, in deren Namen die vorherrschenden Werthaltungen und Attitüden im politischen System als »falsches Bewußtsein« hingestellt werden.

b) Aus dem neuen Forschungsbereich gewinnen wir die Einsicht, daß *Herrschaft nicht mehr nur unmittelbare Wirkung irrationaler, historisch zufällig gewordener Institutionen* ist, wie es der ältere institutionelle Ansatz glauben machte (vgl. Horn, 1972).

c) Während die ältere politische Psychologie bei Lasswell (1930) sich überwiegend auf die politische Pathologie spezialisierte, widmet sich die kritische politische Psychologie – neben einer Reihe von Arbeiten zur *Pathologie des politischen Alltags*, die gern mit einem pauschalen Faschismusverdacht arbeiten – zunehmend der politischen Sozialisation, die außer vom Political-Culture-Ansatz (vgl. Kap. III, 4) in der traditionellen Politikwissenschaft überwiegend vernachlässigt war, obwohl seit Almond die Sozialisation als eine der vier Input-Funktionen eines jeden politischen Systems in der Theorie gewürdigt wurde.

Unterhalb der Schwelle metatheoretischer Annahmen sind Teile der Kritischen Theorie – wie der Kritische Rationalismus – vor allem deshalb so rasch rezipiert worden, weil sie mit zahlreichen Analogien zwischen Erkenntnismodell und sozialphilosophischen Annahmen über die Gesellschaft arbeiten. In Deutschland ist vor allem die Sozialphilosophie von Jürgen Habermas für alle Zweige der Sozialwissenschaften relevant geworden, auch wenn sich vielleicht im Bereich der Pädagogik mit seinen Annahmen realistischer arbeiten läßt als im Bereich der Politikwissenschaft, die es weniger mit Mikrostrukturen als mit Makrostrukturen der Macht zu tun hat.

Die eigenständige Position gegenüber dem älteren Marxismus wurde von Habermas am griffigsten in einem Aufsatz ›Marxismus als Kritik‹ (1967, S. 163f.) formuliert. Habermas ging davon aus, daß in der zweiten Hälfte des 20. Jahrhunderts vier Fakten gegen Marx sprächen:

(1) Die Trennung von *Staat und Gesellschaft*, die für die Kritik von Marx an der bürgerlichen Gesellschaft noch ein Ansatzpunkt war, ist einer völligen Verschränkung gewichen. Agnoli und andere Anhänger der neomarxistischen Theorien sehen diese Verschränkung heute bis zu einer gefährlichen faschistoiden Einheit von Staat und Parteien fortgeschritten.

(2) »*Entfremdung* hat ihre ökonomisch sinnfällige Gestalt des Elends eingebüßt.« Entfremdete Freizeit, die manipulativen Zwänge im Privatleben durch Konsumzwang und ag-

gressive gesellschaftliche Leitbilder werden daher heute als bedrohlicher empfunden als die nicht wegzuleugnenden Reste von physischer Armut und Pauperisierung.

(3) Das Proletariat als *revolutionäres Subjekt* der sozialistischen Revolution besteht nicht mehr. Die Suche nach einem neuen revolutionären Subjekt hat zu einem voreiligen Wiederaufleben des Intelligenzleraristokratismus der frühen sozialrevolutionären Bewegungen geführt, zumal die erhoffte Kommunikation mit dem Proletariat ausblieb. Romantische Identifizierung mit revolutionären Subjekten in der Dritten Welt verdeckte die eigene Ohnmacht und die Tatsache, daß auch revolutionäre Intellektuelle jener Dritten Welt auf Verbrüderungsversuche revolutionärer Intellektueller der sogenannten Metropolen allergisch reagieren und sich von dem Anspruch der in Amerika als *Third-Worldism* bekannten Einstellung, die eine revolutionäre Aufhebung des Kapitalismus nur von den Entwicklungsländern her für möglich hält, überfordert fühlen.

(4) Erfolgreiche sozialistische Revolutionen führten zu einer *bürokratischen Kaderherrschaft*, die als Vorbild für einen kritischen Marxismus nicht in Frage kommt.

Die Kritik am »realen Sozialismus« entlastet aber den »Spätkapitalismus« nicht. Der Leidensdruck, den er erzeugt, wird nicht an ökonomischer Verelendung festgemacht. Der *Krisenbegriff* des älteren Marxismus wird ebenfalls umgedeutet. Zwar gibt es noch immer ökonomische Krisen, aber sie können auf die Dauer abgefangen werden. Störungen des Wachstums können administrativ verarbeitet und über das politische ins sozio-kulturelle System verschoben werden. Ein Legitimationsprozeß »beschafft« in spätkapitalistischen Systemen eine »inhaltlich diffuse Massenloyalität«, vermeidet jedoch Partizipation (Habermas, 1973, S. 55). Systemkonforme Entschädigungen (Geld, Freiheit, soziale Sicherheit) halten in einer entpolitisierten Öffentlichkeit den Legitimationsbedarf gering. Staatsbürgerlicher und familiär-beruflicher Privatismus erzeugen eine Motivationskrise, in der der »verknappte Sinn« durch konsumierbare Werte ersetzt werden muß. Da ideologische Integration heute nicht mehr möglich ist, wird das politische System auf die Dauer überfordert. Legitimationskrisen sind eine größere Bestandsgefahr als ökonomische Krisen, auf die die Altmarxisten setzten.

Die Marxsche Basis-Überbau-Lehre wurde von Habermas (1976, S. 12) differenziert, obwohl Kultur auch für ihn ein Überbauphänomen blieb, jedoch ein einflußreicheres, als die marxistische Orthodoxie annahm. Die *Wertlehre* schien für Habermas angesichts der zunehmenden Bedeutung der Produktivkraft »Wissenschaft« in der alten Form nicht zu halten. Wissenschaft und Technik haben nach Habermas ideologische Funktionen übernommen, da sie eine von Technik geprägte Gesellschaft und technokratische Ideologien erzeugen helfen. Statt der Produktivkräfte als Movens der Geschichte sah er Gründe für die Annahme, daß die moralische Einsicht, das praktische Wissen, das kommunikative Handeln und die konsensuelle Regelung von Handlungskonflikten jene Lernvorgänge erzeugen, die zu neuen Formen sozialer Integration und zu neuen Produktionsverhältnissen führen, wenn auch nicht im Schematismus der älteren Stadienabläufe von Gesellschaftsformationen.

Habermas und die Frankfurter Schule haben auch den *Praxis*begriff umgedeutet. Sie huldigten nicht jenem Primat der Praxis revolutionärer Neomarxisten. Einer von ihnen wandte gegen Habermas ein, daß Theorie immer ein »Moment des Nachträglichen« habe, und »nicht Theorie, sondern politische Praxis falsifiziert die Theorie« (Cerutti, in: Die Linke, 1968, S. 40). Habermas hingegen ging es in Auseinandersetzung mit dem Neopositivismus eher um eine Idee der Praxis im Gegensatz zur Technik. Die Rekonstruktion eines Vernunftbegriffes, der sich praktischer Funktionen bewußt ist und keinen außengeleiteten Zielen unterworfen ist, sondern gesellschaftliche Ziele in die Rationalität einbezieht, wurde ins Zentrum gerückt. Über die Idee der *Mündigkeit* wurde der altmarxistische Begriff der Praxis in eine Theorie der kommunikativen Kompetenz umgewandelt. Habermas bleibt bei der kritisch-antizipatorischen Konzeption der Gesellschaft, möchte aber im Gegensatz zum älteren Marxismus die Handlungszwänge einer kurzschlüssigen revolutionären Praxis vermeiden.

Grundlegend ist für Habermas die Unterscheidung zwischen instrumentalem und kommunikativem Handeln als der Rahmen, in dem Wirklichkeit gesellschaftlich erfaßt und Wissen erworben wird. *Instrumentales Handeln* ist auf Wirklichkeit als Natur auf das »Dasein der Dinge« unter allgemeinen Gesetzen gerichtet. Subjekt und Objekt erscheinen polarisiert. *Kommunikatives Handeln* ist hingegen auf das kognitive Interesse an wechselseitiger Verständigung gerichtet und hat ein praktisches Interesse an der Erhaltung der Intersubjektivität. *Ego* und *alter ego* sind reziprok konzipiert. Dem nomologischen und instrumentalen Wissen des vorherrschenden Wissenschaftsbetriebs wird ein hermeneutisches und reflexives Wissen entgegengesetzt. In einem geradezu enzyklopädischen Forschungsprogramm wurde das Diskursmodell durch sozialpsychologische Forschungen über elementare Sprechhandlungen mikrotheoretisch und durch einen Neusatz zu einer Evolutionstheorie ohne deterministischen Schematismus makrotheoretisch angereichert.

Der *Diskurs* wurde als eine »erfahrungsfrei und handlungsentlastete Form der Kommunikation« definiert. In diesem Modell wird kein anderer Zwang außer dem des besseren Arguments ausgeübt, und alle Motive außer dem der kooperativen Wahrheitssuche sind ausgeschlossen (1973, S. 148). Das Diskursmodell setzt voraus, daß ein »gemeinsames Interesse« der Diskursteilnehmer zur Geltung gebracht werden kann. Die Verallgemeinerungsfähigkeit der Interessen aller muß geprüft werden, anstatt vor der Vielfalt anscheinend letzter Wertorientierungen zu resignieren wie die pluralistische Prozeßpolitik moderner Demokratien. Habermas ist freilich nicht realitätsblind genug, um die Bereiche zu übersehen, wo nichtkonsensfähige Interessen gewaltenteilige Sicherungen suchen und Kompromisse schließen, weil verallgemeinerungsfähige Interessen nicht existieren (z. B. zwischen Kapital und Arbeit). Das Diskursmodell lebt von dem vielfach mißverstandenen Appell an die »Parteilichkeit der Vernunft« (ebd., S. 194). Die advokatorische Rolle der kritischen Gesellschaftstheorie, die stellvertretend einen noch nicht existenten Diskurs simuliert und unterdrückte wie verallgemeinerungsfähige

Interessen feststellt, bietet sich zur Überbrückung zwischen Istbefund und Sollzustand an (ebd., S. 161 f.). Die Brechung des technokratischen Bewußtsein und der Entpolitisierung erhofft Habermas (1973, S. 183) von Partizipation, der »allgemeinen und chancengleichen Teilnahme an diskursiven Willensbildungsprozessen«.

Ein Hauptvorwurf der Kritik liegt darin, daß sich das Verhältnis von Theorie und Praxis bei Habermas zugunsten der Theorie verschoben habe, weil er nur noch eine wissenschaftlich angeleitete Praxis denken könne (Weihe, 1979, S. 21). In der Betonung des Diskurses eröffneten sich Gemeinsamkeiten mit Niklas Luhmanns Systemtheorie in der Annahme einer Wechselseitigkeit der Beeinflussung und in der Art, wie aus der Charakterisierung der Diskursteilnehmer auf »Strukturen« geschlossen wird. Dennoch kritisiert Luhmann (Habermas/Luhmann, 1971, S. 338), daß Habermas letztlich idealisierende Annahmen einführen müsse durch Verankerung in einem Wahrheitsbegriff, und kritisiert die Überfrachtung einer allein an Sprache orientierten Kommunikationstheorie. Sprache führt nach Luhmann (ebd., S. 366) nicht notwendig zu einem Konsens, auch nicht mit Hilfe kommunikativer Kompetenz, weil sie immer die Möglichkeit offenhält, »nein« zu sagen. Es werde in Habermas' Diskurstheorie eine Einebnung der Unzahl möglicher Konfliktebenen auf das Herrschaftsproblem vorgenommen, auf das es nur die eine Antwort »Emanzipation« gebe, die erfahrungsgemäß jedoch nicht notwendigerweise zur »Vernunft« führe. Konservative wie radikale Kritiker stimmen gelegentlich darin überein, daß Habermas' Diskurstheorie sogar gegen ihren Impetus, die Entpolitisierung zu überwinden, letztlich verstoße, weil Praxis und Politik in Sprache aufgelöst werden (Willms, 1973, S. 164 ff.)

Bei aller Kritik an der Vagheit und »Blauäugigkeit« mancher Konzepte bei Habermas bleibt er doch der fruchtbarste Anreger der Sozialwissenschaften im Umkreis der dialektisch-kritischen Theorie. Was er in seinem späteren Werk an eingängiger Originalität verloren haben mag, gewann er an Gesprächsfähigkeit mit anderen Paradigmen, sowohl der funktionalistischen Systemtheorie als auch mit verschiedenen Richtungen der neopositivistisch orientierten Soziologie und der interaktionistisch orientierten Psychologie, durch seine breite Rezeption der Forschungsergebnisse anderer Richtungen.

Zum Kummer vieler weit »revolutionärer« gestimmter Varianten des Neomarxismus blieb die Kritische Theorie im Ideenwettbewerb integrierbar. Wenn die negative Dialektik der Kritischen Theorie, politisch gesehen, den Nachteil zu haben scheint, gelegentlich zum Defätismus zu führen, so hat sie für die wissenschaftliche Diskussion jedoch den Vorteil, daß sie – ähnlich wie die analytische Wissenschaftstheorie und im Gegensatz zu den dogmatischen Marxisten – die Grundsätze der Kritik auf die eigene Position nicht weniger unerbittlich anzuwenden versucht als auf die Positionen ihrer Gegner. Sie sagt sich damit entschlossen vom »Rachegedanken verändernder Praxis« los, der manchen Konflikten in der Universität etwas Inhumanes verleiht, obwohl die Marxisten noch eine kleine Minderheit sind und von einem Monopol nicht die Rede sein kann. Dieser »Rachegedanke verändernder Praxis« steht jedoch immer wieder in auffälligem Gegensatz zu der Versicherung, daß man nicht an die Reproduzierung des bisherigen bürokratischen Kadersozialismus, sondern an einen humanen demokratischen Sozialismus denke. Die Kritische Theorie teilt mit anderen kritischen Richtungen eine gewisse Skepsis gegenüber diesen Versicherungen und die Abscheu, das »mythische Rad des gewalttätigen Fortschritts« drehen zu helfen, und geht in ihrer Abneigung gegen neue Verdinglichungen bis zur Selbstkasteiung, die Otwin Massing (1970, S. 55) mit dem Bilderverbot der mosaischen Religion verglichen hat.

Das bedeutet für die wissenschaftstheoretische Auseinandersetzung, daß die Kritische Theorie einen Minimalkonsens über Spielregeln des Konfliktaustrags nicht ausschließt. Dieser umfaßt:

(1) die politischen Regeln der *Gewaltlosigkeit* des Konfliktaustrags;

(2) die prozedurale Regel, daß Innovationen von *Mehrheiten* getragen werden müssen und daher massenhafte Aufklärung und nicht Minderheitsdiktatur die Innovationen vorbereiten muß;

(3) die Anerkennung der wissenschaftlichen Grundregel, daß jede wissenschaftliche Aussage – gleichviel auf welcher Wissenschaftstheorie sie fußt – sich den *Verfahren wissenschaftlicher Kritik und Kontrolle* stellen muß und sich nicht durch Immunisierungsstrategien oder gar durch ideologische Festlegung, welche »Klassenfeinde« nicht mehr als Gesprächspartner gelten, der öffentlichen Diskussion mit dem Gegner entziehen darf.

Literatur

M. Horkheimer / Th. W. Adorno: Dialektik der Aufklärung. Amsterdam, Querido Verlag, 1947

J. Habermas: Theorie und Praxis. Sozialphilosophische Studien. Neuwied, Luchterhand, (1963), [2]1967

Th. W. Adorno: Negative Dialektik. Frankfurt, Suhrkamp, (1966), 1970

W. Abendroth u. a.: Die Linke antwortet Jürgen Habermas. Frankfurt, EVA, 1968

J. Habermas: Technik und Wissenschaft als ›Ideologie‹. Frankfurt, Suhrkamp, 1968

G. Lukács: Geschichte und Klassenbewußtsein (1923). Neuwied, Luchterhand, [2]1968

Th. W. Adorno (Hrsg.): Der Positivismusstreit in der deutschen Soziologie. Neuwied, Luchterhand, 1969

P. Roazen: Freud: Political and Social Thought. London, Hogarth Press, 1969

B. Schäfers (Hrsg.): Thesen zur Kritik der Soziologie. Frankfurt, Suhrkamp, 1969

A. Wellmer: Kritische Gesellschaftstheorie und Positivismus. Frankfurt, Suhrkamp, 1969

D. Wyss: Marx und Freud. Ihr Verhältnis zur modernen Anthropologie. Göttingen, Vandenhoek & Ruprecht, 1969

Th. W. Adorno: Aufsätze zur Gesellschaftstheorie und Methodologie. Frankfurt, Suhrkamp, 1970

S. Bernfeld u. a.: Psychoanalyse und Marxismus. Dokumentation einer Kontroverse. Frankfurt, Suhrkamp, 1970

O. Massing: Adorno und die Folgen. Neuwied, Luchterhand, 1970

J. Rattner: Tiefenpsychologie und Politik. Freiburg, Rombach, 1970

G. Rohrmoser: Das Elend der kritischen Theorie. Freiburg, Rombach, 1970

J. Habermas / N. Luhmann: Theorie der Gesellschaft oder Sozialtechnologie – was leistet die Systemforschung? Frankfurt, Suhrkamp, 1971

A. Lorenzer u. a.: Psychoanalyse als Sozialwissenschaft. Frankfurt, Suhrkamp, 1971

J. Ritsert / C. Rolshausen: Der Konservatismus der Kritischen Theorie. Frankfurt, Suhrkamp, 1971

K. Horn: Psychoanalyse – Kritische Theorie des Subjekts. Amsterdam, de Munter, 1972

J. Habermas: Legitimationsprobleme im Spätkapitalismus. Frankfurt, Suhrkamp, 1973

B. Willms: Kritik und Politik. Jürgen Habermas oder das politische Defizit der ›Kritischen Theorie‹. Frankfurt, Suhrkamp, 1973

P. Lorenzen: Szientismus versus Dialektik. In: F. Kambartel (Hrsg.): Praktische Philosophie und konstruktive Wissenschaftstheorie. Frankfurt, Suhrkamp, 1974, S. 34–53

J. Habermas: Zur Rekonstruktion des Historischen Materialismus. Frankfurt, Suhrkamp, 1976

U. Jaeggi / A. Honneth (Hrsg.): Theorien des Historischen Materialismus. Frankfurt, Suhrkamp, 1977

Th. McCarthy: The Critical Theory of Jürgen Habermas. Cambridge/Mass., MIT Press, 1978

L. Kolakowski: Die Hauptströmungen des Marxismus, Bd. 3. München, Piper, 1979

U. Weihe: Diskurs und Komplexität. Eine Auseinandersetzung mit dem Handlungsbezug der Gesellschaftslehre von Habermas und Luhmann. Stuttgart, Hochschulverlag, 1979

G. Friedman: The Political Philosophy of the Frankfurt School. Ithaca, Cornell / U. P. 1981

J. Habermas: Theorie des kommunikativen Handelns. Frankfurt, Suhrkamp, 1981, 2 Bde.

R. Keat: The Politics of Social Theory. Habermas, Freud and the Critique of Positivism. Oxford, Blackwell, 1981

II. Methodische Ansätze politikwissenschaftlicher Forschung

In der modernen sozialwissenschaftlichen Theoriebildung wird zunehmend zwischen Theorie und Methode geschieden, obwohl einige Denkansätze – wie der Funktionalismus oder die dialektischen Theorien – immer wieder dazu neigen, beides zu vermischen. Vom Behaviorismus, soweit er sich als Sozialtechnologie verstand, wurde der Begriff der Methode über Gebühr auf Forschungstechniken eingeengt, z. B. Survey-Methoden, Skalierungsverfahren oder sehr spezielle Techniken der Datenbehandlung. Methoden sind Systeme von Regeln, welche die Forschungstätigkeit auf ein bestimmtes Ziel hin ausrichten. Sie bedürfen daher metatheoretischer und theoretischer Voraussetzungen, da nicht die Methode – und schon gar nicht die Methode im engeren Sinne als Forschungstechnik – die Ziele der Forschung angeben kann. Wo sie das tut, wie gelegentlich beim Methodismus rigider Behavioristen, droht die Gefahr, daß die Phänomene, die beobachtet werden können, ganz in Konstrukt-Begriffe oder operationalisierte Chiffren übersetzt werden, die das Ergebnis präformieren – ein Ergebnis, das die soziale Wirklichkeit nur noch schemenhaft widerspiegelt und die »Ästhetik« der Forschungstechnik über die Relevanz für die politischen Probleme stellt.

Theorie und Methode sind aufeinander angewiesen. Eine Theorie ohne methodische Überprüfung und Erweiterung bleibt nutzlos, eine Methode ohne Theorie, welche die Entscheidung über den sinnvollen Einsatz von Methoden lenkt, bleibt steril. Methoden wirken auf die Theoriebildung zurück, aber die beschränkte Anzahl der Methoden in der Politikwissenschaft hat eine gewisse Unabhängigkeit gegenüber der Vielzahl von Theorien, deren Gültigkeit von relativ wenigen Methoden überprüft werden muß. Theorien müssen falsifizierbar sein und sind mit ihrer Falsifikation erledigt. Methoden sind durch die Falsifikation von Theorien, die sie hervorgebracht haben, vielleicht diskreditiert, aber keineswegs erledigt, da eine Methode nacheinander und nebeneinander gleichzeitig viele Theorien erzeugen kann (Luhmann).

Als methodische Ansätze in der Theorie der Politik lassen sich folgende fünf herausstellen:

(1) der historisch – genetische,
(2) der institutionelle,
(3) der behavioristische,
(4) der funktional-strukturelle und
(5) der vergleichende Ansatz.

Sie schließen in der Anwendung einander keineswegs aus. Vor allem der vergleichende Ansatz kann mit den vier anderen kombiniert werden. Keiner dieser fünf Ansätze ist strikt als Methode oder Theorie klassifizierbar, sondern muß bei den einzelnen Autoren jeweils nach dem Selbstverständnis eingeordnet werden. Vor allem der funktional-strukturelle Ansatz neigt dazu, sich als allgemeine Theorie und nicht nur als Methode zu verstehen. Je weniger hoch das Abstraktionsniveau des Ansatzes, um so mehr entfernt sich der Approach von der Methode, die im allgemeinen einen höheren Allgemeinheitsgrad aufweist als die meist nicht sehr abstrakten Theorien in der Politikwissenschaft.

Keiner der fünf Ansätze ist einer der drei Wissenschaftstheorien eindeutig zuzuordnen. Am stärksten erscheint der behavioristische Ansatz der wissenschaftsanalytischen Metatheorie verbunden. Den dialektisch-kritischen Theorien kann man eine gewisse Vorliebe für historische Ansätze und den normativen Theorien teils für historische, teils für institutionelle Ansätze nachsagen.

1. Der historische Ansatz

In den 60er Jahren haben sich in der Bundesrepublik unter dem Einfluß der Sozialwissenschaften der Bildungshorizont und die Curricula rasch enthistorisiert. Nach Aneignung der Erkenntnisobjekte, die früher überwiegend von Historikern untersucht wurden, durch andere Wissenschaften (Soziologie, Wirtschaftswissenschaft, Politikwissenschaft) bleibt für die

Historie »kein genuines Erkenntnisobjekt« mehr übrig, worüber sich die Historiker nur mit dem Hinweis zu trösten vermochten, daß jede auf diese Weise bereicherte Wissenschaft selbst »historisch imprägniert« bleibt (Koselleck, 1971, S. 3f.).

Viele Historiker, die heute durch Tendenzen der Schulpolitik, einen integrierten historischen Sozialkundeunterricht zu schaffen, nicht nur in ihrem methodischen Selbstverständnis, sondern auch bezüglich des Berufsbildes der Mehrheit der Studenten, die sie ausbilden, verunsichert und von Statusfurcht befallen sind, befürchten bereits, daß die Geschichtswissenschaft zur bloßen Hilfswissenschaft für die Sozialwissenschaften wird, die nur noch den durch *case studies* zerkleinerten Rohstoff für Longitudinalanalysen liefert.

Der Niedergang der historisch-genetischen Methode hängt nicht lediglich mit der Entwicklung neuerer sozialwissenschaftlicher Methoden und der Verbesserung moderner Datensammlung zusammen. Der Anspruch der Politikwissenschaft – wie aller systematischen Wissenschaft – ist ein grundsätzlich anderer. Historische Wissenschaften beschäftigen sich mit Gegenständen, die der moderne Wissenschaftler nicht hervorbringen kann, selbst wenn er will. Systematische Wissenschaften, wie die Sozialwissenschaften, sind hingegen Handlungswissenschaften, die auf Gestaltung des gegenwärtigen sozialen Lebens ausgehen. Für den politischen Theoretiker der Gegenwart gilt daher, was Helmut Seiffert (1971, S. 156) jedem systematischen Wissenschaftler nachsagt: »Der systematische Wissenschaftler tritt von vornherein mit dem Anspruch auf, im Prinzip dasselbe leisten zu können wie die jeweils ›Besten‹ des fraglichen Gegenstandsbereiches. Es bestehen also hier bestenfalls graduelle, nicht prinzipielle Unterschiede.« Obwohl die Historiker sich in programmatischen Reden und Schriften immer wieder Gedanken über die Frage »Können wir aus der Geschichte lernen?« gemacht haben, war die Geschichtswissenschaft auf Grund ihres spezifischen Ansatzes – trotz vieler punktueller Einsichten – nicht in der Lage, systematische Anleitung zum Handeln bei Vermeidung der historischen Fehler zu geben, und es fehlte ihr meist auch der Wille zu Prognosen auf Grund empirischer Befunde.

Der Übergang zwischen Geschichtswissenschaft und Politikwissenschaft war in den Anfängen fließend. Die Politikwissenschaft war häufig nicht mehr als eine aktualisierende und räsonierende Historie, die ihre Beispiele mehr nach systematischen als chronologischen Gesichtspunkten aus der Geschichte auswählte. Solange ein Teil der Quellen der Politikwissenschaft historische Quellen sind, die archiviert und mit dem historischen Handwerkszeug bearbeitet werden müssen, wird die Grenze zwischen beiden Wissenschaften fließend bleiben. Nur da, wo die Politikwissenschaft – etwa bei Interviews – ihre Quellen selbst durch methodische Fragen fabriziert, hat sie sich radikal von der Geschichte gelöst. Nachdem der Behaviorismus sich in seiner Existenzberechtigung durchgesetzt hat und nicht mehr durch pauschale Ablehnung der Geschichte versuchen muß, seine Dignität zu erweisen, kann der Politikwissenschaftler heute wieder gelassener anerkennen, daß er auf historische Forschungen angewiesen ist, und zwar nicht nur in dem Sinne, wie alle Wissenschaften füreinander zur Hilfswissenschaft werden können. Longitudinalstudien, die in Zeiträume zurückreichen, für die keine nach modernen Methoden aufbereiteten Survey-Daten zur Verfügung stehen, bedürfen immer auch der Anwendung historischer Methoden.

Vorübergehend war jedoch die Geschichtsfeindschaft der Politikwissenschaft eine notwendige Durchgangsstufe zur inneren Befreiung von der Übermacht historischer Arbeitsweisen. Denn der historische Ansatz war in Deutschland bei dem Übergewicht der ideographischen im Gegensatz zu den nomothetischen Wissenschaft (Rickert) auch in der Politikwissenschaft lange Zeit dominierend, zumal eine Reihe bekannter Wissenschaftler (W. Besson, K. D. Bracher, Th. Eschenburg, H. Maier, K. Sontheimer, G. Ziebura u. a.) aus der Geschichtswissenschaft zur Politikwissenschaft gestoßen sind.

Ohne hier in den Methodenstreit zwischen Historikern und Politikwissenschaftlern eintreten zu wollen, müssen wir feststellen, daß die historisch-genetische Methode auch im Bereich der Politikwissenschaft Funktionen hat und daß noch immer – und nicht nur durch das gelegentlich gemeinsame Interesse am gleichen Gegenstand – enge Verbindungen zwischen beiden Wissenschaften bestehen.

Einige Sozialwissenschaftler verkündigten voreilig, nicht ohne unangebrachte Überheblichkeit, daß die theoretische Soziologie »keinen Respekt vor der Geschichte« habe (Dahrendorf, 1967, S. 217), da sie an einem anderen Bezugssystem als an der historischen Chronologie orientiert sei. Sozialwissenschaftliche Theorien sind ein kategoriales Bezugssystem, von dem alle weiteren analytischen Kategorien deduzierbar sind. Die empirisch-analytische Wissenschaftstheorie erkennt in historischen Aussagen nur Quasi-Theorien, die stärker auf die Frage »wie?« als auf die Frage »warum?« abzielen und politische Phänomene nicht streng kausal zu erklären trachten (Naschold). Dieser Vorwurf verkennt jedoch, daß auch ein großer Teil der modernen sozialwissenschaftlichen Ansätze im Zeichen von Funktionalismus und Systemtheorie sowie die Korrelationsanalysen der vergleichenden Methoden (vgl. Kap. II, 4 und 5) auf strikte Kausalerklärungen verzichten, und zwar in weit größerem Maße als die Historiker bei der Erforschung von Sinn- und Motivationszusammenhängen. Trotzdem ist heute gerade der Funktionalismus der erbittertste Gegenspieler der historischen Methode, solange diese die Chronologie als Orientierungslinie nicht aufgibt, da für ihn Leistungen zur Erhaltung von politischen Systemen durch funktionale Äquivalente ersetzbar sind. Beim Ausfall bestimmter bestandswesentlicher Leistungen kann das System durch Änderung der Struktur reagieren, ohne daß sich bisher exakt feststellen ließe, von wann ab solche Änderungen ein neues System konstituieren. Der theoretische Teil der Historie, die Periodisierungslehre, wird damit für diese Richtung gegenstandslos.

Die Politikwissenschaft wird jedoch in ihrer Verachtung für die Chronologie als Bezugsrahmen nicht ganz so weit gehen können wie die Soziologie. Ein Teil der Politikwissenschaft wird das Studium von Institutionen in einzelnen Ländern bleiben, deren Funktionswandel ohne die historische Dimension nur schwer zu erkennen ist. Zum anderen hofft die Geschichtswissenschaft – etwa bei Reinhart Koselleck (1971, S. 15) – auf neue Funktionen einer theoretisch weiterentwikkelten Historik durch die Herausarbeitung einer Theorie der Temporalstrukturen, welche die mehrschichtigen Zeitabfolgen, die alle für sich ein Vorher und Nachher kennen, die aber auf dem Raster der naturalen Chronologie in ihrer linearen Sequenz nicht zur Deckung zu bringen sind. Auch diese Aufgabe hat bisher die autonome Existenz der Geschichte nicht geschützt, selbst wenn viele Sozialwissenschaftler das Problem der kausalen Abfolge durch statistische Korrelationsanalysen und funktionale Äquivalenztheorien überwiegend ausgeklammert haben.

Sowenig die Politikwissenschaft jedoch die einzige – wenn vielleicht auch die wichtigste – Wissenschaft ist, die sich heute mit der Erforschung des Politischen befaßt, sowenig ist die Geschichtswissenschaft die einzige Disziplin, welche Temporalstrukturen erforscht. Philosophie, Sozialwissenschaften und sogar die Physik interessieren sich für das gleiche Thema unter den spezifischen Fragestellungen ihrer Wissenschaft. So wie Historiker, soviel sie auch von Wandel redeten, nicht selten mit relativ statischen Begriffen umgingen (z. B. Ständestaat, Merkantilismus), haben andererseits die Sozialwissenschaftler, die gern von abstrakten Modellen her dachten, immer auch an dynamischen Ablaufmodellen gearbeitet. Das gilt nicht nur für die globalen Evolutionstheorien vom frühen historisierenden Positivismus bei Comte und Spencer bis zum historischen Materialismus, es zeigt sich auch bei modernen Globaltheorien, wie den Entwicklungstheorien mit ihren Stadienschemen, sowie bei Konvergenztheorien mit ihren Aussagen über die Entwicklungstrends der Ersten und der Zweiten Welt.

Der vorherrschende Behaviorismus hat die Einzelperson des großen Politikers als Studienobjekt fast völlig aufgegeben. Er mußte auch die Ansicht älterer Historiker und Philosophen wie Theodor Mommsen und Dilthey zurückweisen, daß der Forscher erst mit zunehmendem Alter ein guter Historiker werde, wenn er im Besitz möglichst vielfältiger menschlicher Erfahrungen ist, die als Grundlage seines Urteils dienen können (vgl. Wehler, 1971, S. 13). Dies kann für den Typ von Literatur, den die Angelsachsen gern *reevaluation* nennen, durchaus zutreffen. Generell jedoch ist die Handhabung exakter analytischer Methoden bei originärer Forschung, die nicht aus zweiter Hand lebt, unabhängig vom Alter des Forschers.

Nicht nur der Behaviorismus mit seinen quantifizierenden Methoden erwies sich als Feind der meisten historischen Fragestellungen, selbst der Neomarxismus, der das Verdienst hatte, historische Fragestellungen unter generalisierender Betrachtungsweise wiederzubeleben, hatte gegen die traditionelle, überwiegend biographisch orientierte Geschichtswissenschaft starke Einwände. Es wurde von Marxisten immer wieder bestritten, daß subjektive Elemente, mit denen die biographische Methode arbeitet, als Unterlagen für soziale Phänomene beweiskräftig herangezogen werden können. Erst in neuerer Zeit haben sich auch marxistische Sozialwissenschaftler wieder der biographischen Methode als Hilfsmittel zur Erforschung von sozialem Bewußtsein zugewandt und sie neben den Survey-Studien als wichtige Quelle anerkannt (Szczepański, 1967, S. 566f.). Um vom Individuell-Anekdotischen dieser Methode wegzukommen, wird jedoch heute die Notwendigkeit betont, eine große Zahl von Autobiographien zu untersuchen – wie das vor allem in der Elitenforschung geschieht – und die Biographie des Durchschnittsmenschen quantitativ auszuwerten, statt die Biographie »großer Männer« durch die verstehende Methode in ihrer gesamtgesellschaftlichen Bedeutung magisch zu überhöhen.

Mit zunehmender Verflechtung aller Sozial- und Verhaltenswissenschaften erwuchs der genetisch-historischen Methode eine Hilfe in Form der Psychoanalyse, die sie lange nicht zu schätzen wußte. Sowohl die Traditionen des Rankeschen Historismus und die Einflüsse des Neoidealismus bei Croce oder Dilthey, die vor allem auf die kontinentaleuropäische Geschichtswissenschaft stark wirkten, waren dem vermeintlichen Naturalismus der Psychoanalyse feindlich und verkannten die Gemeinsamkeit einer individualisierenden Betrachtungsweise, die sie verband (vgl. Hughes, in: Wehler, 1971, S. 31f.). Eriksons ›Young Man Luther‹ war bahnbrechend mit einer neuen Form psychoanalytischer Biographie, die zwar nicht allen Regeln historischer Quelleninterpretation genügte, aber gleichwohl neue Einsichten in tiefere Schichten der Motivation ermöglichte.

Einzelne Sozialwissenschaftler haben versucht, selbst die Untersuchung einzelner politischer Führer – methodisch verbessert – wieder aufzugreifen, obwohl die extremen »Situationisten« der Meinung sind, daß die menschliche Persönlichkeit angesichts der unermeßlichen Zahl von Situationen, auf die sie reagieren muß, eine zu instabile Einheit ist, um empirisch brauchbare Ergebnisse über politische Prozesse zu ergeben (Edinger, 1964, S. 435). Auch wenn solche Studien eine vulgarisierte Ex-post-facto-Psychoanalyse ablehnen, ist jedoch – wie an Edingers Werk über Kurt Schumacher gezeigt werden kann – der Nachweis, wo individuelle psychische Dispositionen sich in politisches und soziales Handeln umsetzen, für Geschichts- und Sozialwissenschaften gleichermaßen wichtig.

Die übertriebene Ablehnung der Geschichtswissenschaft durch viele Sozialwissenschaftler orientiert sich an einem veralteten Bild ihrer Methode. Der biographisch-verstehende Ansatz der älteren Geschichtsschreibung, in der jedes geschichtliche Werk von einigem Anspruch zugleich nach dem Lorbeer strebte, selbst eine Art Kunstwerk zu sein, wird von einem stärker sozialwissenschaftlichen Approach unter Anwendung quantitativer Methoden, Typologien und zum Teil auch schon mit Modell-Konstruktionen auf beachtlicher Abstraktionsstufe abgelöst. Auch in der Haltung zur vergleichenden Methode, die von den Doktrinären der ideographischen Methode als unmöglich angesehen wurde, zeichnet sich zunehmend ein Kompromiß ab, seit auch Historiker dem Vergleich mehr als illustrative Bedeutung beimessen und nicht mehr davon ausgehen, daß er in systematischer Form die Eigenart des historischen Stoffes und der historischen Methode pervertiere.

Während vor allem die Behavioristen und Systemtheoretiker historische Studien lange Zeit (in einer verständlichen Gegenreaktion gegen frühere historische Voreingenommenheit) völlig ablehnten, wird von den der Politikwissenschaft freundlich gesinnten Historikern zu Recht darauf hingewiesen, daß »die Notwendigkeit individualisierender Analyse für die Politische Wissenschaft aus ihrem Gegenstand heraus gegeben« sei, da sie ständig auf individuelle Akte politischer Willensbildung innerhalb nur langsamer Veränderung gesellschaftlicher Strukturen stoße (H. Mommsen, 1962). *Decision making studies* mit teilweise individualisierenden Erklärungen sind daher in der Eliten- wie in der Gruppenforschung so lange nicht zu vermeiden, als politische Entscheidungsträger nur wenige sind und diese an Zeitknappheit leiden, politische Rücksichten nehmen müssen und daher niemals im gleichen Umfang dem Forscher zugänglich sind wie *random samples* in der Bevölkerung, die man für Markt- oder Wahlprognosen befragt.

In den zahlreichen Werken über »Nutzen und Nachteil der Historie« spielt immer wieder das Argument der kritischen Distanz zu Ideologien eine Rolle: »Den Platz, den die historische Bildung frei läßt, besetzt der Mythos« (Wittram, 1969, S. 100). Wer etwa die Tendenz in marxistischen Studiengängen kennt, die Geschichte der Arbeiterbewegung im Dienst der revolutionären Heldenverehrung und zur Verherrlichung der Vorgeschichte der Partei immer mehr auszudehnen, wird diesem Argument offenstehen. Es ist dagegen eingewandt worden, daß die Geschichtswissenschaft überwiegend nicht ideologiekritisch gearbeitet hat, sondern sich in den großen Biographien nicht selten in individualistisch-privatistischer Weise in die geistige Entwicklung von Staatsmännern vertieft habe, ohne je den tatsächlichen Einfluß von geistiger Beschäftigung in jungen Jahren auf spätere politische Entscheidungen verläßlich ausmachen zu können. Kritische Geschichtsschreibung aber hat begriffen, daß nicht nur Individuen, sondern auch Gruppen ein Selbstverständnis für ihre Vergangenheit, ihre gegenwärtige und zukünftige Bedeutung haben, welches politisches Handeln der Gegenwart beeinflußt (vgl. Leff, 1969, S. 155), und beginnt den Zusammenhang des ideologischen Selbstverständnisses, das sich auch aus Perzeptionen der Vergangenheit speist, mit politischem Handeln mit moderneren Methoden als dem hermeneutischen Verstehen zu untersuchen.

Ein beliebter Vorwurf der Sozialwissenschaftler gegen die Geschichtswissenschaft behauptet, daß die Historiker ihre Begriffe unsystematisch bildeten, so daß man allenfalls zu Adhoc-Generalisierungen, jedoch niemals zu Theorien gelangen könne. Der Historiker hat einen Gegenvorwurf zur Hand: der Sozialwissenschaftler bilde seine Begriffe unter dem Vorwand der Systematik willkürlich und ohne Rücksicht auf die beglaubigte Genesis der Begriffe. Bei den normativen Theorien wurde bereits deutlich, daß Begriffsgeschichte gelegentlich im Dienst einer konservativen politischen Theorie gestanden hat (vgl. Kap. I, 1). Trotz dieser Gefahren kommt jedoch auch der Begriffsgeschichte bis heute eine wichtige Funktion zu, weniger für die Konzeptbildung als für die ideologiekritische Seite der Arbeit des Politikwissenschaftlers.

Diese Gebiete methodisch gemeinsamer Interessen – neben den gemeinsamen Interessen an Stoffen, vor allem auf dem Gebiet der Zeitgeschichte, der Verfassungs-, Parlaments- und Parteiengeschichte – verbinden Politikwissenschaft und Geschichtswissenschaft trotz mancher methodischer Differenzen. Die moderne Geschichtswissenschaft wendet sich zudem immer stärker sozialwissenschaftlicher Theoriebildung und quantifizierenden Methoden zu, was die Kluft ebenfalls verringert. Diese Annäherung wird sich vermutlich noch verstärken, wenn einmal in hundert Jahren der überwiegende Teil der Historiker, der sich mit neuester und mit Zeitgeschichte befaßt, mit Abschnitten der Chronologie konfrontiert wird, die von zeitgenössischen Sozialwissenschaftlern mit systematischem Daten- und Survey-Material bearbeitet worden sind. Für diese Zeiten dürfte das magische Datum der »Öffnung von Archiven« nicht mehr die gleiche Bereicherung historischen Wissens erbringen wie heute, und selbst wenn unbekannte Quellen periodisch zutage treten, kann kein Historiker an dem sozialwissenschaftlichen Material vorbeisehen, das akkumuliert wurde. Für dessen Auswertung muß er – neben der Ausbildung in historischen Hilfswissenschaften – ein ähnliches geistiges Handwerkszeug erlernen wie der Politikwissenschaftler.

H. Mommsen: Zum Verhältnis von politischer Wissenschaft und Geschichtswissenschaft in Deutschland. Vierteljahreshefte für Zeitgeschichte, 1962, S. 341–372

J. Edinger: Political Science and Political Biography. Journal of Politics, 1964, S. 423–439

J. Szczepański: Die biographische Methode. In: R. König (Hrsg.): Handbuch der empirischen Sozialforschung. Stuttgart, Enke, [2]1967, S. 551–569

A. L. Stinchcombe: Historicist Causal Imagery. Kap. III, 3. In: Ders.: Constructing Social Theories. New York, Harcourt/Brace, 1968, S. 101 ff.

R. Jensen: History and the Political Scientist. In: S. M. Lipset (Hrsg.): Political and Social Science. London, Oxford UP, 1969, S. 1–28

D. K. Rowny / J. Q. Graham (Hrsg.): Quantitative History. Homewood/Ill, Dorsay Press, 1969

R. Wittram: Anspruch und Fragwürdigkeit der Geschichte. Göttingen, Vandenhoeck & Ruprecht, 1969

R. Koselleck: Wozu noch Historie? Hist. Zeitschrift, 1971, S. 1–18

A. Schmidt: Geschichte und Struktur. Fragen einer marxistischen Historik. München, Hanser, 1971

H. Seifert: Die Hermeneutik und die historische Methode. Kap. 2. In: Ders.: Einführung in die Wissenschaftstheorie. München, Beck, 1971, S. 43 ff.

H.-U. Wehler (Hrsg.): Geschichte und Psychoanalyse. Köln, Kiepenheuer & Witsch, 1971

W. Conze: Theorie und Geschichtswissenschaft und Praxis des Geschichtsunterrichts. Stuttgart, Klett, 1972

K. Kluxen: Vorlesungen zur Geschichtstheorie. Paderborn, Schöningh, 1974

W. Schulze: Soziologie und Geschichtswissenschaft. München, Fink, 1974

H.-U. Wehler: Modernisierungstheorie und Geschichte. Göttingen, Vandenhoeck & Ruprecht, 1975

K. O. Hondrich / J. Matthes (Hrsg.): Theorienvergleich in den Sozialwissenschaften. Darmstadt, Luchterhand, 1978

K. Acham: Theoretische Sozialwissenschaft und historische Erklärung. In: H. Albert / K. H. Stapf (Hrsg.): Theorie und Erfahrung. Beiträge zur Grundlagenproblematik der Sozialwissenschaften. Stuttgart, Klett-Cotta, 1979, S. 163–191

J. Bergmann u. a. (Hrsg.): Geschichte als politische Wissenschaft. Stuttgart, Klett-Cotta, 1979

J. Kocka / Th. Nipperdey (Hrsg.): Theorie und Erzählung in der Geschichte. München, DTV, 1979

W. Schulze: Soziologie und Geschichtswissenschaft. München, Fink, 1979

2. *Der institutionelle Ansatz*

Die ersten Politikwissenschaftler, die über die Grenzen ihres jeweiligen Landes hinauswirkten, wie Sir Ernest Barker, Lord Bryce, Harold Laski, Herman Finer und Carl Joachim Friedrich, waren Institutionalisten, obwohl sie sich von der überwiegend juristischen Betrachtungsweise gelöst hatten. Der institutionelle Ansatz war jedoch zu allen Zeiten mit dem Odium der Konservativität belastet. Gerade in konservativen Ideologien sind immer wieder bestimmte Institutionen (Monarchie, Zweikammersystem), spezifische Gewaltenteilungsarrangements und Verwaltungsorganisationen als sakrosankt erklärt worden, um hergebrachte Steuerungsmechanismen der Gesellschaft im Dienste sehr spezifischer Herrschaftsinteressen zu bewahren.

Der institutionelle Ansatz in der Politikwissenschaft, der in Deutschland bei der ersten Generation von Politikwissenschaftlern der Nachkriegszeit überwog, ist inzwischen durch die Herausforderung der politischen Verhaltensforschung der Behavioristen stark in Mißkredit geraten, da er sich überwiegend mit den Output-Funktionen des Staates, wie Parlament, Regierung, Verwaltung, Rechtsprechung, beschäftigte und zum Teil auch die politischen Organisationsformen des gesellschaftlichen Bereiches stark institutionalistisch behandelte, z. B. Duverger die Parteien, Th. Eschenburg die Interessengruppen. Die Input-Funktionen kamen beim institutionellen Ansatz zu kurz. Er ging meist von einer relativ mechanistischen und wenig komplexen Systemvorstellung aus, wie sie bis heute dem Begriff »Regierungssystem« zugrunde gelegt wird, der noch immer – von der klassischen Gewaltenteilungslehre her beeinflußt – als Gleichgewichtsmodell der drei wichtigsten Gewalten konzipiert wird. Erst in jüngster Zeit bemühen sich einige Wissenschaftler, das Institutionenstudium unter Einbeziehung der Errungenschaften der politischen Soziologie und der behavioristischen Forschungsansätze wieder stärker zu fördern. Zunehmend wird das Verhalten innerhalb der Institutionen durch *decision making studies* erforscht, vor allem im Bereich der Verwaltung und des Parlaments, in den USA auch zunehmend in den politisch relevanten Entscheidungen des Supreme Court.

Der finnische Soziologe, Erik Allardt (1969, S. 17) hat versucht, Politikwissenschaft und Soziologie darin zu unterscheiden, daß die erste Disziplin den institutionellen Aspekt in den Vordergrung stelle, während die politische Soziologie vom Schichtungsaspekt ausgehe. Diese Unterscheidung kann jedoch nicht für alle Theorien im Bereich der beiden Disziplinen gelten. Eine Reihe von Soziologen hat immer wieder auf das Eigenleben von politischen Institutionen hingewiesen, wie Talcott Parsons, der stets betonte, daß die politischen Institutionen zunehmend Eigengewicht gegenüber den kulturellen und ökonomischen bekommen. Institutionen sind in der Systemtheorie – ähnlich wie in der Institutionenlehre Gehlens – Mittel der Daseinsstabilisierung (bei Gehlen als Ersatz für die dem Menschen im Vergleich zum Tier fehlenden Instinkte gedacht). Institutionen ermöglichen dem Menschen sinnhafte Reaktion auf Umweltreize. Der Begriff der Institution bei Parsons ist jedoch nicht identisch mit dem, den wir unkritisch in der Politikwissenschaft verwenden. Parsons (1954, S. 231) definiert Institutionen als »strukturierte Erwartungen«, die in der Betrachtung des sozialen Systems als Ganzen einen legitimen Platz zuerkannt bekommen und eine komplexere und verfestigtere Struktur bedeuten, als der Begriff der Rolle bezeichnet. Institutionen sind für Parsons Aggregate sozialer Rollen. Damit wird der Institutionenbegriff in fruchtbarer Weise entsubstantialisiert und die funktionale Äquivalenz von Institutionen darstellbar, die durch sozialen und politischen Wandel den Namen und Komplexheitsgrad gewandelt haben können und doch vergleichbare Leistungen im System erbringen. Luhmann (1969, S. 7) ging noch einen Schritt über Parsons hinaus und bot im Bereich des Staates die Kategorie des Verfahrens als jene Zauberformel an, »die ein Höchstmaß an Sicherheit und Freiheit kombiniert, die täglich konkret praktikabel ist und doch als Institution alle Bestimmung der Zukunft überläßt«. Damit wurde auch der Rest des inhaltlich vorbestimmten Legitimationsdenkens über Bord geworfen, von dem sich auch die Institutionalisten nicht gelöst hatten, die einer Variante des Positivismus nahestanden.

Funktionalisten und Systemtheoretiker vermeiden heute weitgehend den Begriff »Institution« und sprechen von Struktur, Funktion und Rolle, wo einst von Assoziationen oder Institutionen gesprochen wurde. Dabei wird gelegentlich übersehen, daß auch die ältere juristische Institutionenlehre keineswegs nur starre Strukturen als Institutionen ansprach. Schon Maurice Hauriou (1965) machte den Unterschied zwischen *institution chose* und *institution groupe*, wobei der zweite Begriff erlaubte, stärker auf soziales Verhalten in Institutionen abzuheben.

Die Behavioristen gingen in ihrem Kampf gegen den Institutionalismus meist zu weit. Ihre Survey-Untersuchungen kamen nicht selten zu dem Ergebnis, daß die maßgeblichen Entscheidungsträger eine vernichtende Meinung über ihre Institution besaßen, so daß ohne institutionelle Studien in genetischer Perspektive das zähe Fortleben der Institutionen kaum erklärt werden konnte.

Die Politikwissenschaft kann immer wieder die Zählebigkeit einzelner Institutionen nachweisen, die zum Teil nicht einmal Namen und Zusammensetzung ändern. In der Bürokratieforschung hat das Parkinsonsche Gesetz in scherzhafter Form die Ausdehnungstendenzen von Apparaten formuliert, aber auch in ernsthafterer Form ist der Funktionswandel von einmal geschaffenen Bürokratien untersucht worden, die neue Aufgaben übernehmen, um ihre Existenz zu legitimieren und zu erhalten. Im Rahmen der Erforschung europäischer Systeme kann etwa die Parlamentarismusforschung zeigen, wie bestimmte institutionelle Strukturen der Kooperation und Konfliktschlichtung zwischen Exekutive und Legislative den Wandel des politischen Gesamtsystems und zahlreiche Revolutionen überleben, so daß wir trotz der Unterschiede – cum grano salis – so verschiedene Systeme wie die Julimonarchie und die Fünfte Republik in Frankreich unter dem Oberbegriff »parlamentarisches System« subsumieren können. Einzelne Institutionen sind im Laufe der Entwicklung jedoch durch andere in ihrem Beitrag zur Aufrechterhaltung des Systems ersetzt worden, zum Beispiel die Möglichkeit des Staatsoberhaupts, die Regierung zu entlassen, durch die Möglichkeit, das Parlament aufzulösen und das Volk als Konfliktschlichter zwischen den beiden stärksten staatlichen Gewalten die frühere Vermittlungsposition des Monarchen einnehmen zu lassen. Selbst die Untersuchung des sozialen Wandels, die heute in den Vordergrund sozialwissenschaftlicher Forschung tritt, hat gezeigt, daß nicht alle sozialen Wandlungsprozesse notwendigerweise auch Veränderungen des institutionellen Gesamtsystems zur Folge haben. Ebensowenig führen Systemwandlungen, die den Differenzierungsgrad der wichtigsten Gesellschaftsbereiche verändern, zur Institutionalisierung einer neuen differenzierten sozialen Ordnung.

In der neueren Forschung verbindet sich der institutionelle Ansatz in fruchtbarer Weise mit dem Stratifikationsansatz, wobei vor allem in der Entwicklungsländer- und Innovationsforschung untersucht wird, wie die miteinander konkurrierenden Eliten und gesellschaftlichen Schichten bereit sind, die Lösungen neuer Eliten zu akzeptieren, daß heißt zumindest die minimalen Mittel zur Verfügung zu stellen, die zur Institutionalisierung der vorgeschlagenen Lösungen gebraucht werden.

Erstaunlicherweise hat gerade die Entwicklungsländerforschung einen neoinstitutionellen Ansatz herausgearbeitet (vgl. Apter, in: Irish, 1968, S. 100f.), wie er vor allem von Samuel Huntington vertreten wird. In Gegensatz zu den älteren Institutionalisten standen jedoch nicht die Suche nach Balance der Gewalten und die Stabilisierung des konstitutionellen Systems, sondern stand die Untersuchung, welche Institutionen – Bürokratien, Parteien oder Interessengruppen – als »modernizers« Voraussetzungen eines gezielten Modernisierungsprozesses sind.

Für Huntington (1968, S. 16ff.) sind Institutionen die Voraussetzung von stabilen Mustern für die Konfliktschlichtung widerstreitender Gruppen und ihrer Interessen. Überflüssig sind sie nur dort, wo kein sozialer Konflikt besteht, unmöglich sind sie dort, wo auch ein Minimum sozialer Harmonie fehlt. Zur vergleichenden Untersuchung des Ausmaßes von Institutionalisierung der Konfliktschlichtung empfahl er vier Indizes: Adaptionsfähigkeit, Komplexität, Autonomie und Kohärenz.

Die Untersuchungen der Neoinstitutionalisten haben die Möglichkeiten moderner Sozialwissenschaften voll rezipiert, ohne alle sozialen Prozesse in bloße Verhaltenstypologien aufzulösen. Bei Huntington und noch stärker bei Philipps und Hall (1970, S. 63) verbindet sich die institutionelle Analyse sogar mit dem Approach, der auf der Basis aggregierter Daten arbeitet und nicht mehr von substantiellen Gleichheiten oder Ähnlichkeiten von Institutionen ausgeht, die in verschiedenen Systemen bei unterschiedlichen Funktionen den gleichen Namen tragen.

Selbst bei der Untersuchung von Prozessen, die alle herkömmlichen Institutionen zerschlagen, wie Revolutionen, stellte Huntington (1968, S. 91) fest, daß neue Institutionen das funktionale Äquivalent der alten Herrschaftsinstitutionen bilden müssen, wenn ein revolutionäres Regime von Dauer sein soll. In den meisten revolutionären Systemen übernimmt diese Funktion das Einparteiensystem mit seinen Anhängeorganisationen. Dieser Ansatz kann gelegentlich bis zum Zynismus gehen, wenn Huntington (1968, S. 327) zu den Prärequisiten der Entstehung neuer stabiler Institutionen nach einer Revolution die Erschöpfung der Bürgerkriegsgruppen durch starkes Blutvergießen rechnet. Die postrevolutionären Einparteiensysteme können jedoch nach Huntington das institutionelle Bedürfnis von Modernisierungsgesellschaften nur für eine bestimmte Zeit befriedigen. Mit wachsendem Einfluß der Modernisierungsbewegungen wächst auch das Bedürfnis nach größerer Subsystemautonomie und offenerem Konfliktaustrag der Gruppen, was zur Fraktionenbildung im Einparteiensystem und in nicht wenigen Modernisierungsdiktaturen sogar zur Pluralisierung des Parteiensystems (z. B. Türkei, Mexiko) führte.

Nicht nur die Entwicklungsländerforschung wendet sich heute gelegentlich wieder institutionellen Aspekten der Politik zu. Auch in der Parteienforschung setzten sich erneut institutionelle Fragestellungen durch, selbst bei den Behavioristen, wenn etwa Seymour Lipset und Stein Rokkan die Institutionalisierung von Parteiensystemen untersuchen. Es läßt sich dabei nachweisen, daß alte *cleavages* eine ungewöhnliche Beharrungstendenz zeigen und historische Parteiinstitutionen sich auch unter dem Druck des sozialen Wandels und selbst bei Diskontinuität des Systems (z. B. in Deutschland oder Italien) nicht im gleichen Ausmaß wandeln.

Während andere Sozial- und Verhaltenwissenschaften überwiegend mit Prozessen zu tun haben, die je nach Fragestellung an beliebigen Populationen untersucht werden können, wenn diese nur sachgerecht abgesteckt werden, hat es die Politikwissenschaft – soweit sie sich auf bloße Massenphänomene beschränkt – immer mit Verhalten zu tun, das zum Teil von sehr engen institutionellen Bedingungen geprägt ist. Das gilt selbst für das Wählerverhalten, das durch einmalige institutionelle Einrichtungen wie das Wahlrecht (z. B. die Möglichkeit in der BRD, Erst- und Zweitstimmen an verschiedene Parteien zu geben) mitdeterminiert ist. Dies gilt aber noch weit stärker im Bereich des Elitenverhaltens.

Der Politikwissenschaftler ist daher – zum Ärger der meisten Soziologen – darauf angewiesen, stärker mit individualisierenden Erklärungen zu arbeiten als andere Sozialwissenschaftler. Hier liegt eine partielle methodische Verwandtschaft zum Historiker vor. Institutionelle Bedingungen und Verfassungsnormen spielen dabei – trotz aller Polemik gegen die Institutionalisten – noch immer eine wichtige Rolle. Das zwingt die Politikwissenschaft in concreto häufig zu einem eklektischeren Vorgehen, als es ihr in abstracto nach ihrem (an den Sozialwissenschaften geschulten) Methodenbewußtsein vertretbar erscheint.

Literatur

T. Parsons: The Social System. Glencoe/Ill., Free Press, [3]1959

M. Hauriou: Die Theorie der Institution und zwei andere Aufsätze von M. Hauriou. Berlin, Duncker & Humblot, 1965

R. Schnur (Hrsg.): Institution und Recht. Darmstadt, Wiss. Buchgesellschaft, 1968

S. P. Huntington: Political Institutions. In: Ders.: Political Order in Changing Societies. New Haven, Yale UP, S. 1–92
W. Lipp: Institution und Veranstaltung. Berlin, Duncker & Humblot, 1968
E. Allardt: Political Science and Sociology. Scandinavian Political Studies, 1969, S. 11–21
N. Luhmann: Legitimation durch Verfahren. Neuwied, Luchterhand, 1969
H. Schelsky (Hrsg.): Zur Theorie der Institution. Düsseldorf, Bertelsmann UV, 1970
W. R. Philipps / D. R. Hall: The Importance of Governmental Structure as a Taxonomic Scheme for Nations. Comparative Political Studies, 1970, S. 63–89
D. W. Rae: Political Democracy as a Property of Political Institutions. APSR, 1971, S. 111-119

3. Der behavioristische Ansatz

Die Durchsetzung des behavioristischen Ansatzes in der amerikanischen Politikwissenschaft wird häufig eine »Revolution« genannt. Der Behaviorismus in der Politikwissenschaft entstand unter dem Einfluß der Psychologie von E. L. Thorndike und J. P. Watson, welche die früheren psychologischen Methoden der Selbstbeobachtung und des unmittelbaren Verstehens fremden Seelenlebens ablehnten und sich dem empirischen und möglichst quantifizierenden Studium von Verhalten – ohne Versuch seelischer Deutung – zuwandten. Die Intentionen der behavioristischen Psychologie wurden einmal mit der spöttischen Bemerkung umschrieben, daß – falls wir die Umgangssprache nach den Forderungen der behavioristischen Psychologie reformieren wollten – der Satz »How are you?« durch den Satz »How am I?« ersetzt werden müßte, da der neutrale Beobachter aus dem Studium des Verhaltens von außen das Befinden wesentlich besser erkennen müßte als der Betroffene selbst. (Zit. in C. F. Graumann [Hrsg.]: Handbuch der Psychologie, Band 7: Sozialpsychologie. 1. Halbbd., Göttingen 1969, S. 180).

Der Behaviorismus in der Politikwissenschaft ist keine methodische Einheit. Nach der spöttischen Feststellung von E. M. Kirkpatrick war er »eine Art von Regenschirm«, groß genug, um zeitweiligen Unterschlupf für eine heterogene Gruppe zu bieten, die nur durch die Unzufriedenheit mit der traditionellen Politikwissenschaft geeint wurde. Ahnherren der behavioristischen Bewegung in der Politikwissenschaft waren Ch. Merriam und die Chicago-Schule, aus der vor dem Krieg einige der führenden Politikwissenschaftler, wie G. Almond, H. Lasswell, H. Simon und D. Truman, hervorgingen. Ansätze einer behavioristischen Haltung fanden sich außer bei Ch. Merriam und A. F. Bentley selbst bei jenen Wissenschaftlern des beginnenden 20. Jahrhunderts, die stark institutionell interessiert waren und noch unter dem direkten Einfluß europäischer institutionell-juristischer Methoden gestanden hatten, wie J. Burgess und L. Lowell. Der Zentralbegriff dieser Schule, »politisches Verhalten«, kam in einem Buchtitel erstmals 1928 vor (F. Kent), bekannt wurde er jedoch erst durch das Buch des Schweden H. Tingsten (Political Behavior, 1937).

Gefördert wurde der Behaviorismus einmal durch die neuen praktischen Probleme der technischen und ökonomischen Hilfs-Programme und der Rationalisierung der Verwaltung, vor die sich die amerikanische Politikwissenschaft gestellt sah, zum anderen durch den Einfluß einiger Emigranten – wie R. Bendix, H. Eulau, P. Lazarsfeld, F. Neumann und S. Neumann –, die behavioristischen Einflüssen offenstanden oder zu Vermittlern von europäischer sozialwissenschaftlicher Literatur wurden (vor allem Pareto, Durkheim, M. Weber). Sie trugen dazu bei, die Theoriefeindschaft einiger früherer behavioristischer Strömungen zu mildern und behavioristische Gedanken mit *General Theory*-Konzeptionen (etwa der Systemtheorie) zu verbinden (Dahl, 1969, S. 121). Erst nach dem Zweiten Weltkrieg wurde jedoch die behavioristische Schule dominierend in der amerikanischen Wissenschaft. 1945 wurde vom »Social Science Research Council« das »Committee on Political Behavior« errichtet. 1950 wurde der erste Behaviorist, P. Odegard, Präsident der »American Political Science Association«. In einer Untersuchung über die amerikanische Politikwissenschaft Anfang der 60er Jahre wurden auf die Frage nach den zehn renommiertesten amerikanischen Politikwissenschaftlern unter den zehn Namen sieben Behavioristen genannt: V. O. Key, D. Truman, R. Dahl, H. Lasswell, H. Simon, G. Almond, D. Easton (A. Somit/J. Tanenhaus: American Political Science. A Profile of a Discipline. New York 1964, S. 66).

In einigen Forschungszweigen – wie der Wählerverhaltens- und Elitenforschung – errang dieser Ansatz nahezu eine Monopolstellung. Nur in Frankreich hielt sich in der Wahlforschung noch lange Zeit der stark deskriptive Ansatz der Wahlgeographie, wie er seit A. Siegfried entwickelt worden war. In Deutschland faßten die behavioristischen Methoden erst unter den Jüngeren Fuß (z. B. in der Köln-Mannheimer Schule, E. Scheuch, R. Wildenmann, dem Institut für Politische Wissenschaft in Berlin unter O. Stammer, vor allem bei Ch. P. Ludz). Eulau (in: Charlesworth, 1967, S. 34) sowie Easton und andere (ebd., S. 29) sind mit Recht der Ansicht, daß die Durchsetzungskraft des Behaviorismus von Dahl (1969, S. 118ff.) überschätzt wurde, der bereits Anfang der 60er Jahre glaubte, ein Epitaph für eine erfolgreiche Protestbewegung, die fortan in der allgemeinen Politikwissenschaft aufgehen werde, errichten zu können. In Europa jedenfalls ist der Kampf noch keineswegs entschieden, und unter dem Druck einer neuen Ausbreitung marxistischer Denkansätze ist dieser Kampf an mehreren Fronten wiederaufgelebt.

So heterogen die Ansätze auch sind, die unter der Bezeichnung »behavioristisch« zusammengefaßt werden, so lassen sich doch eine Reihe von Gemeinsamkeiten aufzeigen:

(1) Politikwissenschaft kann nach dem Vorbild der Naturwissenschaften (mehr der Biologie als der Chemie oder Physik) Erklärungen geben und Voraussagen machen und statt deskriptiver Studien *systematische Analyse* bieten unter der Anleitung von Theorien, die getestet werden.

(2) Politikwissenschaft soll sich auf Phänomene beschränken, die *beobachtet* werden können. Auch der institutionelle Ansatz wird abgelehnt, weil Institutionen nur als »geronnenes soziales« Verhalten aufgefaßt werden und die Wirkung von Institutionen nicht anders als durch Verhalten in Institutionen als analysierbar gilt.

(3) Die Daten sollen möglichst *quantifiziert* werden.

(4) Die Politikwissenschaft soll statt »reiner Forschung« *angewandte Forschung* zur Lösung bestimmter politischer Probleme und innovatorischer Programme treiben.

(5) Politikwissenschaft muß die großen *issues* aufgeben, sie *kann die Richtigkeit und Falschheit von Werten* (Demokratie, Gleichheit, Freiheit usw.) *nicht wissenschaftlich erweisen.* Sie soll sich daher der Wertungen enthalten oder sie wenigstens nicht als Teil der wissenschaftlichen Bemühungen ansehen.

(6) Politikwissenschaft muß *interdisziplinär* sein. Einige Behavioristen gehen so weit, der Politik den Charakter einer eigenständigen Wissenschaft überhaupt abzusprechen. Führende Politikwissenschaftler dieser Schule in Amerika, aber auch in Europa, wie St. Rokkan, R. Rose, J. Blondel, M. Dogan u. å., fühlen sich in der Soziologie nicht weniger zu Hause als in der Politikwissenschaft. Nur Giovanni Sartori pflegt die (mit seinem modernen Ansatz verglichen) »unangemessene« Marotte, die politische Soziologie mit seinem Hasse zu verfolgen (Sartori, 1969), soweit sie die politischen Phänomene auf soziale Faktoren reduziert. Die Gegner des Behaviorismus dagegen bezweifeln, daß die Politikwissenschaft eine Wissenschaft von der Exaktheit der Naturwissenschaften werden kann und überwiegend quantifizierbare Daten gefunden werden können.

Der ältere Behaviorismus, wie er aus der Psychologie in die Politikwissenschaft übernommen wurde, ging von einem Paradigma S-R *(stimulus-response)* aus. Verhalten wurde vor allem als Antwort auf Umweltstimuli verstanden. In der Verbindung des Behaviorismus mit der Systemtheorie, wie bei David Easton (in: Charlesworth, 1967, S. 12), wurde dieses zu einfache Schema durch ein dreiteiliges Paradigma S-O-R *(stimulus-organism-response)* verdrängt, indem Gefühle, Motivationen und andere Aspekte subjektiver Natur als nützliche Daten einbezogen wurden. Erst durch die Symbiose mit der Systemtheorie wurde die Bedeutung von Normen für das Verhalten wieder in den Blickkreis behavioristischer Ansätze gerückt.

Nicht alles, was heute behavioristisch genannt wird, verdient diese Bezeichnung. Nur wenige, die mit den Methoden arbeiten, die der Behaviorismus entwickelte, sind doktrinäre

Verfechter seiner metatheoretischen Annahmen, und unter dem Einfluß der Systemtheorie bekommt eine alte Unterscheidung von Heinz Eulau (in: Charlesworth, 1962, S. 31) zunehmende Bedeutung. Nach ihr gehen *studies of political behavior*, wie sie im frühen Behaviorismus der 20er und 30er Jahre dominierten, vom Individuum als nicht hinterfragter Einheit der Analyse aus, während die *behavioral studies of politics* zwar auch noch das Individuum als *empirische* Einheit in den Mittelpunkt der Forschung stellen, aber als *theoretische* Einheit – je nach Bedarf – die Konzepte Rolle, Gruppe, Institution, Organisation, Kultur oder System verwenden.

Trotz aller berechtigten Kritik am Behaviorismus wird dieser Ansatz für immer das Verdienst behalten, exakte Methoden zum Studium politischen Verhaltens entwickelt zu haben. Survey-Methoden, wie sie der Behaviorismus verwandte, heißen alle Operationen, mittels deren systematische Daten in der Bevölkerung oder einem Sample der Bevölkerung erhoben werden, sei es durch persönliches Gespräch, durch Face-to-face-Interviews, durch Telefon-Interviews oder postalisch versandte Fragebogen. Survey-Methoden sind der einzige Weg, um aus vagen Hypothesen über den Zusammenhang von Ideologien und Glaubenshaltungen zum Handeln zu kommen. Vor allem marxistische Ansätze sündigen auf diesem Gebiet bis heute stark gegen die Erfordernisse empirischer Forschung. Bestimmte soziale Bedingungen und Produktionsverhältnisse werden als automatische Ursache von einem bestimmten Verhalten gedacht, zum Beispiel: *Klasse an sich* (objektive Klassenzugehörigkeit) setzt sich nach marxistischer Ansicht in *Klasse für sich* (Klassenbewußtsein) um. Soweit dies nicht geschieht, werden mechanische (gewaltsame) und neuerdings manipulative Widerstände der Gegenklasse dafür verantwortlich gemacht oder die Schuld bei der eigenen (mangelhaften) Aufklärungstätigkeit und Organisation gesucht. Es wird jedoch niemals systematisch erforscht, unter welchen Bedingungen Einstellung auch Handeln bewirkt, daher müssen die Prognosen über einen Umschlag von objektiven Klassenlagen in politisches Handeln durch eine immer mehr ausdifferenzierte Periodisierungslehre stets wieder neu gedeutet werden. Behavioristische Untersuchungen dagegen haben zuweilen das Klassenbewußtsein durch Selbsteinschätzungsanalysen zu erfragen versucht, haben ihre Forschungen jedoch zu wenig unter dem Mobilisierungsaspekt gesehen, das heißt, es ist kaum je versucht worden, Meinungen zu ermitteln, sie einer gezielten Propaganda auszusetzen und den Wandel festzustellen. Totalitäre Gruppen, die dazu am ehesten den Impuls verspüren könnten, pflegen auf Grund der Überbetonung der Agitation oder auf Grund der Sorge, daß unangenehme Ergebnisse herauskommen, die zur Revision der Taktik zwingen, die Meinungsforschung geringzuachten. In sozialistischen Ländern etwa beginnt man erst langsam mit behavioristischen Studien und noch immer vornehmlich in relativ unpolitischen Bereichen wie Familien- oder Industriesoziologie.

Den Survey-Methoden wurde häufig vorgeworfen, daß sie theoriefeindliches Verhalten der Wissenschaftler erzeugten. Diese Folge ist jedoch nicht notwendigerweise mit diesem Ansatz verbunden. Der behavioristische Ansatz hat die rigoroseste Methodik entwickelt, da in jedem Stadium einer Untersuchung genau angegeben werden muß, was und mit welchen Mitteln untersucht wird. Quantität erweist sich gegenüber den Qualitäten, von denen Ontologen und Dialektiker häufig ausgehen, als der kompliziertere Begriff, der strenge Definitionen dessen, was gezählt und gemessen werden soll, und strenge Kontrollen benötigt, um verläßliche Ergebnisse zu zeitigen. Methodische Strenge kann sich auch in der theoretischen Klarheit niederschlagen. Umgekehrt wird keine Theorie mittlerer Reichweite auf die Dauer ohne die Methoden auskommen, die vom Behaviorismus entwickelt worden sind.

Survey-Methoden sind freilich kein Allheilmittel. Sie weisen auch einige Mängel auf:

(1) Sie erfordern *hohe Kosten*, die oft in keinem Verhältnis zum Ergebnis stehen. Mit enormen Summen wurden etwa in der Elitenforschung durch das Wildenmann-Team Eliten untersucht, aber an die wichtigsten Positionsträger – die Partei- und Regierungsspitzen – kommt man nicht heran, oder man muß befürchten, daß auf dieser Ebene die Brisanz von Fragen so groß ist, daß angesichts der kleinen Zahl die Diskretion

nicht garantiert ist und die Antworten einen höheren Grad an Unzuverlässigkeit aufweisen als bei der Befragung von Landes- oder Lokaleliten. Die spärlichen Ergebnisse, die man in diesem Bereich erzielt, lassen sich darüber hinaus nicht ohne weiteres auf die Elite auf nationaler Ebene übertragen, ein Dilemma aller bisherigen Community-Power-Studies.

(2) Trotz der hohen Entwicklung der Survey-Techniken und dem Einbau von Kontrollfragen ist die *Suggestivfrage*, die den Antwortenden sich an den vorherrschenden Werten orientieren läßt, noch immer eine große Gefahr. Die geringe Zahl derer, die sich zu extremen Gruppen bei Wählerbefragungen bekennen, zeigt dies immer wieder. Die Routinearbeit von großen Zahlen von Interviewern eröffnet zusätzliche Fehlerquellen. Allzu Mobile und allzu Unkommunikative (Arme, wenig Gebildete, Mißtrauische) drohen in den meisten Samples unterrepräsentiert zu sein, und die Restkategorie der »Meinungslosen« ist bis heute ein methodisches Problem.

(3) Survey-Methoden *versagen meist bei Gruppen und Institutionen*. Survey-Methoden sind in der Regel zu individualistisch und neigen dazu, das Individuum aus seinem sozialen Kontext herauszuziehen. Die meisten Individuen treffen politische Entscheidungen relativ unselbständig in Gruppen, befragt werden können sie jedoch nur individuell. Dies verstärkt das Mittelstandsbias der Survey-Methoden. Die Summe einzelner Meinungen erklärt oft noch nicht das Funktionieren einer Institution. Surveys können eine vernichtende Meinung aller Personen, die in einer Institution arbeiten, zutage fördern, aber nicht das zählebige Beharrungsvermögen und den mangelnden Innovationswillen in Institutionen erklären. Der funktionale Ansatz ist daher als theoretische Anleitung für sinnvolle Fragen im Rahmen des behavioristischen Ansatzes eine unerläßliche Ergänzung.

(4) Survey-Methoden analysieren Meinungen, lassen aber *Verhalten in der Zukunft zu wenig erkennen*. Sie gehen von einem demokratischen Bias über öffentliche Meinung aus, mit der stillschweigenden Unterstellung, daß Kultur verbal sei und ein hoher Grad an Übereinstimmung zwischen verbalem Verhalten und politischem Handeln besteht.

(5) Survey-Methoden tendieren zu *statischer Betrachtung*. Hohe Kosten ihrer Anwendung und die geringe Lebensdauer und Überwachbarkeit eines Samples zwingen dazu, punktuelle Querschnittanalysen vorzuziehen und die historische Dimension zu vernachlässigen. Nicht nur bei Wählerprognosen, sondern auch bei längerfristigen Orientierungsanalysen gutinformierter Eliten gab es immer wieder krasse Fehlprognosen, wie z. B. bei Deutsch in seiner Analyse der deutschen und französischen Eliten 1967, denen keine große Wandlungsfähigkeit nachgesagt wurde, obwohl 1968/69 sich gerade in diesen beiden Ländern vergleichsweise tiefgreifende Wandlungen vollzogen – keineswegs nur an der Führungsspitze (K. W. Deutsch: Arms Control and the Atlantic Alliance. Europe faces coming Policy Decisions. New York 1967).

(6) Survey-Methoden neigen zur *Vernachlässigung der moralisch-humanen Dimension* politischen Verhaltens und beschränken Fragen überwiegend auf meßbare Fakten.

Obwohl der Behaviorismus gegenüber dem alten Institutionalismus und juristischen Positivismus einen neuen Praxisbezug anstrebte, wurde dieser in der letzten Zeit als zu affirmativ kritisiert. Der überwiegend technologische Praxisbezug der Behavioristen und die Feindschaft gegen Wertungen sind sowohl normativen wie historisch-dialektisch orientierten Wissenschaftlern suspekt und erscheinen auch manchen Anhängern der analytischen Wissenschaftstheorie bei den Behavioristen zu weit getrieben zu werden. Das Überwuchern des methodischen Rahmens über den Inhalt und die Information einerseits und die weitgehende Vernachlässigung der historischen Dimension bei behavioristischen Querschnittsanalysen andererseits werden ebenfalls immer wieder kritisiert. Die Überbetonung der Methodologie wird von einem Normativisten wie Herbert Spiro (1971, S. 323ff.) bissig das »Masturbationsstadium der Politikwissenschaft« genannt. Durch eine rigide Methodologie ist der Gegenstand des wissenschaftlich Erkennbaren recht willkürlich eingeengt und die Relevanz dessen, was nach diesen rigorosen methodologischen Anforderungen noch erforscht werden konnte, stark eingeschränkt worden.

Ein weiterer Vorwurf gegen den Behaviorismus liegt in seiner Tendenz zur Entpolitisierung der Fragestellung in den Sozialwissenschaften. Ein Politologe wie R. Dahl (in: Gould/Thursby, 1969, S. 132), der als einer der führenden Behavioristen galt, glaubte schon 1961, daß die behavioristische Revolte nach ihrem Sieg dem Untergang geweiht sei und ihre sektiererischen Züge verlieren werde. Ch. Bay (ebd., S. 137ff.), einer der Pioniere der antibehavioristischen Gegenbewegung, die zeitweilig sogar die Einheit der »American Political Science Association« gefährdete, warf dem Behaviorismus 1965 vor, anstatt mit politischer Theorie überwiegend mit Pseudopolitik befaßt zu sein. Vor allem in der politischen Soziologie wurde immer wieder eine Fülle von sozialen Background-Variablen oder Einstellungsmustern herangezogen, deren Relevanz für politische Entscheidungsprozesse kaum noch reflektiert wird. Außerdem ließ sich zeigen, daß bei den meisten Behavioristen – entgegen ihrem methodologischen Credo – Werturteile in die Analyse einfließen und meist unkritisch die Werte der angelsächsischen Demokratie zugrunde gelegt wurden. Selbst in den Political-Culture-Forschungen der Gruppe um G. Almond und S. Verba und der an sie anknüpfenden Entwicklungsländerforschung wurde ein Bias zugunsten einer bestimmten *civic culture* sichtbar, welche die Mitte zwischen starker Partizipation und politischer Apathie für optimal hält. Auch in Wahlstudien von B. Berelson und in der politischen Soziologie im Begriff des »Political Man« bei S. Lipset wird ein starker Affekt gegen allzu starke Partizipation und politische Aktivität der Massen deutlich. D. Easton (1969, S. 1052), einer der amerikanischen Theoretiker in der Politikwissenschaft mit dem höchsten Abstraktionsniveau, der oft zu den Behavioristen gezählt wurde, spricht bereits von der Ära des »Post-Behaviorismus«, in der die Frage nach der Relevanz gegen den behavioristischen Ansatz ins Treffen geführt wird.

Der neue Antibehaviorismus stellt folgende Forderungen und Vorwürfe auf:

(1) *Substanz* muß wichtiger bleiben als Forschungstechnik. Es ist besser, vage als präzis, aber nicht relevant zu sein.

(2) Der Behaviorismus verschleiert die Ideologie eines empirischen *Konservatismus*.

(3) Er verlor den *Kontakt zur Wirklichkeit* durch eine geschraubte Spezialterminologie und zu hohe Abstraktion.

(4) Der *technokratische Praxisbezug* muß durch die Verantwortlichkeit der Intellektuellen und durch direktes politisches Engagement und kreative Spekulation abgelöst werden. Die eingetretene Professionalisierung des Faches, die in der Konsolidierungsphase unerläßlich war, soll einer intellektuell-humanistischen Auffassung der Rolle des Politikwissenschaftlers in der Gesellschaft weichen, was die Politisierung des Faches notwendigerweise fördert. Auch diese antibehavioristische Welle wird jedoch die Verdienste um die Methodologie der Politikwissenschaft nicht wieder rückgängig machen können, sondern auf die Dauer nur die Einseitigkeiten des Behaviorismus korrigieren.

Im Bemühen um methodisch saubere Arbeit bei der Untersuchung von Verhalten sind die Behavioristen bis heute allen anderen Ansätzen weit überlegen. Gerade die empirischen Untersuchungen der linken Kritiker, die meist von normativen Postulaten aus Ideologiekritik treiben, verstoßen häufig gegen die elementarsten Regeln der sozialwissenschaftlichen Methodologie, die es unzulässig erscheinen läßt, *verbal behavior* (in Wort und Schrift) mit tatsächlichem politischen Verhalten zu identifizieren.

Der *methodische Rigorismus* vieler Behavioristen verbindet sich jedoch andererseits in recht unfruchtbarer Weise mit *gewissen sozialen Zwängen unseres Wissenschaftsbetriebes:*

(1) Gerade die Empiriker, die sich als Organisatoren von Datenbanken und großen Forschungsteams verdient gemacht haben, entwickeln eine starke *Aversion gegen zusammenhängende Überblicke*. Dies fördert nicht gerade die Kumulierbarkeit der Forschungsergebnisse, die der Behaviorismus anstrebte, und kann zur Vernachlässigung der Lehre führen, wenn diese in einem stark szientistischen Wissenschaftsbetrieb, in dem Politologen nur noch für sich selbst schreiben, gänzlich den Popularisatoren überlassen wird. Die negativen Folgen zeigen sich in der Unruhe an den Hochschulen, die dann zu ebenso einseitiger Betonung der Didaktik führt, mit dem vermutlichen Ergebnis, daß die Forschung aus der Universität auszieht und die Arbeits-

teilung zwischen quantifizierenden Forschern und popularisierenden Lehrern eine noch tiefere Kluft aufreißt.

Auch das internationale Kommunikationssystem der Sozialwissenschaftler fordert gelegentlich allzu esoterische Publikationsformen. Der Konferenzbetrieb der auf internationale Zusammenarbeit angewiesenen Elite der Empiriker begünstigt die Publikation von Papers, die bei leicht variierten Konferenzthemen die gleiche Methode auf einen verwandten Gegenstand anwenden und immer neue quantifizierende Details akkumulieren. Einige der besten behavioristischen Politikwissenschaftler der Welt scheinen ein geradezu unüberwindliches Vorurteil gegen *comprehensive studies* zu haben, außer wenn sie methodologischer Natur sind; sie gehören zum Kern einer viel reisenden Gruppe, die in wechselnden Kombinationen zahlreiche Sammelbände vorlegt. Die Bücher der meisten Pioniere quantitativer Verhaltensanalysen sind solche Bände, die auf Konferenzen entstanden, oder Aufsatzsammlungen. Das gilt selbst für so einflußreiche Studien wie Deutschs ›Nerves of Government‹ oder Lipsets ›Political Man‹, die auch aus Aufsätzen zusammengewachsen sind, aber mehr innere Kohäsion aufweisen als die üblichen Buchbindersynthesen.

(2) Soweit orthodoxe Behavioristen Synthesen schreiben, sind sie entweder *deskriptiv-typologisierend*, wie bei Almond/Powell, oder sie legen einen Teil in ihrer strikten Arbeitsweise als Hypothese zugrunde, arbeiten aber den Rest mehr oder weniger konventionell auf und schrecken dann auch vor ideengeschichtlichen Exkursen und ungesicherten Vermutungen nicht zurück. Ein gutes Beispiel dafür ist eine der wenigen Synthesen über das amerikanische politische System, die eine allgemeine Fragestellung durchzuhalten sucht, verfaßt von Robert Dahl.

(3) Gelegentlich kann dieser Typ wissenschaftlicher Arbeit ins rein *Spekulative* gehen, so ein Teil der amerikanischen Literatur über ausländische Systeme, etwa Ecksteins ›Division and Cohesion in Democracy‹ (Princeton UP., 1966), ein Werk, das Norwegen letztlich – unter Verwendung spärlicher norwegischer Quellen – mit der Hypostasierung einer politischen Kultur zu erklären versucht, die einer romantischen Wikingerphilosophie nicht mehr fern ist. Der Versuch konse-

quenter typologischer Arbeit unter Verzicht auf die gelehrten Reminiszenzen, die Eckstein einst der älteren Generation der Komparatisten wie Friedrich vorwarf, könnte gelegentlich zu einer Sehnsucht nach dem alten Methodeneklektizismus verführen, der zwar seine Aussagen nicht immer proportionieren und verbinden konnte, aber informationsgesättigter als die meisten neueren Studien blieb.

(4) Wo es bei Behavioristen zu Monographien größeren Umfangs kommt, können sie häufig ihren methodischen Anspruch nur durch die Wahl *immer engerer Forschungsausschnitte* aufrechterhalten. Der typische Fall ist Heinz Eulau, der seine enormen Kenntnisse klassischen Bildungsstoffes ausklammerte und vom Interesse für amerikanische nationale Politik über Staatenlegislaturen bis zu Lokaleliten in der San Francisco-Bay aus methodischen Skrupeln »innerlich emigrierte«, weil nur in dem kleinen Rahmen noch strikt komparable Größen abgegrenzt werden konnten (Eulau/Prewitt, 1973).

Gerade diese Beschränkung führt jedoch im allgemeinen theoretischen Teil solcher Werke zu ideologiegesättigten Übertreibungen, etwa bei Prewitt (1970, S. 1), der glaubt, von der schmalen Basis einer Lokalstudie aus den einleitenden Satz riskieren zu können: »In political life, some men lead and other men follow. There can be no organized community without hierarchy and no hierarchy without ranking.« Methodische Rigoristen, die aus wissenschaftstheoretischen Skrupeln weite Gebiete des Relevanten den Spekulanten überlassen, geraten paradoxerweise selbst in uferlose Spekulation, sowie sie das schmale Terrain, das sie empirisch beackerten, verlassen müssen. Abnehmende Relevanz von mit großem Aufwand erreichten empirischen Ergebnissen wird durch Aufbauschung der theoretischen Einleitung und der Zusammenfassung zu kompensieren gesucht.

Die Methodologen des Behaviorismus standen in den Auseinandersetzungen mit der Neuen Linken überwiegend im konservativeren Lager – wie Eulau in Amerika, Rokkan in Skandinavien oder Scheuch in der Bundesrepublik. Sie bekämpften mit guten Gründen die utopischen Vorgriffe der Radikalen, übersahen aber die Mitschuld ihres eigenen Ansatzes an der Entstehung des Protests, der dann seinerseits bei der Artikulation der Relevanzfrage häufig allzu unbekümmert die Errungenschaften der sozialwissenschaftlichen Methodologie über Bord warf.

Literatur

H. Eulau: The Behavioral Persuasion in Politics, New York, Random House, 1963

B. Berelson (Hrsg.): The Behavioral Science Today. New York, Harper Torchbook, 1964

J. C. Charlesworth (Hrsg.): Contemporary Political Analysis. New York, Free Press, 1967

Ch. A. McCoy / J. Playford (Hrsg.): Apolitical Politics. A Critique of Behavioralism. New York, Crowell, 1967

I. de Sola Pool (Hrsg.): Contemporary Political Science. Toward Empirical Theory. New York, McGraw Hill, 1967

R. A. Dahl: The Behavioral Approach in Political Science. Epitaph for a Monument to a Successful Protest. In: J. A. Gould / V. Thursby (Hrsg.): Contemporary Political Thought. New York, Holt, Rinehart & Winston, 1969, S. 118–136

D. Easton: The New Revolution in Political Science. APSR, 1969, S. 1051–1061

H. Eulau: Micro-Macro Political Analysis. Chicago, Aldine, 1969

J. Galtung: Theory and Methods of Social Research. Oslo, Universitetsforlaget, ²1969

G. Sartori: From Sociology of Politics to Political Sociology. Government and Opposition, 1969, S. 195–214

K. Prewitt: The Recruitment of Political Leaders. Indianapolis, Bobbs Merrill, 1970

H. J. Spiro: Critique of Behaviorism in Political Science. In: K. von Beyme (Hrsg.): Theory and Politics. Festschrift für C. J. Friedrich. Den Haag, Nijhoff, 1971, S. 314–327

H. Eulau / K. Prewitt: Labyrinths of Democracy. Indianapolis, Bobbs-Merrill, 1973

F. I. Greenstein / N. W. Polsby (Hrsg.): Political Science. Scope and Theory. Handbook of Political Science, Bd. 1. Reading/Mass., Addison-Wesley, 1975, S. 58ff.

P. L. Beardsley: A Critique of Post-Behavioralism. Political Theory, 1977, Nr. 1, S. 97–111

E. Ions: Against Behavioralism. Oxford, Blackwell, 1977

B. F. Skinner: Was ist Behaviorismus? Reinbek, Rowohlt, 1978

J. W. Falter: Der ›Positivismusstreit‹ in der amerikanischen Politikwissenschaft. Entstehung, Ablauf und Resultate der sogenannten Behavioralismus-Kontroverse in den Vereinigten Staaten 1945–1975. Opladen, Westdeutscher Verlag, 1982

Die Sozialphilosophie und die Sozialwissenschaften, die sich im 19. Jahrhundert aus ihr entwickelten, haben zu allen Zeiten mit mechanistischen und organizistischen Systembegriffen gearbeitet. »Organismus« und »Maschine« sind Metaphern, die in der politischen Theorie seit Jahrhunderten verwandt wurden. Der Organismus wird jedoch im Gegensatz zu älteren biologischen Analogien nicht mehr als beseeltes Wesen verstanden, sondern als adaptives System, das auf wechselnde Umwelteinflüsse reagiert und versucht, die eigene Struktur stabil zu halten. Auch die Maschine wird heute nicht mehr nur nach ihrem spezifischen Produktionszweck, sondern als Selbststeuerungsanlage konstruiert gedacht, die auf wechselnde Umweltinformationen reagiert (Luhmann, 1970, S. 38f.). Während die Maschine in dieser modernisierten Form in der kybernetischen Variante der Systemtheorie fortlebt, ist selbst der moderne biologische Systembegriff für die Politikwissenschaft weitgehend unbrauchbar, weil die Systemgrenzen fließend sind und bei sozialem Wandel die Frage, wann ein neues System entsteht und ein altes aufhört (etwa nach Revolutionen, welche die Identität der Nation nicht beseitigen), weit schwerer zu beantworten ist als in der Biologie. Ältere Organismusbegriffe gingen von einem Ganzen aus, dessen Teile ebenfalls ontologisch gedacht waren. Die Welt der Systemtheorie hingegen ist eine komplexe, ontisch unbestimmte, kontingente Welt. Soziale Systeme werden Möglichkeiten zur Reduktion von Komplexität der Umwelt und ermöglichen Selektionen. Selbst die Strukturen werden zunehmend selektiv, und auch das Nichtentscheiden wird zunehmend zur Entscheidung, wenn Änderungen möglich sind.

Der moderne Systembegriff der funktionalistischen Schule wurde aus der Ethnologie und der Soziologie in die Politikwissenschaft rezipiert. Bei den englischen Ethnologen A. R. Radcliffe-Brown und B. Malinowski wurde der Funktionsbegriff noch relativ deskriptiv verwandt. Die mechanistische Auffassung des frühen Funktionalismus in der Ethnologie zeigt sich in dem Satz von Bronislaw Malinowski (1951, S. 92):

»Dem Funktionalisten stellt sich die Kultur, d. h. ihre ganze Ausstattung mit Werkzeugen und die Charta ihrer sozialen Gruppen, Ideen, Glaubensvorstellungen und Gebräuche als ungeheurer Apparat dar, mit dessen Hilfe der Mensch in die Lage versetzt ist, mit den konkreten und speziellen Problemen, denen er sich im Zuge der Anpassung an die Umwelt bei der Befriedigung seiner Bedürfnisse gegenübergestellt sieht, fertig zu werden.« Wichtiger für die Politik war der umgedeutete Kulturbegriff, der über die Political-Culture-Forschung Eingang in die Politologie fand und der neuere von der Gesellschaft – und nicht vom Staat – her gewonnene Ganzheitskonzepte mit sich brachte. Der ältere Funktionalismus ging davon aus, daß das Ganze mehr als die Summe der Teile sei, verbunden mit der Betonung der Notwendigkeit und der funktionalen Bezogenheit der einzelnen Teile aufeinander. Interdependenz und Gleichgewicht wurden zu Grundbegriffen des Funktionalismus. Der Begriff des Gleichgewichts ist jedoch nicht identisch mit dem älterer Gleichgewichtsmodelle, welche die Systeme als aus sich selbst heraus bestehend ansahen und die Umwelt nur als Quelle von Störungen betrachteten.

Einflußreich für den Funktionalismus in der Politikwissenschaft war die Soziologie Durkheims, etwa mit ihrer Erklärung der Rolle der Religion bei der Systemerhaltung in primitiven Gesellschaften und der Vorstellung der *faits sociaux*, die von außen einen Druck auf das Individuum ausüben (Durkheim, 1950, S. 123). Anders als die Behavioristen, die vom Individuum ausgingen und Verhalten psychologisch erklärten, ging die funktionalistische Theorie der Durkheim-Schule vom *phénomène social total* aus (M. Mauss).

Im Zuge einer alten Tradition, die sich bis auf den Nominalismus des Spätmittelalters zurückführen läßt, versucht der Funktionalismus das Denken in Substanzen aufzugeben und Substanzen durch Funktionen zu ersetzen.

Wie Homans (1969, S. 97) mit Recht betont, kann man das empirische Programm des Funktionalismus verwirklichen helfen, ohne die metatheoretischen Annahmen des Funktionalismus zu übernehmen. Der Funktionalismus muß daher in der

Politikwissenschaft untergliedert werden, um keiner Fehleinordnung einzelner Ansätze Vorschub zu leisten. Es gibt drei Funktionalismen verschiedener Reichweite (vgl. Flanigan/Fogelman, in: Charlesworth, 1967, S. 72ff.):

(1) *Eklektische Funktionalisten* benutzen die funktionale Betrachtungsweise als eine von vielen, neben strukturellen, historischen, institutionellen und ideologie-kritischen. In diesem Sinne sind die meisten Wissenschaftler Funktionalisten, wenn sie fragen, welche Funktion erfüllt X, und was leistet diese zur Aufrechterhaltung eines Systems oder zur Schlichtung oder Verschärfung bestimmter Konflikte? Der eklektische Funktionalismus zwingt nicht zur Übernahme der metatheoretischen Annahmen des Funktionalismus.

(2) Der *empirische Funktionalismus* – wie ihn etwa Robert Merton in seiner Suche nach latenten und manifesten Funktionen als Paradigma für die funktionale Analyse vertrat – hat begrenzte theoretische Implikationen. Merton definiert Funktionen als jene beobachteten Konsequenzen, welche Adaption und Anpassung an ein gegebenes System ermöglichen.

Funktionen sonderte Merton scharf von der subjektiven Kategorie »Motiv«, was in der Unterscheidung von manifesten und latenten Funktionen zum Ausdruck kommt, da die latenten Funktionen jene Konsequenzen für die Adaption an das System sind, die von Mitgliedern eines Systems weder intendiert noch erkannt wurden.

(3) Die *strukturell-funktionale Analyse*, wie sie Talcott Parsons und Theodore Lowi (1963) vertraten, strebt letztlich eine allgemeine Theorie an, von der erklärende Hypothesen für alle Aspekte des politischen Systems abgeleitet werden können.

Eine Identifikation funktionalistischer Erwägungen mit dem metatheoretischen Programm des philosophischen Funktionalismus ist schon deshalb unzulässig, weil sich in der empirischen Forschung funktionalistische Erklärungsmodi und behavioristische Ansätze immer stärker verbinden, wie sich etwa bei Almond und Easton zeigen läßt. Ursprünglich gab es starke Differenzen zwischen beiden Ansätzen:

(1) Der Behaviorismus ging von einem mechanistischen, der Funktionalismus mehr von einem organischen Modell aus.

(2) Der Funktionalismus geht von der Einheit des Systems aus, während der Behaviorismus meist Ziele geringerer Reichweite anstrebte und sich auf die exakte Ermittlung von Beziehungen einzelner Systemteile spezialisierte.

(3) Der Funktionalist geht von Zwecken des gesamten Systems aus, während der Behaviorist Spekulationen über »purposes« zunächst völlig verketzerte und später allenfalls bei einzelnen Individuen und Aggregaten untersuchte. Der Funktionalismus war vor allem an Normen interessiert, wie er sie in den Begriffen »Rolle« und »Institution« fand, und richtete seine Hauptaufmerksamkeit auf institutionalisiertes Verhalten. Warum es jedoch Rollen überhaupt geben sollte, fragte diese Richtung selten, sondern deduzierte sie von den Notwendigkeiten komplexer und arbeitsteiliger Gesellschaften.

(4) Der Funktionalismus sucht nach Möglichkeiten, funktionale Äquivalente für Bestehendes zu finden und Ungleiches vergleichbar zu machen, mißt aber der Quantifikation geringere Bedeutung zu als der Behaviorismus, da »angesichts der Kompliziertheit menschlicher Motivation ein noch so genaues Auszählen und Nachmessen spezieller Kausalrelationen niemals zu einer exakten Voraussage künftiger Einzelfälle oder der Häufigkeitsverteilung künftiger Fälle führen könnte« (Luhmann, 1970, S. 35).

Erst in der Verbindung, die der eklektische Funktionalismus mit den Forschungsmethoden des Behaviorismus einging, konnte dieser Gegensatz aufgehoben und der behavioristischen Forschung ein komplexeres Erklärungsmodell für soziales Handeln angeboten werden, als es das alte Stimulus-Response-Schema darstellte.

Funktionalistische Theorien sind meist deduktiv-empirisch. Bei Parsons wird der Strukturbegriff dem Funktionsbegriff vorgeordnet und nach den funktionalen Leistungen gefragt, welche erbracht werden müssen, um das System zu erhalten. Nach Parsons hat ein soziales System vier Probleme zu lösen: (1) Anpassung (Beziehungen zur Umwelt), (2) Zielbefriedigung, (3) Integration und (4) Aufrechterhaltung der latenten Muster und Bewältigung von Spannungen. Strukturen und Prozesse werden nach dem Nutzen für die Erfüllung dieser

Aufgaben klassifiziert. Damit tritt ein normatives Element in Form der »funktionellen Imperative« in die Betrachtung ein.

Das Politische ist durch die Zielbefriedigung *(goal attainment)* in diesem Schema repräsentiert gedacht. Der Politikbegriff ist jedoch selbst in den Augen von Verehrern Parsons (Mitchell, 1967, S. 35) seltsam vage geblieben. Die spärlichen Hinweise bei Parsons verraten einen administrativ-technokratischen Politikbegriff. Das *goal attainment* erscheint überwiegend einer politischen Elite überlassen, die er entgegen seinen sonstigen liberal-konservativen Anschauungen auch in ihren manipulativen Fähigkeiten zu stärken empfiehlt, obwohl er dem Staat sonst eher nur die Rolle einer Zentralbank beimißt, die nicht so sehr autoritative Entscheidungen trifft als Regulationsfunktionen im Kreislauf der Macht (die mit dem Geld verglichen wird) wahrnimmt. Suzanne Keller (1963) hat daher auch folgerichtig aus dem Parsonsschen AGIL-Schema (vgl. in diesem Band S. 162) eine Elitentypologie deduziert, wobei die Adaption der wirtschaftlichen, wissenschaftlichen und militärischen Elite zufällt, die Integration dem Klerus, den Erziehern, den Philosophen und den »first families«, die Pattern-Maintenance hingegen den Athleten, Filmstars, den Künstlern und Publizisten sowie der »glamour society«. Mit Recht hat man angesichts solcher Analogien zwischen kapitalistischer Wirtschaft und Macht Parsons hier einen Rückfall in manchesterlichen Altliberalismus vorgeworfen.

Luhmann (1970, S. 114) hat wenigstens in diesem Punkt überflüssige konservative Implikationen der Parsonsschen Theorie abgebaut, indem er die struktur-funktionale Systemtheorie durch die funktional-strukturelle Systemtheorie ersetzt, die keine festen Strukturen mehr voraussetzt und den Begriff der Funktion dem der Struktur vorordnet, um nach dem Sinn von Systembildung überhaupt und nach den Funktionen von Systemstrukturen fragen zu können.

Ältere funktionalistische Theorien waren überwiegend Überlebensmodelle und nicht Systemzielmodelle (vgl. Kap. III, 3), da sie meist nach den notwendigen Institutionen – und später (unter dem Einfluß des Behaviorismus) nach den unerläßlichen Verhaltensweisen der Staatsbürger – zur Erhaltung politischer Systeme fragten. Neuere Ansätze – wie bei Luhmann (1970, S. 33) – zeigen jedoch, daß Systeme zu ihrer Erhaltung nicht an bestimmte Leistungen gebunden sind, sondern daß die bestehenden durch funktional äquivalente Leistungen ersetzbar sind. Alternative Problemlösungen ersetzen die Bestandsformeln des älteren Funktionalismus und dynamisieren diesen Ansatz. Gerade der moderne Politologe, der zunehmend in der Beratung für Politiker mitwirkt, wird alternative Problemlösungsmöglichkeiten und keine Patentrezepte anbieten und daher von diesem Approach auch im wissenschaftlichen Stadium der Überlegungen (vor der Ziehung von Schlüssen zur Beratung von Praktikern) stark angezogen werden.

Funktionale Systemtheorien haben die Absicht, die Rationalität des Handelns zu steigern, und sie versuchen dies durch Herausarbeitung alternativer Problemlösungen. Eine Struktur kann multifunktional sein und unterschiedliche Funktionen erfüllen, und eine Funktion kann durch verschiedene Strukturen erfüllt werden.

Funktionalistische Systemtheorien auch in ihrer dynamisierten Form sind Ordnungsmodelle, jedoch im Gegensatz zu älteren Ordnungstheorien werden diese nicht mehr substantialisiert und mit bestimmten verdinglichten Begriffen wie »Staat« oder »Macht« gleichgesetzt. »Ordnung« wird vielmehr durch eine Handlungstheorie erklärt, die nach dem Sinn von Handeln fragt und die Komplementarität des Erwartens im Handeln aufzeigt.

Im Gegensatz zu kausalistischen Erklärungen, wie sie bis heute überwiegen, versucht der funktionalistische Ansatz keine Beziehung zwischen Ursache und Wirkung zu unterstellen, sondern sucht nach einem Verhältnis von mehreren Ursachen oder mehreren Wirkungen zueinander. Obwohl Funktion häufig synonym mit Kausalität gebraucht wird, legen sich Funktionalisten ungern auf »nackte Kausalität« fest (Luhmann, 1970, S. 33) und flüchten sich in Typologien der »Systembedürfnisse«. Diese Neigung, sich um klare kausale Feststellungen zu drücken, teilt der Funktionalismus mit der Dialektik, mit der er einige ontologische Prämissen gemeinsam hat, wie die Annahme, daß Widersprüche nicht zugelassen werden sollen (van den Berghe, 1963). Die Aufhebung der Widersprüche denkt sich die dialektische Theorie jedoch wesentlich schematischer in der Triade These-Antithese-Synthese als der Funktionalismus, der sie durch die Herausarbeitung funktionaler Äquivalenzen gegenstandslos zu machen versucht. Die an Kausalbeziehungen orientierte Wissenschaftstheorie des Neopositivismus bei Nagel (1956) und Hempel (1959, S. 271 ff.) hat versucht nachzuweisen, daß der Funktionalismus strengen Anforderungen an wissenschaftliche Methodologie nicht genüge, weil er weder statistische Korrelationen noch Kausalbeziehungen nachweise und daher zu nicht nachprüfbaren Unterstellungen oder gar zu teleologischen Deutungen gelange.

Eines der Hauptprobleme bis heute ist die klare Abgrenzung von System und Umwelt. Systeme stabilisieren Grenzen um Inseln, die geringere Komplexität als ihre Umwelt aufweisen. Habermas (/Luhmann, 1971, S. 149) sieht es als fast unmöglich an, diese »symbolisch konstituierten Sinngrenzen« zu ermitteln, und läßt eine Hoffnung dafür allenfalls dadurch offen, daß er auf sein eigenes Forschungsinteresse verweist: die Bemühung um eine allgemeine Theorie der Sprache und der umgangssprachlichen Kommunikation.

Beim politischen System erscheint es vergleichsweise einfacher als bei sozialen Systemen, die Grenzen abzustecken. Häufig orientiert man sich noch an den traditionellen Merkmalen der Staatsdefinition (Staatsgrenzen, Staatsmacht, Staatsvolk). Aber auch hier wird die Abgrenzung schwer, wenn etwa beim Staatsvolk Irredenta-Gebiete von einem System beansprucht werden, das weder von der Mehrheit der betroffenen Minderheit noch von der Mehrheit des Systems, in dem diese inkorporiert ist, für legitim gehalten wird (z. B. Elsaß-Lothringen in gewissen Epochen der Geschichte des 19. und 20. Jahrhunderts). Noch schwieriger wird die Fixierung der Grenzen bei Subsystemen des politischen Systems, etwa in der Lokalpolitik, die in der BRD immer eng mit Landes- und Bundespolitik verbunden ist.

Ein weiteres Problem ist die Herausarbeitung der Funktionen. Der Funktionsbegriff der Funktionalisten ist weder eindeutig, noch wird er einheitlich gebraucht. Funktionalistisches Vokabular gebraucht das Wort »Funktion« gelegentlich in der Bedeutung von »Aktivitäten« der Strukturen, gelegentlich von Folgen der Strukturen, manchmal als »Abstraktionsklasse der möglichen Verhaltensweisen des Systems« (G. Klaus), seltener in dem mathematischen Sinn »Relation von Strukturen«. Strukturen des politischen Systems haben nicht immer eine einzelne nachweisbare Funktion. Nicht selten sind sie multifunktional, und vor allem im funktionalen Vergleich sind Funktionswandel von Strukturen in zeitlicher Perspektive und Funktionsverschiebung in räumlicher Perspektive die Regel. Selbst wo Strukturen und Prozesse mit bestimmten Funktionen in Verbindung gebracht werden können, haben Soziologen wie R. K. Merton ganz andere, latente Funktionen nachweisen können.

Zusammenfassend lassen sich durchaus einige Vorteile des funktionalistischen Ansatzes hervorheben:

(1) Die *Überwindung des alten ontologischen Substanzdenkens*, wie es in der Philosophie bis ins 20. Jahrhundert hinein überwog.

(2) *Vergleiche werden* durch die funktionale Methode *sinnvoller* als beim alten institutionellen Ansatz. Bei Vergleichen wird nicht mehr nach substantieller Ähnlichkeit von politischen Erscheinungen gefragt, sondern nach funktionalen Äquivalenten bei der Aufrechterhaltung politischer Systeme und Strukturen. Dadurch wurde der Formalismus der alten Ontologie mit ihrer Klassifikationswut gemildert. Selbst Vergleiche bisher als substantiell unterschiedlich gedeuteter Systeme – wie westlicher Demokratien und sozialistischer Diktaturen – werden sinnvoll. Funktionale Vergleiche verbinden sich heute in vielfältiger Weise mit institutionellen und behavioristischen Ansätzen im Rahmen der vergleichenden Methode der Politikwissenschaft.

(3) Das normative Element wird nicht nach einer abstrakten Metaphysik deduziert, sondern nach *klar angebbaren Zielen der Systemerhaltung* ausgemacht. Funktionale Imperative entbehren häufig der Eindeutigkeit und fördern das Denken in Alternativen, das zur rationalen Politik gehört.

(4) Die Fülle unterschiedlicher Variablen (Daten über Verhalten, soziale Daten, institutionelle Kriterien) läßt sich in einer Theorie klassifizieren und in *sinnvolle logische Beziehungen* setzen. Die Standardisierung der Terminologie und der Methoden empirischer Analyse macht Fortschritte.

(5) Der äußere Anschein wird durch die *Unterscheidung latenter und manifester Funktionen* nicht mehr vorschnell für die Urteilsfindung entscheidend.

(6) Die *Möglichkeiten sozialer Konfliktschlichtung* und der Steuerung von Systemen zur Vermeidung großer Krisen werden im Zeitalter möglicher atomarer Konflikte wichtiger denn je in der Geschichte. Systematisch geplante Innovation bekommt erstmals eine Möglichkeit, auch die dysfunktionalen Folgen vorauszusehen und so etwa in der Bürokratieforschung die immer neu auftauchenden Köpfe der Hydra »Bürokratie« erfolgreicher zu bekämpfen.

Daneben birgt der funktionalistische Ansatz eine Reihe von Gefahren:

(1) Er ist gekennzeichnet durch die Tendenz, die Fülle unterschiedlicher Variablen *in ein System zu pressen*. In der Abneigung gegen ontologische Aussagen kann der Funktionalismus den Hinweis auf Wesensunterschiede verglichener Erscheinungen nicht gelten lassen.

(2) Die *Voreingenommenheit für die Normen*, die Rolle und Institution genannt werden, drohen die lebendige Einheit des handelnden Menschen aufzulösen, da nicht mehr der Mensch, sondern die Rollenbündel als Einheit der Analyse angesehen werden.

(3) Wertungen werden abgelehnt, jedoch häufig erschlichen durch die *Benutzung nicht-funktionaler Erklärungen*, vor allem wenn es um die Ziele eines Systems geht, dessen Stabilitätsbedingungen untersucht werden sollen. Nur in Systemzielmodellen wird der Wert, der maximiert werden soll, klar angegeben, ohne substantialisiert zu werden.

(4) Der *hohe Abstraktionsgrad* vieler Systeme der Funktionalisten erschwert nicht selten die Verbindung zur Empirie, die gelegentlich nach ziemlich intuitiven und assoziativen Ver-

fahren nur illustrativ zur Exemplifizierung einzelner Hypothesen herangezogen wird, von den Vergleichen des Machtkreislaufs mit dem Bankensystem bei Parsons bis zu der Obristenthese bei Deutsch (vgl. Kap. III, 2). Am auffälligsten ist dies bei Luhmann, der auch unter Systemtheoretikern ein überdurchschnittlich hohes Abstraktionsniveau mit einem fast dichterischen Zugriff zur Empirie verbindet und als Illustration für seine Theorie zahlreiche Figuren von Jean-Paulscher Lebendigkeit und Skurrilität mit hoher sprachlicher Kunst geschildert hat – von den Politikern »in der Pinkelpause der Entscheidung« bis zur Putzfrau, die in den Gerichtssaal platzt. Gelegentlich wird dabei der Stolz fragwürdig, mit dem den älteren institutionellen und genetischen Approaches von den Systemtheoretikern der Hang zum Unsystematischen und Empirisch-Anekdotischen vorgeworfen wird.

(5) Dem Funktionalismus wird häufig ein *konservatives Vorurteil* nachgesagt, da er Phänomene des Konflikts und des sozialen Wandels bisher unzureichend berücksichtigt habe. Dieser Vorwurf läßt sich heute kaum noch halten. Parsons neigte noch dazu, Störungen des Systemgleichgewichts auf exogene Ursachen zurückzuführen – ähnlich wie ältere mechanistische Systemtheorien. Neuere Forscher haben jedoch die endogenen Ursachen für Gleichgewichtsstörungen im sozialen Konflikt stärker erforscht. Ein Vermittlungsversuch, etwa bei Lewis Coser (1964, S. 156), zwischen Konflikt- und Systemtheorien konnte zeigen, daß bestimmte Konflikte sogar wichtige Funktionen bei der Stabilisierung und Entwicklung von Systemen erfüllen, sofern sie institutionalisierbar und funktionale Alternativen für den Konfliktaustrag vorhanden sind. Selbst dabei wurde jedoch lange allzusehr an die Konfliktschlichtungsmuster der angelsächsischen Demokratien gedacht, bis vor allem die europäische Political-Culture-Forschung diese Einseitigkeit korrigierte.

Merton (1957, S. 38ff.) hat angesichts des Konservatismusvorwurfs überzeugend dargelegt, daß die funktionale Methode sowohl konservativer wie radikaler Ausdeutung fähig ist, ähnlich wie sich das für die Dialektik als Methode zeigen läßt. Durch die Fortentwicklung der strukturell-funktionalen Systemtheorie zu kybernetischen Ansätzen und zu partizipationsfreundlichen demokratietheoretischen Ansätzen bei Etzioni erweisen sich die konservativen Gefahren der Systemtheorie als zunehmend vermeidbar.

(6) Carl Hempel (1959, S. 289) hat darüber hinaus den *tautologischen Charakter* vieler funktionalistischer Analysen bemängelt, der auch in empirischen Studien zu einer komplizierten und oft geschraubten Terminologie mit beschränktem heuristischen Wert geführt hat. Wie bei allen deduktiven Theorien besteht die Gefahr, daß der äußerlich geschlossene Theorieansatz eine Geschlossenheit des empirischen Kenntnisstandes durch bloß terminologische Zuordnung von sozialen Phänomenen vortäuscht, die von der empirischen Detailforschung in absehbarer Zeit nicht eingeholt werden kann. Vor allem die Planungs- und Kommunikationstheorie verliert sich heute gelegentlich im funktionalistischen Terminologismus, der zwar Klassifikationen und Taxonomien, aber keine Kausalanalysen und schon gar keine Voraussagen mehr erlaubt. Daraus ergibt sich ein weiterer Vorwurf, nämlich daß die funktionalistischen Theorien auf der höchsten Abstraktionsstufe falsifikationsfeindlich angelegt sind und für die praxisbezogene Forschung letztlich steril bleiben müssen.

(7) Der Funktionalismus versteht sich als eine Art Antiontologie, die Habermas (/Luhmann, 1971, S. 160) in seinen anthropologischen Grundannahmen dem Existentialismus an die Seite stellt: »Die Realität ist nach dem Grundsatz ›Alles ist möglich‹ als eine schlechthin *kontingente Welt* konzipiert. Angesichts ihrer Faktizität bleibt dem Handelnden nichts anderes übrig, als den Risiken seiner Existenz durch den Entwurf von Handlungsmöglichkeiten zu begegnen.« Dennoch gerät gerade der Funktionalismus bei unkritischen Anhängern wieder in die Nähe ontologischer Denkansätze:

Vielfach wird ein intuitiver Vorgriff auf das Ganze gemacht, das als mehr als die Summe seiner Teile angesehen wird. Luhmanns überraschende Umkehr dieses gängigen Satzes, in der These, daß Systembildung als Reduktion von Komplexität zu dem Postulat führe, daß das Ganze weniger sei als die Summe seiner Teile (Habermas/Luhmann, 1971, S. 340) bleibt für die sonstigen methodischen Äußerungen ein weitgehend folgenloses Bonmot. Habermas (ebd., S. 160) griff zum Vorwurf der »Gegenontologie«, obwohl er nicht wie positivistische Metatheorien den Vorgriff auf den Sinnzusammenhang, der für den Handelnden ein soziales System konstituiert, an sich schon ablehnte. Die Einführung des Begriffes »Zweck« bei vielen amerikanischen Funktionalisten hat darüberhinaus in den Augen von kritischen Rationalisten das teleologische Denken durch die Hintertür in die Wissenschaft wieder eingeführt.

(8) Soweit der Funktionalismus vor allem Stabilitätsbedingungen von politischen Systemen untersucht, kommt er gelegentlich in politisch-moralischen Fragen zu einer *zynischen Einstellung*, wenn alle politischen Erscheinungen – auch die bedenklichsten (wie z. B. die Korruption) – als notwendige Funktion im Systemüberlebensmodell positiv bewertet werden. Ein solcher krasser Fall liegt bei Edward Banfield (1964, S. 257) vor, wenn er formuliert: »Some corruption is inevitable in a city like Chicago. The inevitability of corruption ... is another element in the dynamics of the situation.« Als deskriptive Feststellung kann diese Einsicht durchaus formulierenswert sein, wenn sie jedoch zur Beruhigung des Gewissens führt und nicht mehr nach den Bedingungen fragt, unter denen ein politisches Subsystem so umstrukturiert werden kann, daß nicht die Verfahrensweisen einer Verbrechersubkultur die einzigen sind, die das System aufrechterhalten können, schlägt der Funktionalismus in zynische Rechtfertigung inhumaner Herrschaftspraktiken um.

Selbst bei Luhmann führt der funktionalistische Ansatz zu einem Opportunismus, der aus dem potentiell unbegrenzten Wertpluralismus erwächst und zu radikaler Skepsis gegenüber einer engagierten Wissenschaft im Dienste humaner Ziele führt. Luhmann (1970, S. 265) kommt angesichts der Forderung nach Engagement für die Wissenschaftler zu dem zynischen Satz: »Für den Praktiker der Theorie ergibt sich daraus der Rat, angesichts kommender Wellen die Schwellen der Indifferenz höher zu mauern und entweder keine Manifeste zu unterschreiben oder alle.« Der Pragmatismus seiner Grundannahme, daß sich Wahrheit nicht auf ontologische Substanzen zurückführen läßt, fördert entgegen den Bemühungen dieses Ansatzes um größere Rationalität des Handelns den Dezisionismus. Schon der Wissenschaftler ist angesichts der Fülle der Handlungsalternativen der Äquivalenzmethode überfordert, und nicht alle funktionalen Äquivalente werden von den Handelnden, die im gesellschaftlichen Kontext ideologisches Vorverständnis entwickeln, auch als tatsächliche Äquivalente empfunden werden können. Erst recht ist jedoch der Praktiker überfordert, weil keinerlei Hilfestellung bei der Auswahl der Handlungsalternativen durch wertende Zielsetzung von dieser Art der Systemtheorie angestrebt wird und weil das Abstraktionsniveau der Bezugsprobleme und Äquivalente zu hoch ist, um eine Transformation in Entscheidungsmodelle zu ermöglichen (Schmid, 1970, S. 205).

Der größte Nutzen des Funktionalismus liegt nicht auf seiner höchsten Abstraktionsebene, wo er – ähnlich wie der Marxismus, mit dem er heute als einzige ernstzunehmende allgemeine Theorie der Gesellschaft konkurriert – eher irreführend wirkt. Dennoch wird heute niemand mehr die Notwendigkeit der Theoriebildung durch *incurable theorists* (wie Parsons sich selbst nannte) leugnen, ohne deren theoretische Bemühungen der empirische wie der eklektische Funktionalismus sehr bald zu einem bloßen System von Neologismen verflachen würde. Für den Funktionalismus gilt das gleiche wie für alle anderen Ansätze: Die Ergebnisse der Forschung sind nicht strikt determiniert von der Methode, und ihre Qualität steht nicht in adäquatem Kausalzusammenhang zu der Metatheorie, die eine Methode involviert.

Der Funktionalismus in der weitesten Form ist heute die einzige allgemeine Theorie, die ähnlich wie der Marxismus auf alle Fragen des sozialen Lebens eine Antwort zu geben versucht. Während der Marxismus jedoch (wie ontologisch fundierte Sozialtheorien häufig) vor allem nach Kausalitäten zwischen relativ allgemein definierten Phänomenen – im weitesten Sinne zwischen Basis und Überbau – forscht, sucht der Funktionalismus nur nach Systemzusammenhängen, funktionalen Äquivalenzen und Korrelationen, um der Komplexität sozialer Erscheinungen gerecht zu werden und die Fehler der alten – häufig monokausalen – Faktorentheorien des 19. Jahrhunderts und ihres Evolutionismus zu überwinden.

In der abstraktesten Form der Systemtheorie bei Luhmann ist der – im ganzen wenig ausgeführte – Funktionalismus eher eine Metatheorie der Gesellschaft als ein methodischer Ansatz, der zu operationalisierbaren Hypothesen führen kann. Es ist daher kein Zufall, daß in der Habermas-Luhmann-Debatte (1971) sich die beiden allgemeinsten Ansätze zu einer Theorie der Gesellschaft zwar nicht einigen, aber doch immerhin sinnvoll auseinandersetzen konnten. Im Gegensatz zum »Positivismus-Streit« zwischen Albert und Habermas kam es zu einer unpolemischen Konfrontation, in der gewisse Begriffe dem Gesprächspartner vergeblich angesonnen wurden. Luhmann etwa versuchte den Diskursgedanken bei Habermas (vgl. Kap. I,2) systemtheoretisch nachzukonstruieren (Habermas/Luhmann, 1971, S. 316). Immerhin ließen sich jedoch bei einigen Grundbegriffen wie Interaktion, Sinn, Evolution, Legitimation wenigstens soweit Übereinstimmungen ausmachen, daß ein Gespräch überhaupt sinnvoll wurde.

Im ganzen ist die Bedeutung der Kontroverse um den Funktionalismus im Lichte der konkreten Forschung relativ gering. Nicht zu Unrecht hat Kingsley Davis (1959, S. 757ff.) in seiner »presidential address« vor der amerikanischen soziologischen Gesellschaft schon 1959 aufgefordert, den Funktionalismusstreit aufzugeben, da (1) die landläufigen Definitionen des Funktionalismus diesen nahezu identisch mit jeder soziologischen Analyse machten, (2) der Funktionalismus seine Verdienste im Kampf gegen reduktionistische Theorien und einen antitheoretischen Empirismus oder normativ-moralistische Ansätze gehabt, nun aber seine Funktion eingebüßt habe. Davis stellte fest, daß die Funktionalisten und Antifunktionalisten, die sich erbittert bekämpfen, in praxi häufig die gleiche Arbeitsweise wählen.

E. DURKHEIM: Les règles de la méthode sociologique. Paris, PUF, [11]1950
B. MALINOWSKI: Die Funktionstheorie der Kultur. In: Ders.: Dynamik des Kulturwandels. Wien, Humboldt Verlag, 1951
R. K. MERTON: Social Theory and Social Structure. Glencoe/Ill., Free Press, [2]1957
K. DAVIS: The Myth of Functional Analysis as a Special Method in Sociology and Anthropology. American Sociological Review, 1959, S. 757–772
C. HEMPEL: The Logic of Functional Analysis. In: L. GROSS (Hrsg.): Symposion on Sociological Theory. New York, Harper, 1959, wiederabgedruckt in: C. HEMPEL: Aspects of Scientific Explanation. New York, Free Press, 1965, S. 297–330
P. L. v. D. BERGHE: Dialectic and Functionalism. Toward a Theoretical Synthesis. American Sociological Review, 1963, S. 695–705
S. KELLER: Beyond the Ruling Class, New York, Random House, 1963
T. LOWI: Toward Functionalism in Political Science. APSR, 1963, S. 570–583
E. BANFIELD: Political Influence. Glencoe/Ill., Free Press, 1964
L. COSER: The Functions of Social Conflict. New York, Free Press, 1964
W. FLANIGAN / E. FOGELMAN: Functional Analysis. In: J. C. CHARLESWORTH (Hrsg.): Contemporary Political Analysis. New York, Free Press, 1967, S. 72–85
W. C. MITCHELL: The Sociological Analysis of Politics. The Theories of Talcott Parsons. Englewood Cliffs, Prentice Hall, 1967
G. C. HOMANS: Funktionalismus, Verhaltenstheorie und sozialer Wandel. In: W. ZAPF (Hrsg.): Theorien des sozialen Wandels. Köln, Kiepenheuer & Witsch, 1969, S. 95–107
N. LUHMANN: Soziologische Aufklärung. Opladen, Westdeutscher Verlag, 1970
J. HABERMAS / N. LUHMANN: Theorie der Gesellschaft oder Sozialtechnologie. Frankfurt, Suhrkamp, 1971
H. G. SCHÜTTE: Der empirische Gehalt des Funktionalismus. Meisenheim, Hain, 1971
G. SCHMID: Funktionsanalyse und politische Theorie. Funktionalismuskritik, Faktorenanalyse, Systemtheorie. Düsseldorf, Bertelsmann UV, 1974
M. LESSNOFF: Functionalism and Explanation in Social Science. In: Ders.: The Structure of Social Science. London, Allen & Unwin, [2]1976, S. 109–130
P. MARWEDEL: Funktionalismus und Herrschaft. Die Entwicklung eines Theoriekonzepts von Malinowski bis Luhmann. Köln, Pahl-Rugenstein, 1976
D. C. PHILLIPS: Holistic Thought in Social Science. Stanford UP, 1976, S. 80–112
U. WEIHE: Diskurs und Komplexität. Eine Auseinandersetzung mit dem Handlungsbezug der Gesellschaftslehren von Habermas und Luhmann. Stuttgart, Hochschulverlag, 1979

5. *Die vergleichende Methode*

Der Vergleich hat in der Politikwissenschaft eine größere Bedeutung erlangt als in anderen Sozialwissenschaften, seit die Staatslehre sich meist auf das nationale System zurückzog, die Soziologie sich weitgehend in Bindestrichsoziologien auflöste, die kaum noch ganze Gesellschaften empirisch anzugehen versuchte, und die Ökonomie allenfalls den Vergleich mathematisierter Modelle bevorzugte. Die Gefahr, die aus dieser großen Bedeutung resultiert, war jedoch die Verdinglichung zur Unterdisziplin »vergleichende Regierungslehre«, die im Lehrbetrieb vielfach sogar unkomparativ betriebene Auslandsstudien mitumfaßte. Die vergleichende Methode ist daher von dem Gegenstandsbereich zu trennen.

Vergleich als Methode hat nicht den gleichen systematischen Stellenwert wie die bisher beschriebenen vier Ansätze. Er schließt die vier Ansätze keineswegs aus. Ein Teil der *Institutionalisten* von James Bryce, Herman Finer bis zu Carl Joachim Friedrich waren immer vorwiegend am Vergleich interessiert. Die *Behavioristen* verstanden sich zum Teil auch als vergleichende Sozialwissenschaftler, falls sie nicht die Ansicht bevorzugten, daß der Vergleich nur ein schwacher Ersatz für statistische Methoden ist in Forschungslagen, die durch Knappheit der vergleichbaren Fälle gekennzeichnet ist (Smelser, 1973, S. 53). Die vergleichende und die statistische Methode erscheinen verwandt durch die Isolierung von Variablen und den Versuch, Verbindungen unter ihnen aufzuspüren. Soweit Behavioristen jedoch gegen Makrostudien mit Aggregaten skeptisch blieben und sich auf die Mikroebene beschränkten und vom Individuum oder kleinen Gruppen ausgingen (vgl. Eulau, 1977, S. 47), wurde auch der Vergleich nicht betont. Erst die Forschung, die sich auf ganze politische Kulturen richtete (vgl. Kap. III,4), hat dies geändert. Am stärksten wurde der Vergleich bei *Funktionalisten* von Durkheim bis Luhmann postuliert. Durkheim (1950, S. 137) verwahrte sich bereits dagegen, die vergleichende Soziologie zu einem Untergebiet der Soziologie zu machen. Der Vergleich war für ihn »die Soziologie selbst«. Luhmann (1970, S. 25,46) sah den

Vergleich ebenfalls nicht als spezielle Erkenntnismethode an. Im Unterschied zu älteren Ansätzen strebte er jedoch an, die ontologisch-normativen Bezugspunkte in Frage zu stellen und die stabilen – meist institutionellen – Vergleichsgesichtspunkte variabel zu machen. Ähnlichkeit galt ihm nicht wie in der Ontologie als Seinsgleichheit. Sein Interesse am Systemvergleich bestand gerade darin, Unähnliches als äquivalent auszuweisen. Seine Vergleiche der funktionalen Äquivalenz von demokratischen Vielparteiensystemen und sozialistischen Einparteiendiktaturen haben jedoch dank der Verpackung in abstrakte Deduktionen nicht den gleichen Protest hervorgerufen wie ähnliche Vergleiche bei den Linken in der Zeit pauschaler »Parlamentarismuskritik«.

Die stärksten Vorbehalte gegen eine vergleichende Methode kamen lange von den Politikwissenschaftlern, die der *historischen* Methode verpflichtet blieben. Der Historismus wirkte in seiner Konzentration auf einmalige Vorgänge lange nach. Vergleichende Typologien, wie sie Otto Hintze vorschlug, waren lange in der deutschen Geschichtswissenschaft verpönt. Von Troeltsch bis Wittram (1958) gab es in der Historik jedoch gelegentlich das Kompromißangebot, daß Vergleiche nützlich seien, solange sie ihren »methodisch und heuristischen Charakter« behielten. Vergleiche sind an bestimmte logische Voraussetzungen der Begriffsbildung gebunden. Verglichen werden können nur Erscheinungen, die weder völlig identisch noch total verschieden sind (Sartori, 1970, S. 1035). Die vergleichende Methode kennt kein einheitliches Verfahren. Mill (1959, S. 253 ff.) hatte in seiner Logik die *Konkordanzmethode* und die *Differenzmethode* unterschieden. Beide hatten die Schwäche, daß sie durch den Vergleich jeweils herausfinden wollten, in welchem Punkt zwei Erscheinungen übereinstimmen oder sich unterscheiden. Die Differenzmethode *(method of difference)* erschien Mill als eine Methode des »künstlichen Experiments«, während die Konkordanzmethode *(method of agreement)* ihn dort sinnvoll dünkte, wo Experimente nicht möglich sind. Diese Ansicht ist ein Beweis für den stillen Neid, mit dem die Positivisten des 19. Jahrhunderts auf die »exakten« Naturwissenschaften sahen. Der Vergleich wurde gleichsam als Surrogat für das Fehlen experimenteller Möglichkeiten in den Sozialwissenschaften gedacht.

Jeder Beitrag zur Methodendiskussion der vergleichenden Regierungslehre hat eine eigene Einteilung der wichtigsten Weisen des Vorgehens vorgenommen. Sie lassen sich in fünf Hauptgruppen zusammenfassen:

(1) der kausale Zusammenhang als Grundlage: die Isolierung einzelner Faktoren und ihre Klassifizierung als Variable und Konstante;

(2) Korrelationsanalysen;

(3) der geographische Faktor als Grundlage: das Studium einzelner Länder und die »Area Studies«;

(4) die differenzierende Klassifikation: Typenbildung;

(5) der funktionale Zusammenhang als Grundlage: die funktionale Systemtheorie (vgl. Kap. II,4).

Jede dieser fünf Arten des Vorgehens in der vergleichenden Politikwissenschaft ist mit der historischen oder »umgekehrt deduktiven Methode« in John Stuart Mills System der Logik vereinbar, denn keine geht einen der drei Irrwege, die Mill in den Sozialwissenschaften bekämpfte. Aber jede der fünf Methoden erstrebt eine andere Basis und einen verschiedenen Grad der Abstraktion: »Areas« und funktionalistisch interpretierte Systeme nehmen die höchste Abstraktionsstufe ein.

(1) Die *Suche nach kausalen Zusammenhängen* erscheint vielen noch heute als Inbegriff von Wissenschaft. Die Suche nach kausalen Zuordnungen hat in der Politikwissenschaft häufig dazu geführt, daß selbst die größten Kenner fremder Länder kaum wirklich verglichen, sondern an Hand eines fremden Landes einen politischen Prozeß als Konstante herausgriffen und seine Variablen aufzuzeigen versuchten. Dieser politische Prozeß wurde dann nicht selten rein diffusionistisch aufgefaßt. Von einem bestimmten Lande aus sah man eine Erscheinung – die »Konstante« – sich über die ganze zivilisierte Welt ausbreiten. Ein berühmtes Beispiel für solches Vorgehen ist Tocquevilles klassisches Werk über Amerika. Die straffe Ausrichtung seines Werkes auf eine Konstante, von der alle anderen Faktoren der Politik als abhängig angesehen wurden, hat schon damals den Widerspruch methodenbe-

wußter Sozialwissenschaftler herausgefordert. John Stuart Mill (Dissertations and Discussions. London, 1859, Bd. 2, S. 62), einer der größten Pioniere auf dem Gebiet der sozialwissenschaftlichen Methodologie, kam daher in einer Besprechung des Tocquevilleschen Werkes 1840 in der ›Edinburgh Review‹ zu dem Schluß: »Tocqueville then, has, at least apparently, confounded the effects of Democracy with the effects of Civilization. He has bound up in one abstract idea the whole of tendencies of modern commercial society, and given them one name – Democracy.« Bei allem Respekt, den Mill vor dem Werk im einzelnen hatte, lehnte er diese Heraussonderung einer falschen Konstante ab. Ein exemplarischer Vorgang in der Geschichte der Buchbesprechungen!

Alle Faktorentheorien des 19. Jahrhunderts haben den Vergleich von politischen Systemen auf diese Weise betrieben. Produktionsverhältnisse, Rassen, Räume, Bevölkerungsbewegungen, intellektuelle Entwicklung und andere Faktoren wurden als unabhängige Variablen zugrundegelegt und in einem als Einbahnstraße verstandenen Einflußprozeß beleuchtet. Es wurden sogar soziale Gesetze aufgestellt, um den äußersten Anforderungen des kausalistischen Denkens zu genügen. Das Studium anderer Länder war dabei nicht selten reiner Vorwand, um Konstante und Variable herausarbeiten zu können.

Die Herauslösung einzelner Faktoren und ihre Klassifikation als abhängige oder unabhängige Variable ist noch heute der gebräuchlichste Weg in der politikwissenschaftlichen Forschung. Der alte Universitätsbrauch, Dissertationen und Habilitationsarbeiten (die mehr als die Hälfte aller Spezialuntersuchungen von Regierungssystemen anderer Länder ausmachen) als »These« zu gestalten, begünstigt dieses Verfahren. Die Begrenzung auf überschaubare Forschungsfelder fördert diese Methode gleichfalls. Es gibt kaum ein Gutachten, das auf dieses Vorgehen verzichten kann. Um die Ergebnisse einer Untersuchung anwendbar erscheinen zu lassen, muß der Gutachter fast immer eine Wirkung von A auf B als C oder C-N unterstellen. Die simplifizierten Ergebnisse sind in der gutdotierten Fragestellung häufig schon vorgezeichnet. Es braucht kaum betont zu werden, daß die *self-fulfilling prophecy* auf diesem methodologischen Boden besonders gut gedeiht. Grundsätzlich ist dieses Vorgehen jedoch sinnvoll, solange nicht ein Faktor dazu ausersehen wird, ein ganzes kompliziertes Regierungssystem zu determinieren. Die kausale Methode kann sich nicht um eindeutige Aussagen mit dem Hinweis auf einen komplizierten Systemzusammenhang drükken. Zu ihrer Ehre muß jedoch gesagt werden, daß auch sie in den letzten Jahren sehr verfeinert worden ist. Anstelle eindeutiger Kausalbeziehung tritt immer mehr das Aufzeigen von alternativen Möglichkeiten, und darin berührt sich diese Methode bereits mit der funktionalen Methode im Ansatz und Ergebnis (vgl. Kap. II,4).

(2) *Korrelationsanalysen.* Die systematische vergleichende Politikwissenschaft hat verhältnismäßig selten mit den *Survey*-Methoden des Behaviorismus (vgl. Kap. II, 3) gearbeitet. Eines der bekanntesten Beispiele, die Analyse der politischen Kulturen von fünf Ländern auf zwei Kontinenten durch Almond und Verba (Civic Culture, 1963), zeigt das Dilemma dieses Ansatzes: Er verlangt ungewöhnlich hohen Einsatz an Mitteln und qualifizierten Interviewern, und mangels hinreichender Sprachkenntnisse ist vor allem Entwicklungsländerforschern, wie Lerner auf Grund seines Buchs über ›The Passing of Traditional Society‹ (1958), immer wieder vorgeworfen worden, daß selbst die Interviews, die der Arbeit zugrunde liegen, keineswegs amerikanischen Standards entsprächen.

Die vergleichende Methode hat sich daher häufig mit sogenannten *unobtrusive measures* beholfen (Merritt, 1970, S. 16f.), die sich auf das Studium von Verhalten politischer Akteure beschränken, die nicht wissen, daß sie beobachtet werden. Die drei wichtigsten Typen von Daten auf diesem Gebiet sind:

a) aggregierte Daten (Statistiken über demographische, wirtschaftliche, soziale und politische Ereignisse);
b) Daten quantitativer Inhaltsanalysen;
c) soziale Background-Daten von Politikern.

Während Inhaltsanalysen überwiegend im Bereich der internationalen Politik zur Interpretation von Drohungen angewandt wurden und soziale Background-Daten nur sehr vereinzelt in einer vergleichenden Elitenforschung, hat die Benutzung aggregierter Daten einen Zweig komparatistischer Forschung hervorgerufen, der zu den weitreichendsten Verallgemeinerungen kam, auf Grund seiner Fähigkeit, Korrelationen zwischen sehr unterschiedlichen Faktoren im sozialen System aufzuspüren.

Die einfachste Form der Arbeit mit aggregierten Daten ist die *bivariate analysis*, die das Verhältnis von nur zwei Variablen untersucht. Diese Form hat jedoch den Nachteil, daß ihre Ergebnisse durch den Einfluß intervenierender Variablen stark verzerrt werden. Wenn beispielsweise der Einfluß der ökonomischen Entwicklung auf die Zunahme von politischer Violenz untersucht wird, so tauchen dabei zwei Probleme auf:

a) Ist die Variable ökonomische Entwicklung korrekt mit dem Pro-Kopf-Einkommen umschrieben?

b) Welches ist der Einfluß intervenierender Variablen, die nicht direkt von der ökonomischen Entwicklung abhängen?

Die meisten komparativen Studien ziehen daher die *multivariate analysis* vor. Seymour M. Lipset in ›Political Man‹ (1959) war einer der ersten, der versuchte, den Demokratisierungsgrad von politischen Systemen mit ökonomischen, sozialen und Kommunikationsdaten zu vergleichen. Er stellte dabei fest (S. 58), daß vier Aspekte der ökonomischen Entwicklung (Industrialisierung, Urbanisierung, Reichtum und Erziehung) so eng miteinander verbunden sind, daß sie einen Hauptfaktor bilden, der dem politischen Korrelat »Demokratie« gegenübersteht. Aber schon bei einer relativ kleinen Anzahl von Ländern, die verglichen wurden, gab es immer wieder peinliche Abweichungen, etwa bei Lerners Untersuchung ›The Passing of Traditional Society‹ (1958), die vor allem den Urbanisierungsgrad stark unterstrich, weil andere Faktoren – wie die Alphabetenrate – davon abhängig erschienen. Dennoch erwies sich Ägypten als weniger modernisiert, obwohl es weit urbanisierter war als z. B. die Türkei. Lipset hingegen hat vor allem die Kommunikationsvariablen stark betont, ohne hinreichend zu beachten, daß die Zahl der Zeitungen, Rundfunkempfänger und Fernsehgeräte in einem Mobilisierungsregime, das diesen Sektor aus Propagandagründen stark fördert, nicht mit anderen Systemen verglichen werden kann, ohne daß man zu Fehlschlüssen über die Bedeutung solcher Kommunikationsfaktoren für die Demokratisierung des Landes gelangt. Obwohl seit der Zeit von Lipset die Zahl und das Verhältnis der berücksichtigten Variablen stark verfeinert wurden, haben vergleichende Untersuchungen, die nicht wie Lipset den Ehrgeiz besaßen, von der inneren Struktur her ziemlich unvergleichbare Systeme wie lateinamerikanische Diktaturen, westeuropäische Demokratien und sozialistische Systeme in ein Schema zu pressen, immer wieder zu schweren Fehlkalkulationen geführt. Eine Stabilitätsberechnung von Duff und McCamant (1968) hat sich bei 20 untersuchten lateinamerikanischen Systemen gerade in bezug auf die Prognose für die zwei Länder, die den stärksten Modernisierungsimpuls der letzten Jahre empfingen, Chile und Peru, offensichtlich verrechnet. Die Autoren können sich allenfalls damit trösten, daß die richtige Voraussage in den anderen Fällen noch immer eine gewisse statistische Relevanz hat.

In diesem Punkt scheint die Lateinamerikaforschung noch relativ günstige Bedingungen für quantifizierende Vergleiche zu bieten, da sie es mit etwa 20 vergleichbaren Fällen zu tun hat. In der Regel aber stehen viele Variablen einer kleinen Zahl von Fällen gegenüber, so daß die Ergebnisse der Systemvergleiche keine statistische Relevanz erlangen können. Der qualitative Vergleich wird daher auf makropolitologischer Ebene nie ganz überflüssig werden. Während die genetische Methode mit einer Darstellungsweise, die durch die Abfolge von Zitat-Illustration-Konklusion (J. Galtung) gekennzeichnet ist, dazu neigt, jeden abweichenden Fall zur Falsifizierung generalisierender Hypothesen zu benutzen, ist ein *deviant case*, der bei Vergleichen aggregierter Daten auftaucht, kein Grund, die gesamte Hypothese in Frage zu stellen. Abweichende Fälle schaffen nur die Notwendigkeit, nach einer intervenierenden Variablen zu suchen, die solche Abweichungen von der allgemeinen Regel erklärt, und die Gültigkeit der Theorie einzuschränken (vgl. Lijphart, 1971, S. 685). Die vergleichende Methode bewahrt daher die Politikwissenschaft davor, daß der Falsifikationismus als Ethos neopositivistischer Wissenschaftler von individualisierenden Betrachtungsweisen mißbraucht wird, um alle Theoriebildung durch den Nachweis abweichender Fälle im Keim zu ersticken (vgl. Kap. I,1).

Den Makel mangelnder statistischer Relevanz auf Grund der kleinen Zahl der vergleichbaren Fälle versucht die Komparatistik heute vor allem durch die Wahl kleinerer Einheiten (regionale oder funktionale Subsysteme von politischen Systemen) zu tilgen.

Die wichtigsten Gefahren des Umgangs mit aggregierten Daten sind:

a) die Verführung zu *rein makropolitologischen Erwägungen* und Vernachlässigung kleinerer Einheiten (Scheuch, in: Merritt/Rokkan, 1966, S. 133);

b) die Verführung zum *nationalen Bias bei der Benutzung der Statistiken*, welche immer davon ausgehen, daß die Nation die geeignetste Einheit des Vergleichs ist; dies ist für Entwicklungsländer häufig unzutreffend und selbst in Europa problematisch, z. B. wird Süditalien besser mit anderen europäischen Randzonen verglichen als in der nationalen Einheit mit Spanien konfrontiert;

c) die *Vernachlässigung genuin politischer Variablen*, da Zensusdaten und ökonomische Daten, kurzum relativ unpolitische Daten auch in Ländern erhältlich sind, die nicht gern Einblicke in ihre politischen Daten zulassen.

Duff und McCamant (1968) haben Systemstabilität mit einer relativ vielschichtigen Formel zu messen versucht: soziale Wohlfahrt minus soziale Mobilisierung (× 1), ökonomisches Wachstum (× 2), Extraktionskapazität gemessen am Prozentsatz des Bruttoinlandprodukts, der in Steuern erhoben wurde, plus »ausländische grants« (× 3) und distributive Kapazität des Systems gemessen am Prozentsatz des Bruttoinlandprodukts, der für die öffentliche Erziehung ausgegeben wird (× 4). Sie kamen dabei zu der Formel:

$$\text{Systemstabilität} = \frac{4 \times 1 + 2 \times 2 + 3 \times 3 + 3 \times 4}{12}$$

In dieser Formel waren eine Reihe von politisch relevanten Variablen integriert, wie ausländische Hilfen, distributive Qualitäten des Systems und Mobilisierungsgrad, aber gleichwohl fehlt es bisher an verläßlichen Tests der wichtigsten politischen Variablen in ihrem Verhältnis zu wirtschaftlichen und sozialen Daten. Dies um so mehr, als in einigen Systemen für *cross-national-research*-Zwecke die nötigen Daten kaum zu beschaffen sind (z. B. Mobilisierungsgrad) oder die Intensität der Partizipation durch Survey-Methoden nicht zusätzlich getestet werden kann (z. B. in sozialistischen Systemen).

d) Selbst wenn die Daten über Strukturen und ihre manifesten Funktionen in politischen Systemen verläßlich ermittelt werden können, stößt die *Interpretation der latenten Funktionen* (besonders in Diktaturen) auf Schwierigkeiten, da Statusunterschiede, Verhaltensinterdependenzen, Anomie, soziale Klassen sehr anders als in pluralistischen Demokratien bewertet werden müssen. Selbst in den offen zu Tage liegenden Daten lauern ständig Fehlerquellen, etwa wenn man die Extraktionskapazität vergleichen will und die Steuern ermitteln muß, die in sozialistischen Systemen zum Teil in den Preisen verborgen liegen, oder den Anteil von Militärausgaben in nationalen Budgets sucht, die sich unter Umständen in den Forschungs- und Ausbildungsetats verbergen.

e) Eine letzte Gefahr stellt die *mathematisierende Pseudoexaktheit* dar, die manchen politikwissenschaftlichen Korrelationsanalysen eignet, solange die Begriffs- und Typenbildung noch vernachlässigt erscheint und die Quantifizierung zu einem »Potpourri von disparaten, nicht kumulativen und im ganzen irreführenden Morast von Information« führt (Sartori, 1970, S. 1039). Jede Quantifizierung geht aus von einem qualitativen Räsonnement über die Größen, die der Messung zugrunde gelegt werden, und ein Mißbrauch der Mathematik ist möglich, wenn man durch mathematische Formulierungen eine Präzision vortäuscht, ohne durch eine operationale Definition der betreffenden Begriffe die Aussagen in der Realität verankert zu haben. Als Beispiel für solche Fehler nennt H. Albert in der Ökonomie etwa die kardinalistische Nutzentheorie (Handbuch der empirischen Sozialforschung, 1967, S. 42).

Die Warnung vor diesen fünf Gefahren darf jedoch nicht dem grundsätzlichen Antimathematismus der Normativisten Vorschub leisten, die den Unterschied von Quantität und Qualität zu einem ontologischen aufbauschen. Die Quantifizierbarkeit mit der Frage nach dem »mehr oder weniger« kann jedoch qualitative Vorklärungen, die mit den minder exakten Mitteln sprachlicher Kommunikation in der Frage »Was ist?« vorlieb nehmen müssen, nicht völlig überflüssig machen. Andererseits ist die Chance, sehr komplexe Sachverhalte relativ übersichtlich und einfach auszudrücken, auch auf qualitative Probleme anwendbar. Daher hat der Vergleich auf der Grundlage aggregierter Daten in der Politikwissenschaft eine vielversprechende Zukunft und wird mit dem Ausbau eines weltweiten *social bookkeeping* und der wachsenden Kumulierbarkeit der Daten, welche die Datenarchive, die Publikationen der internationalen Organisationen und nationalen statistischen Ämter liefern, das Stadium mathematisierender Pseudoexaktheit wieder verlassen, in dem sich dieser Zweig der vergleichenden Regierungslehre heute zum Teil noch befindet. Kein Gebiet der Politikwissenschaft erscheint jedoch so abhängig von einer internationalen Forschungsorganisation freier Staaten, die ihre Anstrengungen nicht auf Verschleierung, sondern auf Offenlegung ihrer Daten konzentrieren. Dieser Forschungszweig wird gleichwohl nie der einzige im Rahmen der Politikwissenschaft werden, da Korrelationen Erscheinungen nicht erklären, sondern selbst der Erklärung bedürfen und weder die Verläßlichkeit noch die prädiktive Kraft besitzen, die Grundlage der Theoriebildung in den Sozialwissenschaften sein muß.

(3) *Der geographische Faktor als Grundlage: das Studium der einzelnen Länder und die »Area Studies«.* Die bloße Deskription der Institutionen anderer Länder ist keine ernstzunehmende methodische Position mehr. Keines der guten Bücher über ausländische Systeme des 19. und 20. Jahrhunderts begnügte sich mit bloßer Beschreibung, obwohl es auch vorkam,

daß hervorragende Gelehrte rein beschreibende und katalogisierende Bücher publizierten. Aber auch die Einzelländerstudien wurden methodisch verfeinert. Mit Recht hat Sidney Verba (1967, S. 114) als Mittelweg zwischen rein singularisierender Deskription und einem allzu schematischen Vergleich, der nur noch einige formale Ähnlichkeiten zwischen politischen Systemen herauspräpariert, die *disziplinierte konfigurative Analyse* empfohlen. Nach diesem Approach sind die Erklärungen zwar auf spezielle Fälle zugeschnitten, müssen aber für alle Vergleichsobjekte denselben Schnittmustern folgen.

Die ersten Förderer des vergleichenden Studiums von Herrschaftssystemen waren reisende politische Schriftsteller mit wissenschaftlichen Fragestellungen. Meist gingen sie mit einer bestimmten Absicht an das Studium des fremden Landes heran. Bücher, die das nicht taten, lebten lediglich vom Informationsgefälle zwischen Sprach- und Landesgrenzen. Die methodische Absicht war meistens von dem Motiv »Anklage« oder »Rechtfertigung« geleitet. Ein fremdes Land sollte als Vorbild hingestellt werden. Kein Wunder, daß viele Russen die Äußerungen des reisenden westfälischen Barons von Haxthausen über ihr soziales und politisches System jahrzehntelang dogmatisierten oder daß die Forschungen von Gierke und Gneist von vielen englischen Verfassungshistorikern teilweise auch mit ihren Irrtümern übernommen wurden, so wie Generationen britischer Gelehrter vorher einige Ansichten reisender Franzosen leichtgläubig rezipiert hatten.

Die Anklage als Stimulus für vergleichende Studien hatte zwei Formen. Einmal wurde ein fremdes Land als Ausgangspunkt eines Übelstandes bloßgestellt, der sich über alle Länder auszubreiten drohte. Hierher gehörte Tocquevilles Warnung vor dem amerikanischen Demokratisierungsprozeß oder Ostrogorskis Kampfansage an die angelsächsischen Parteimaschinen. Dieser Art waren auch die zahlreichen Vergleiche Deutschlands mit England, die die Vorzüge des »deutschen konstitutionellen Systems« herausstreichen wollten.

Das 19. Jahrhundert klassifizierte nicht nur die Entwicklungsstufen als Voraussetzung für sinnvolle Vergleiche, sondern faßte auch größere geographische Einheiten zu einem

Forschungsprojekt zusammen. Die moderne Form dieser Bemühungen, die inzwischen die Schlacken älterer Kulturtraum-Ideologien abgeschüttelt haben, sind die *Area Studies*. In Deutschland stecken sie noch in bescheidenen Anfängen. Man begann die räumliche Spezialisierung in Osteuropa-Instituten und wandte sich erst zögernd anderen Räumen zu. In Amerika entstand unter dem Eindruck des Zweiten Weltkrieges und durch die weltweiten politischen Verpflichtungen, die dieser Krieg den Amerikanern auferlegte, eine wahre Begeisterung für Area Studies. Nicht wenige Universitätspolitiker hätten am liebsten die traditionelle Department-Einteilung der Universitäten aufgelöst und eine Reihe von ganzheitlich forschenden Area-Departments an ihre Stelle treten lassen. Die räumlich-kulturelle Grundlage drohte eine Zeitlang Hauptausgangspunkt für Comparative Politics zu werden.

Allein bereits das Abstecken von politisch-sozial-geographischen Einheiten bereitete Schwierigkeiten. Bildet der Ostblock wirklich eine erforschbare Einheit auf allen Gebieten? Es ist sicher kein Zufall, daß der außerrussische Raum in Osteuropa-Instituten ständig vernachlässigt wird. Ein Südasien-Institut läßt sich nur aus Gründen der Wissenschaftsorganisation rechtfertigen. Methodisch gesehen bildet Südasien keine »area«. Eine soziale und politische Einheit von Pakistan bis Burma, die den südasiatischen Raum von anderen klar abgrenzte, gibt es nicht, es sei denn, man isoliert die gemeinsame Vergangenheit eines vorwiegend britischen Einflusses als das Kriterium, das noch heute die Politik dieser Länder determiniert.

Lassen sich geographische, historische, ökonomische und kulturelle Einheiten zusammenfassen, wie gelegentlich empfohlen? Am Begriff »Deutschland« läßt sich die Schwierigkeit demonstrieren. Literaturwissenschaftler können noch immer von einer Einheit des deutschsprachigen Kulturraums ausgehen, Wirtschaftswissenschaftler können das kaum noch. In manchen Punkten stehen sich die Bundesrepublik und Österreich näher als die beiden deutschen Staaten. In politischer Hinsicht gehören diese sogar ganz verschiedenen »Areas« an. Es bleibt also das Dilemma, entweder widersprüchliche Begriffe von »Area« zu dulden, oder aber die faktische Unmöglichkeit, den ganzheitlichen Ansatz der vergleichenden Area-Methode in allen Bereichen durchzuführen. Lateinamerika kann vielleicht noch als eine »Area« mit relativer Homogenität behandelt werden, in Afrika, Asien und Europa müssen die Areas ständig neu definiert werden, wenn die Forschung nicht von einer verknöcherten Institutsorganisation mit Betriebsblindheit geschlagen werden soll. Es ist daher kein Zufall, daß einige der größten Spezialisten der Sowjetstudien – der entwickeltsten Area-Forschung in Amerika –, Forscher wie C. A. Black, Fainsod, Inkeles oder Brzezinski, aus dem Getto ihrer »Area« herausdrängten und weltweite Entwicklungsländerstudien betrieben. Von einem übertriebenen Eifer für die Area Studies drohte die Gefahr eines neuen Parochialismus. Der Diffusionismus vergangener Jahrzehnte, der das britische Modell stillschweigend für alle politikwissenschaftliche Forschung zugrunde legte, droht heute ins Gegenteil umzuschlagen. Die Forschung gräbt sich in den Stützpunkten geographisch-sozialer Einheiten ein und übertreibt nicht selten die Unvergleichbarkeit der Politik der verschiedenen Areas.

Es soll natürlich nicht geleugnet werden, daß jede »Area« andersartige Methoden erfordert. Das gilt besonders für das Studium der Entwicklungsländer. Almond (1960, S. 1) sah die Besonderheit des Entwicklungsländerstudiums in einem Überwiegen der sogenannten *input functions* (politische Rekrutierung, Interessenartikulation, Interessenaggregation und politische Kommunikation) im Gegensatz zu den *output functions* (rule making, rule application, rule adjudication als Neubenennung für die drei Gewalten), die das Studium westlicher Repräsentativverfassungen beherrschen. Trotz dieser Unterschiede darf die politische Theorie sich nicht allzu eng spezialisieren und ihre Begriffe nur noch an den Gegebenheiten einzelner Areas ausrichten. Es zeigt sich, daß Forscher, die in mehreren Areas zu Hause sind, am fruchtbarsten für die Methodendiskussion in der verleichenden Regierungslehre gewesen sind.

(4) *Die differenzierende Klassifikation: Typenbildung.* Nicht wenige Typologien geben sich als Theorien aus; zu Unrecht, obwohl taxonomische Arbeit ein Teil der theoretischen Arbeit ist. Politische Theorien sind Systeme von inhaltlichen Aussagen über politische Realität, Taxonomien dagegen beziehen sich überwiegend auf bestimmte formale Kriterien der Fülle politischer Erscheinungen, die geordnet werden müssen, ehe sich brauchbare Hypothesen über den Ausschnitt politischer Wirklichkeit formulieren lassen, den der Politikwissenschaftler erforschen will.

Wie der Bereich der Hypothesenbildung überhaupt, ist auch der der Typenbildung bis heute in einem recht archaischen Zustand geblieben, und bis heute ist die Frage nach dem Nutzen von Typologien nicht entschieden.

Der alte Streit der Historisten und der typologisch arbeitenden Positivisten über *uniqueness versus comparability* wird nicht nur in der deutschen, sondern auch in der angelsächsischen Literatur noch immer sehr ernst genommen. Das Problem ist nicht allein den Sozialwissenschaften eigen. Alle Wissenschaften, die einen historischen Stoff unter allgemeinen strukturellen Gesichtspunkten untersuchen, neigen zur typologischen Methode.

Die Wissenschaftler, die differenzierende Methoden nicht mehr als »vergleichend« anerkennen, werden bei der Typenbildung besondere Bedenken haben, sie zur komparativen Methode zu rechnen. Die Typen, die Weber und Troeltsch in den Sozialwissenschaften bildeten, waren durchaus auf dem Boden des historischen Einmaligkeitserlebnisses gewachsen. Sie waren »individuelle Totalitäten«, den individualisierenden Vergleichen noch eng verwandt. Die als Steigerung gedachten Elemente eines Idealtypus dienten der Herausarbeitung des Besonderen. Die Theorie der politischen Systeme verdient ihren Namen nicht immer; häufig verbirgt sich hinter dieser Bezeichnung nur eine Typologie. Nicht selten werden »Typ« und »System« nahezu synonym gebraucht. Typ und System haben gemeinsam, daß sie als strukturiertes Ganzes aufgefaßt werden. Typen sind begrenzter und Gebilde niederer Abstraktionsstufe als Systeme.

Der engere Typenbegriff hat wesentlich mehr vom traditionellen Gleichheitsdenken und seiner »Art- und Gattungslogik« bewahrt. Er erlaubt es weit weniger als der Systembegriff, Dysfunktionen und mitinstitutionalisierte Gegensätze zu berücksichtigen. Typen sind keineswegs – wie manchmal angenommen wurde – auf strukturelle Probleme allein anwendbar. Allgemein ist heute die Tendenz, über die institutionellen Modelle und Typen hinauszukommen: Nationen, Regierungen und Märkte werden ergänzt durch Modelle von politischen Situationen und sozialen Bewegungen. Die dynamische Auffassung von Comparative Politics hat sich auch hier durchgesetzt. Typenbildung im Bereich dynamischer Vorgänge ist dem Historiker jedoch stets verdächtig. Verlaufstypen – wie sie etwa Brinton in seiner ›Anatomie der Revolution‹ aufstellte – sind den Historikern noch weit suspekter als Typen statischer und struktureller Natur. Diese Abneigung teilen alle Wissenschaftler, die ihre Aufgabe vornehmlich darin sehen, individuelle Kausalketten aufzustellen.

Die deutschen Sozialwissenschaften haben mit der Diskussion um den »Idealtypus« eine den meisten anderen Völkern nahezu unverständliche Problematik hochgespielt, die hier nicht noch einmel repetiert werden soll. Es ist jedoch bemerkenswert, daß Weber (Ges. Aufsätze zur Wissenschaftslehre. Tübingen, Mohr, ²1951, S. 194) selbst beim Idealtypus, der ein individuelles Sein kennzeichnen sollte, nur die Bedeutung eines »rein idealen Grenzbegriffes« mit seinem »empirischen Gehalt« betonte. Dennoch ist der Idealtypus in der praktischen Forschung zu mehr geworden im Rahmen der vergleichenden Methode, allerdings unter Aufgabe wesentlicher Eigenschaften, die er bei Weber hatte. Otto Hintze bezeichnete selbst die Untertypen ständischer Verfassungen – das Zweikammer- oder das Dreikuriensystem – als »Idealtypen«. Ein Zweikammersystem ist im Vergleich zu den wesentlich abstrakteren und vielschichtigeren Gebilden wie der »Stadt« oder dem »Kapitalismus«, die Weber »Idealtypen« nannte, ein eindeutig aus der Empirie herzuleitendes Phänomen. Ein Vergleich des rein idealen Grenzbegriffes mit seinem empirischen Gehalt ist hier ziemlich überflüssig. Das Zweikammersystem dürfte auch schwerlich als »Steigerung« gedachte Merkmale enthalten. Solche Typen könnte man ebensogut Real- oder Durchschnittstypen nennen. »Idealtypen« untereinander sind schwer vergleichbar; Typen der niederen Abstraktionsstufe – wie sie Hintze anwandte – gehören zum täglichen Handwerkszeug des vergleichenden Wissenschaftlers. Nur der Hintzesche Oberbegriff der repräsentativen Verfassung hatte etwas mit Webers Idealtypus gemeinsam, da die abendländische Singularität der Repräsentativverfassung in dem Begriff herausgestellt werden sollte. Im Gegensatz zur Systemforschung ist die Typenbildung stärker an der Verschiedenheit der Erscheinungen orientiert. Ein Typus ist fast immer an einem Gegentypus orientiert.

Eine Klassifizierung aller möglichen Typen in der Politikwissenschaft ist nicht durchzuführen. Nicht einmal in dem ältesten Zweig der politologischen Typenlehre, der es mit relativ grobmaschigen Begriffen zu tun hatte, wie der Herrschaftsformenlehre, hat sich eine Totalklassifikation aller Typen – wie in der Biologie oder Chemie – als sinnvoll erwiesen. Carl J. Friedrich (Politik als Prozeß der Gemeinschaftsbildung. Köln/Opladen, Westdeutscher Verlag, 1970, S. 57) ist einer der letzten, der dies in seinen 13 Typen von der Anarchie bis zur totalitären Diktatur versuchte, aber auch seine Klassifikation hat den Nachteil, daß die einzelnen Teile der Typologie nicht nach einem einheitlichen logischen Merkmal ausgewählt wurden. Typen, die durch das Ausmaß sozialer Kontrolle definiert werden (wie die totalitäre Diktatur), standen neben bloß institutionellen Varianten repräsentativer Regierung wie der Präsidialregierung.

Eine Art Linnéscher Klassifikationswut, wie sie ein Teil der formalen Soziologie – etwa bei Leopold von Wiese oder Georges Gurvitch – durchlaufen hatte, war in der Politikwissenschaft seltener. Die meisten Typologien waren partieller. Den umfassendsten Versuch einer Klassifikation sämtlicher Herrschaftsformen unternahm Erich Küchenhoff (Möglichkeiten und Grenzen begrifflicher Klarheit in der Staatsformenlehre. Berlin, Duncker & Humblot, 1967), dessen Klassifikation der Staatsformen jedoch so komplizierte Neologismen enthält, daß keine Hoffnung besteht, daß sie von der Wissenschaft oder gar vom täglichen Sprachgebrauch rezipiert werden. Eine Hauptschwierigkeit der politikwissenschaftlichen Typenbildung ist es, daß sich in der Umgangssprache eine Fülle unscharfer Begriffe festgesetzt haben, die auch durch präzise Fassung nicht einmal aus der Wissenschaft ohne allzu puristische Anstrengungen wieder ausgetrieben werden können. Ein Beispiel ist die unscharfe Verwendung des Wortes Präsidialregierung für ein präsidentiell-dualistisches System wie die USA und ebenso für parlamentarische Systeme mit volksgewählter Exekutive nach Art der Weimarer Republik oder der französischen Fünften Republik.

Gegenüber den unscharfen und überscharfen Typologien wird der primär an Sachfragen interessierte Empiriker eine nominalistische Haltung einnehmen müssen, um nicht allzuviel Zeit mit dem Kampf gegen terminologische Windmühlenflügel zu verlieren. Es gibt aber bei der Typenbildung eine weitere Gefahr, daß die Laxheit der Begriffsbildung sich in der bloßen Variation einiger altetablierter Typenreihen erschöpft. Während die Systemtheorie – wie noch zu zeigen sein wird – häufig in geometrische Ordnungszwänge verfällt, droht die Typenbildung arithmetischen Ordnungszwängen zu erliegen. Die zwingende Kraft von Trinitätsvorstellungen ist bereits mehrfach untersucht worden. Kaum eine Typenreihe geht über drei Elemente hinaus. Vier oder fünf Glieder tauchen zwar auf, häufig lassen sich jedoch einzelne von ihnen auf die Grundzahl drei zurückführen, wie etwa die drei Formen der Ausbeutergesellschaft im historischen Materialismus.

Die Typen werden in der Praxis fungibel. Die Neuschaffung von Typen ist zuweilen nicht mehr als ein Anlegen von Steinen wie im Dominospiel, wie ein Blick in die nachstehende Tabelle beweist. Dabei werden Typen, die als historische Abfolge konzipiert waren, zu analytischen Typen umgeformt und umgekehrt. Je nach politischer Einstellung wird bei historischen Typologien das erste oder das zweite Glied für den wünschenswerten Zustand einer »guten Gesellschaft« gehalten. Das dritte Glied ist häufig nur eine Reprise eines versunkenen »guten Zustandes«, der im ersten Gesellschaftstyp einmal bestanden haben und durch eine Politik der Tat wiederhergestellt werden soll.

Typologien in den Sozialwissenschaften

Historische Typen

Comte	theologisches Stadium	metaphysisches Stadium	positives Stadium
Spencer		Kriegergesellschaft	Industriegesellschaft
Morgan	Wildheit	Barbarei	Zivilisation
Engels	Urgesellschaft	Ausbeuter-gesellschaft (Sklavenhalter-gesellschaft, Feudalismus, Kapitalismus)	sozialistische Gesellschaft
Maine		Status	Contract
Tönnies	Bund (Schmalenbach)	Gemeinschaft	Gesellschaft
Durkheim		mechanische Solidarität	organische Solidarität

Ahistorische Typen

Weber	charismatische Herrschaft	traditionale Herrschaft	rationale Herrschaft
Scheler	Erlösungswissen	Bildungswissen	Leistungswissen

Analogien in der Politik

Montesquieu	Despotie	Monarchie	Republik
Moderne Lehre von den politischen Systemen	totalitäre Diktatur	Entwicklungsländersysteme	repräsentative Demokratie
Bagehot (Elemente der Verfassung)		dignified parts	efficient parts
Weber (Parteitypen)	politische Sekte	Weltanschauungspartei	Patronagepartei
Ostrogorski (Parteitypen)		freie Ligen	disziplinierte Parteimaschinen

S. Neumann	Integrationspartei	Parteien der individuellen Repräsentation	
Duverger (Kleinste Partei-einheit)	Zelle, Miliz	Komitee	Sektion
Apter (Typen von Entwicklungsländerregimen)	mobilization-system	consocional model	modernizing autocracy
Almond (Stile der Interessenaggregation)	absolute-value oriented	traditionalistic styles	pragmatic bargaining style
Almond-Verba (Politische Kulturen)	subject political culture	parochial political culture	participant political culture

Nicht alle diese Analogien zu bekannten Typenreihen sind deshalb sinnlos, weil sie abhängig sind. Max Weber beispielsweise hatte selbst bereits institutionelle Organisationstypen gesucht, die den Typen legaler Herrschaft entsprechen. Duvergers Einteilung der kleinsten Einheit von Parteien ist stark von Weber abhängig, ist aber dennoch brauchbar. Es gibt jedoch auch Fälle, die äußerst künstliche Ergebnisse zeigten, etwa als Schmalenbach versuchte, das Gegensatzpaar Gemeinschaft und Gesellschaft, das Tönnies aufgestellt hatte, im Sinne der Weberschen Einteilung der Typen legitimer Herrschaft zu vervollständigen, und die Kategorie des Bundes hinzufügte. Ein großer Teil dieser Typenreihen hat keinen eigenständigen heuristischen Wert.

Dennoch ist die Typenbildung von nicht zu unterschätzender Bedeutung, und die meisten Typenreihen, die nicht an Zweier- oder Dreier-Gegenüberstellungen orientiert sind, laufen eine andere Gefahr, die der Forschung noch abträglicher ist, nämlich bloße Enumerationen oder »Checklists« zu werden (Sartori, 1970, S. 1036 ff.). Trotz der Verachtung mancher Empiriker, die auf quantifizierbare Erkenntnisse aus sind, für die taxonomischen Bemühungen der Theoriebildung, bleibt die Typenbildung neben der Begriffsbildung eine der wichtigsten Vorstufen zur quantifizierenden Forschung, da Quantifikation ohne operationalisierte Begriffe und Typen Konfusion und nicht Vermehrung des Kenntnisstandes schafft.

Die vergleichende Regierungslehre ist in den 60er Jahren die große Anregerin politischer Theorien geworden. Die Trennung von Theorie und *government* oder *comparative government*, die aus einem veralteten Curriculum überkommen ist, wird damit zunehmend sinnloser. Die Bildung empirischer Theorien ohne Vergleich ist unmöglich. Selbst abstrakte Spekulation ist meist noch durch Erfahrungen, die aus Vergleichen stammen, angereichert.

Die vergleichende Methode ist weniger als der behavioristische und mehr als der funktionale Ansatz überwiegend an gewisse Annahmen der analytischen Wissenschaftstheorie gebunden. Aber den meisten Komparatisten kann ein positivistisches Bias nachgesagt werden, da sie ihre Sollenssätze weit häufiger nach dem Vergleich dessen bilden, was in unterschiedlichen Systemen schon *ist*, als spekulativ aus einem metatheoretischen Vorgriff auf das, was *sein soll*, wie die meisten Normativisten und Dialektiker. Bis heute ist jedoch trotz einer überwiegend positivistischen Einstellung der Komparatisten, die allein zu einer liebenden Versenkung in die Details ausländischer Regierungssysteme führen kann – die dem auf totale Veränderung hinstrebenden Dialektiker fremd und sogar nutzlos vorkommt –, immer wieder ein normatives Element in den Vergleichen verborgen. Dies zeigt sich, obwohl die Verherrlichung eines normativ betrachteten Systems, das man gelegentlich in ein fernes Land projizierte, seltener geworden ist als in den politischen Theorien des 18. und 19. Jahrhundert. Dieses normative Element überwiegt vor allem in der Konfrontation mit der Zweiten und Dritten Welt, in den Konvergenz- und Modernisierungstheorien. Dennoch ist es der wichtigste Fortschritt des vergleichenden Ansatzes, daß nicht mehr nur westlich-demokratische Systeme, sondern auch ganz andere gesellschaftliche Alternativentwürfe der nicht anglo-europäischen Welt zunehmend in die Betrachtung miteinbezogen werden.

Die vergleichende Methode hat bei allen ihren Vorteilen für die Politikwissenschaft einige nicht zu übersehende Nachteile:

(1) Vergleiche treten oft *an die Stelle exakter Hypothesenbildung*, da die Fülle der Daten dazu verleitet, aus dem Material Hypothesen herauszudestillieren, statt Hypothesen an dieses Material heranzutragen und an ihm zu testen.

(2) Auch die *Theoriebildung* – sosehr sie immer von Vergleichen angeregt worden ist – kann bei detaillierter komparativer Forschung *leiden*, da der Drang groß ist, Typologien und Skalen statt den Nachweis von Kausalität anzubieten.

(3) Vergleiche *erschweren die Wertung* des praxisbezogenen Forschers. Nicht selten werden Verhältnisse in einem Lande mit dem Nachweis gerechtfertigt, daß sie in anderen Systemen »noch schlimmer« seien. Vor allem die Konvergenztheorie als neue Form der Komparatistik arbeitet in großem Maßstabe mit solchen Argumentationsfiguren. Der Pluralismus, zu dem eingefleischte Komparatisten nach der Versenkung in die Unterschiedlichkeit von Systemen neigen, kann sogar zu Wertindifferentismus führen und unter neuem Vorzeichen die Vorstellung fördern, daß jedes System »gleich nah zu Gott« sei.

Literatur

E. Durkheim: Les règles de la méthode sociologique. Paris, PUF, [11]1950

G. Heckscher: The Study of Comparative Government and Politics. London, Allen & Unwin, 1957

R. Wittram: Vergleich, Analogie, Typus. In: Ders.: Das Interesse an der Geschichte. Göttingen, Vandenhoeck & Ruprecht, 1958, S. 46–58

J. St. Mill: A System of Logic. London, Longman, Neudruck 1959, Buch III, Kap. 8

G. Almond: A Functional Approach to Comparative Politics. In: G. Almond / J. S. Coleman (Hrsg.): The Politics of the Developing Areas. Princeton UP, 1960, S. 3–64

G. Almond / G. B. Powell: Comparative Politics. A Developmental Approach. Boston, Little Brown, 1966

R. L. Merritt / St. Rokkan (Hrsg.): Comparing Nations. The Use of Quantitative Data in Cross-National Research. New Haven, Yale UP, 1966

S. Verba: Some Dilemmas of Comparative Research. World Politics, 1967/68, S. 111–127

E. A. Duff / F. McCamant: Measuring Social and Political Requirements for System Stability in Latin America. APSR, 1968, S. 1125–1143

H. A. SCARROW: Comparative Analysis. An Introduction. New York, Harper & Row, 1969
R. T. HOLT / J. E. TURNER (Hrsg.): The Methodology of Comparative Research. New York, Free Press, 1970
N. LUHMANN: Soziologische Aufklärung. Köln/Opladen, Westdeutscher Verlag, 1970
R. L. MERRITT: Systematic Approaches to Comparative Politics. Chicago, Rand McNally, 1970
A. PRZEWORSKI / H. TEUNE: The Logic of Comparative Social Inquiry. New York, Wiley, 1970
G. SARTORI: Concept Misformation in Comparative Politics. APSR, 1970, S. 1033–1053
A. LIJPHART: Comparative Politics and the Comparative Method. APSR, 1971, S. 682–693
J. C. PIERCE / R. A. PRIDE: Cross-National Micro-Analysis. Procedures and Problems. Beverly Hills, Sage, 1972
G. K. ROBERTS: What is Comparative Politics? London, Macmillan, 1972
ST. ROKKAN: Vergleichende Sozialwissenschaft. Berlin, Ullstein, 1972
N. J. SMELSER: The Methodology of Comparative Analysis. In: D. P. WARWICK / S. OSHERSON (Hrsg.): Comparative Research Methods. Englewood Cliffs, Prentice Hall, 1973, S. 42–86
J. LA PALOMBARA: Politics within Nations. Englewood Cliffs, Prentice Hall, 1974
A. LIJPHART: The Comparable-Cases Strategy in Comparative Research. Comparative Political Studies, 1975, S. 158–177
TH. W. MECKSTROTH: ›Most Different Systems‹ and ›Most Similar Systems‹. A Study in the Logic of Comparative Inquiry. Comparative Political Studies, 1975, S. 132–157
H. EULAU: Multilevel Methods in Comparative Politics. American Behavioral Scientist, 1977/78, S. 39–62
G. BRUNNER: Vergleichende Regierungslehre, Paderborn, Schöningh, 1979, Bd.1
R. H. CHILCOTE: Theories of Comparative Politics. Boulder, Westview, 1981

III. Grundbegriffe der politischen Theorie

Nach den Metatheorien (Theorien über Theorien) und den methodischen Ansätzen könnte man den Stellenwert der Grundbegriffe der politischen Theorie mit den »Objekttheorien« in der Soziologie vergleichen, die in der Regel Grundbegriffe der Bindestrichsoziologien (wie Herrschaft, Familie, Recht) umfassen (K.-O. Hondrich: in: R. M. Lepsius [Hrsg.]: Zwischenbilanz der Soziologie. Stuttgart, Enke, 1976, S. 20).

Angesichts der metatheoretischen Kontroversen (Kap. I) und des Stimmengewirrs auf der Ebene methodischer Ansätze (Kap. II) ist kaum zu erwarten, daß in der Politikwissenschaft Einigkeit über die Grundbegriffe der politischen Theorie herrscht. Der ahistorisch orientierte Positivismus und speziell der Behaviorismus haben dazu geführt, daß der moderne Sprachgebrauch mehr und mehr von den historisch überlieferten Bedeutungsfeldern abgekoppelt wurde. Paradigma-Kriege führten zur Neuerungssucht auf vielen Seiten. G. Sartori (u. a.: Power of Babel: On the Definition and Analysis of Concepts in the Social Sciences. International Studies Association, 1975, S. 9) sprach von *»the frenzy of novitism«* oder der »Hyperthrophie der Innovation« in den modernen Sozialwissenschaften im Gegensatz zur traditionellen Wissenschaft, die in erster Linie Wissen vermitteln wollte. Gegen Sprachverwirrung und Krieg um Begriffe gab es zwei Reaktionen in der Politikwissenschaft. Einmal den Versuch der Normativisten und der Dialektiker, eine *Rekonstruktion* einer existierenden Theorie zu unternehmen. Bei den Normativisten war es die aristotelische Politik (Kap. I,1). Bei den Dialektikern bedeutete Rekonstruktion weniger ahistorisch, »daß man eine Theorie auseinandernimmt und in neuer Form wieder zusammensetzt«, und zwar eine Theorie, »die in mancher Hinsicht der Revision bedarf, deren Anregungspotential aber noch (immer) nicht ausgeschöpft ist« (J. Habermas: Zur Rekonstruktion des Historischen Materialismus. Frankfurt, Suhrkamp, 1976, S. 9).

Positivisten verschiedener Schattierungen haben solche Versuche immer für aussichtslos gehalten. Im Rahmen der »International Political Science Association« entstand daher seit 1970 eine Forschungsgruppe unter dem Namen »Committee on Conceptual and Terminological Analysis« (COCTA) unter der Leitung von Giovanni Sartori. In Anknüpfung an Wittgensteins Gegenüberstellung von der Offenheit der natürlichen Sprache im Vergleich zur Geschlossenheit der mathematischen Sprache wurden sozialwissenschaftliche Konzepte auf ihre Mehrdeutigkeit und Unbestimmtheit untersucht. Die Standardisierungsversuche der Gruppe blieben kaum weniger isoliert als die Rekonstruktionsversuche. Eine Auswahl von Grundbegriffen wird kaum auf Konsens unter allen Politologen warten können. Die Auswahl der Grundbegriffe in diesem Kapitel ist dennoch nicht reine Willkür. Es wurden vor allem solche ausgewählt, die vielfach dazu benutzt worden sind, um die Bewegungsgesetze in ganzen politischen Systemen zu analysieren. Wichtige Konzepte wurden dabei ausgeklammert, auf die dieses Kriterium zutrifft, wie die Theorie der Gerechtigkeit von John Rawls, die den Vertragsgedanken zeitgemäß neu interpretiert. Als weiteres Abgrenzungskriterium muß daher – rein pragmatisch – eingeführt werden, daß vor allem solche Konzepte behandelt werden müssen, die im Zentrum der empirischen Untersuchung von politischen Systemen stehen.

Unterhalb der wissenschaftstheoretischen Grundlagen und Metatheorien und der fünf Approaches wird die Forschung davon beeinflußt, welchen Begriff sie zur zentralen Kategorie erhebt. Dies ist jedoch abhängig davon, welchem der beiden Grundtypen theoretischer Modelle ein Ansatz zuzurechnen ist, den Ordnungs- oder Systemmodellen oder den Konfliktmodellen. Ordnungs- und Systemtheorien betonen in der Regel die Existenz eines gemeinsamen Interesses und deduzieren nicht selten von einem Begriff des Gemeinwohls (oder in der Außenpolitik des nationalen Interesses). Konflikttheoretiker hingegen betonen die Divergenz der Interessen in der Gesellschaft und halten die Konsensvorstellungen nur für Verschleierungen faktischer Machtverhältnisse. Systemmodelle sehen soziale Ungleichheit nicht selten als funktional notwendig zur Erhaltung der Gesellschaft an. Konflikttheoretiker (mit Ausnahme von einigen Elitentheorien) stellen sich häufig bewußt in den Dienst des Kampfes gegen soziale Ungleichheit.

Für die ältere Staatslehre und den institutionalistischen Ansatz war der *Staat* der meist nicht weiter befragte Grundbegriff. Für die stärker soziologisch und verhaltenswissenschaftlich orientierte Theorie war der Grundbegriff die *Macht* – etwa bei Max Weber. Beide Begriffe waren an einem Ordnungsmodell orientiert, und dieses erwies sich als zu simpel, um die wachsende Komplexität des gesellschaftlichen und politischen Lebens einfangen zu können, weshalb der Begriff des *politischen Systems* heute der wichtigste Ordnungsbegriff ist.

In der zweiten Hälfte des 19. Jahrhunderts wurde eine wechselnde Zahl politischer Theorien entwickelt, welche das harmonistische Bild eines Ordnungsmodells ablehnten und von Widersprüchen und Konflikten in der Gesellschaft ausgingen. Die Ordnungstheorien waren selten so starr, daß sie nicht ebenfalls Konfliktaspekte in sich aufnahmen: Staatstheorien in Form der Gewaltenteilung, Machttheorien in Form eines Gruppenkampfes um eine mehr oder weniger substantialisiert verstandene Macht und Systemtheorien wenigstens in Form von »Systemspannungen« und »Gleichgewichtsstörungen«. Nicht wenige maßen sogar den wichtigsten Konfliktbegriffen eine zentrale Bedeutung an, am häufigsten den Gruppen und Eliten, am seltensten den Klassen, aber dennoch blieb die Grundtendenz die Suche nach Gleichgewichtsmodellen. Im Gegensatz zu den Konfliktmodellen, die von partiellen Aggregaten der Gesellschaft ausgingen, konnten viele Ordnungsmodelle nur durch zusätzliche Ordnungsbegriffe operationalisiert werden: der Staatsbegriff durch konstitutionelle Gleichgewichtsmechanismen, die politische Kultur durch »Stile« oder »Attitüden«, die Demokratie durch subsidiäre Begriffe wie »Konsensus« und »Gleichheit«.

Integrations- und Ordnungsmodelle

1. Der Staat

Das Wort »Staat« wurde von der älteren Begriffsgeschichte – wie bei Ernst H. Kantorowicz (The King's Two Bodies. Princeton UP, 1957, S. 271) – meist auf den Begriff *status publicus* und auf Vorstellungen von Öffentlichkeit zurückgeführt. Neuere Forschungen – vor allem die von Wolfgang Mager (1968) – haben gezeigt, daß der Staatsbegriff sich aus mehreren Wurzeln entwickelte und vor allem die Erfahrungen der italienischen Kommunen und Signorien sowie der westeuropäischen Monarchien prägend wirkten. Zuerst tauchte der Begriff im Italienischen als *lo stato* auf. Auf Grund der aristotelisch-thomistischen Verfassungsklassifikation, in der »status« soviel wie *forma, species politiae* war oder der Status des Fürsten (*status principis, status regalis*) umrissen wurde, entwickelte sich der Staatsbegriff in dem Augenblick, als der Herrscher und die in seinem Status zusammengeschlossene öffentliche Gewalt voneinander getrennt wurden und das politische System sich aus dem sozialen System ausdifferenzierte sowie die verschiedenen Rollen der Herrscherpersönlichkeit erstmals getrennt wurden. Diese Differenzierung führte zu einer terminologischen Gleichsetzung von *status, communitas* und *res publica*, ohne daß diese älteren Begriffe deswegen mit dem modernen Staatsbegriff identifiziert werden könnten.

Staat und *societas civilis* begannen sich auseinanderzuentwickeln – die alte Einheit des mittelalterlichen Begriffes *civitas sive societas civilis* ging verloren und endete im 19. Jahrhundert mit der strikten Trennung von Staat und Gesellschaft, mit *government* und *civil society*. Beim späten Hegel war der Staat dazu ausersehen, als Klammer für die zentrifugalen Tendenzen der Gesellschaft zu dienen. Bei Marx wurde gerade diese überhöhte Rolle in der »Kritik des Hegelschen Staatsrechts« angegriffen.

Die bürgerliche Gesellschaft konnte jedoch den Staat nach Marx nur so lange zusammenhalten, als die bürgerliche Gesellschaft in Einklang mit dem Entwicklungsstand der Produktivkräfte stand – solange also der progressive Kampf der Bourgeoisie mit den feudalen Mächten dauerte. In dem Augenblick, wo das Proletariat als historische Klasse auf den Plan trat und der Bourgeoisie die Herrschaft streitig machte und die Widersprüche sich zuspitzten, konnte die bürgerliche Gesellschaft den Staat nicht mehr zusammenhalten. Politische Krisen zwangen die Bourgeoisie, den Staat – wider ihre eigentliche liberale Lehre – zum Integrationsinstrument zu überhöhen und sich notfalls der Diktatur anzuvertrauen – damals dem Bonapartismus, im 20. Jahrhundert dem Faschismus. Das Proletariat galt als berufen, die leblose Überbauhülse des Staates zu sprengen, die nicht mehr von einer lebensfähigen Klasse getragen wurde.

Der Staat wurde somit – als historisch vergängliche Kategorie – als Zentralbegriff politischer Überlegungen entthront und das Räsonnement in die dialektische Entwicklung von Klassen verlagert.

Die bürgerliche politische Theorie ging jedoch weiter vom Staatsbegriff als der zentralen Kategorie aus, obwohl es auch in ihr Strömungen gab, die gegen den Trend kämpften, politische Theorie in den Dienst einer Staatsmetaphysik zu stellen.

Zu den liberal-bürgerlichen Theorien, welche den Staat nur als formalen Rahmen oder als eine der denkbaren menschlichen Assoziationen ansahen, gehörte Gierkes Genossenschaftstheorie, die den Staat nur als eine, wenn auch die mächtigste menschliche Assoziation ansah und bestrebt war, die Autonomie der übrigen Assoziationen gegen die Machtausweitung des Staates in Schutz zu nehmen. Vor allem in England hatte diese Theorie Anhänger. Auch Maitlands Theorie einer Entwicklung »from status to contract«, die Ideen von Figgis bis hin zum Gildensozialismus und zu Laski lehnten den Staatsbegriff als Zentralbegriff ab.

Gegen die Staatsmystik, wie sie selbst in England durch Hegelianer wie Bosanquet und Green Mode wurde, erhoben sich liberale Theoretiker wie Herbert Spencer (1892) oder L. T. Hobhouse (1918), um den Mythos des Staates anzugreifen. Bei den Sprachanalytikern, die einen Teil aller Konflikte auf sprachliche Unklarheiten zurückführten, wie Theodore T.

Weldon (The Vocabulary of Politics. Harmondsworth, Penguin, 1953, 1960, S. 46ff.), figurierte auch der Staatsbegriff als eine jener unheilstiftenden Sprachverwirrungen, die sich eigentlich nicht definieren lassen.

Traditionellerweise wurde der Staat durch drei Elemente definiert: Staatsgebiet, Staatsvolk und Staatsgewalt. Um der DDR den Staatscharakter absprechen zu können, hat man in der BRD versucht, auch noch die Legitimation als viertes Kriterium hinzuzufügen, was sich aber kaum halten läßt, denn in den meisten Staaten der Geschichte hat ein größerer oder kleinerer Teil das bestehende System nicht als »legitim« betrachtet.

Können nun die drei Kriterien den Staat von anderen Assoziationen eindeutig unterscheiden? Um dies zuverlässig tun zu können, hat man eine Reihe von Unterscheidungen herausgestellt:

(1) Die *Mitgliedschaft* im Staat ist *obligatorisch*. Man kann nicht einfach austreten wie aus der Kirche oder einem Verein. – Schon Hobbes eröffnete aber die Möglichkeit der Emigration – und in unseren Tagen ist es häufiger zum Massenexodus gekommen –, und Weldon (a. a. O., S. 48) fügt noch die Möglichkeit des Selbstmords hinzu; beides kann aber wohl schwerlich als echte Alternative bewertet werden.

(2) In der Regel kann man nur *Mitglied in* einem *Staat sein*. – Einzelne Länder sind hier weniger kleinlich, und bei der Integration von Föderationen wird zunehmend Doppelmitgliedschaft möglich sein, schließlich wird sogar die Staatsbürgerschaft im engeren Sinne angesichts weitreichender Grundrechte der Freizügigkeit und der Partizipation aufhören müssen.

(3) Der Staat ist auf ein *bestimmtes Territorium* beschränkt. – Eine Reihe von Staaten beherrschen aber nicht mehr ihr ganzes Territorium, sind von anderen Mächten penetriert. Supermächte dagegen üben indirekte Kontrollen aus und beschränken sich nirgends auf ihr Territorium.

(4) Staaten *vermitteln* zwischen einer *Vielzahl von Interessen* und widmen sich der Förderung allgemeiner und nicht spezieller Interessen. – Auch das ist umstritten, selbst wenn man bür-

gerliche Regierungen nicht einfach als Marionetten des Großkapitals ansieht, dienen Staaten jedoch wechselnden Allianzen und dominierenden Interessen, die häufig sehr speziell sein können. (In der Schweiz verpflichtet sich der Staat sogar in der Verfassung, das Müllereigewerbe zu fördern und ähnliche höchst spezielle Interessen.)

(5) Der Staat ist im Gegensatz zu anderen Assoziationen eine *dauerhafte Einrichtung*. – In Deutschland und Frankreich sind etwa die Arbeitgeberverbände und die Gewerkschaften kontinuierlichere Existenzen als das politische System gewesen, darüber kann nur eine willkürliche Kontinuitäts- und Rechtsnachfolgedoktrin der Staaten hinwegtäuschen.

(6) Der Staat ist eine *notwendige Assoziation*, Menschen können nicht außerhalb des Staates leben, während sie leben können, ohne in anderen Assoziationen zu sein. – Es gab zu allen Zeiten Menschen, die gern außerhalb des Staates gelebt hätten, die Gemeinschaften und Kommunen ohne Beziehung zum Staat aufbauten und gegen ihren Willen immer wieder staatlicher Oberhoheit unterworfen wurden. An die Möglichkeit eines nichtstaatlichen Zustandes glauben noch heute weite Kreise, und selbst wer Herrschaft für nicht aufhebbar hält, könnte sich Herrschaft in nicht-staatlichen Formen, z. B. als funktionale Zuordnung zu unterschiedlichen Machtquellen, vorstellen.

(7) Der Staat hat nach der berühmten Definition von Max Weber das *Monopol legitimen physischen Zwanges* für die Durchführung der Ordnungen. – Diese Definition wird mehr und mehr obsolet angesichts der Rechtfertigung von Gewaltanwendung durch unterdrückte und bisher nicht konfliktfähige Interessen und die fließenden Übergänge zwischen struktureller Gewalt und Gegengewalt, die sich zum Teil nur in den Bahnen der Nötigung vollzieht.

(8) Der Staat hat die Kontrolle über alle anderen Assoziationen und ist *souverän*. – Der Staat wurde seit Bodin geradezu mit der Souveränität identifiziert. Angesichts der Aushöhlung der Souveränität von innen, durch dissentierende, sich zurückziehende oder gewaltsam rebellierende Minderheiten in allen Staaten, und angesichts der Aushöhlung von außen durch die Macht der Supermächte und die Souveränitätsver-

zichte zum Zwecke übernationaler Integration ist auch das Souveränitätskriterium immer weniger brauchbar, um Staaten von anderen Assoziationen abzugrenzen.

Systemtheoretiker wie Luhmann halten daher mit Recht den Staat für eine unbestimmte, analytisch wenig brauchbare Kategorie. In das theoretische Vakuum, das der Staatsbegriff hinterlassen hat, dringt der Begriff des politischen Systems ein. Die Versuche, den Staatsbegriff durch Umdeutung mit Begriffen der Kybernetik für die Sozialwissenschaften zu modernisieren (Lang, 1970), kamen bisher über Sprachspiele nicht hinaus.

Der Staatsbegriff ist im 20. Jahrhundert zum Schlüsselbegriff der konservativen politischen Theorien geworden. In der Schule Carl Schmitts, vor allem bei Ernst Forsthoff und Werner Weber, herrscht die Neigung vor, die Vergesellschaftungstendenz zu bekämpfen, die den Staat zum Juniorpartner mächtiger gesellschaftlicher Interessen degradiert und ihn unfähig werden läßt, notfalls durch autoritäre Setzung des Gemeinwohls und Regelung der Konflikte, die verschiedenen gesellschaftlichen Interessen in ihre Schranken zu weisen. Unüberhörbar klang eine Sehnsucht nach dem starken »Voll-Staat« mit, der mit der parlamentarisch-demokratischen Entwicklung der republikanischen Phase verlorengegangen zu sein scheint.

Forsthoff (1971, S. 159) schien sogar zu bedauern, daß die wirtschaftlich-sozialpolitische Legitimation des modernen Daseinsvorsorgestaates die älteren Garanten der Stabilität durch physische Repression zunehmend überflüssig gemacht habe: »Nachdem mit dem Ende des Staates auch das geistige Profil der Polizei dahin ist, fällt es ihr schwer, im politischen Alltag eine gute Figur zu machen, und man nimmt das hin.« Forsthoff verschwieg, wie die Polizei »gute Figur machen« kann, aber man überinterpretiert seine Worte wohl schwerlich, wenn er härteres Eingreifen in den Konflikten, die nicht trotz, sondern zum Teil gerade wegen steigender Erfolge des Staates in der Daseinsvorsorge aufbrechen, als »bessere Figur« werten würde.

In einem Punkt berühren sich die linke und die rechte Kritik des demokratischen Pluralismus kapitalistischer Staaten: Beide bedauern die Unfähigkeit kapitalistischer politischer Systeme, das *konkret Allgemeine* zu artikulieren und zu repräsentieren. Die Konservativen neigen jedoch im Gegensatz zur Neuen Linken dazu, dem Staat die Repräsentation des Konkret-Allgemeinen zuzubilligen. Sie knüpfen nicht selten – bei Forsthoff (1971, S. 21) expressis verbis – bewußt oder unbewußt an Hegels Definition in der Rechtsphilosophie (§ 258) an: »Der Staat ist die Wirklichkeit des substantiellen Willens, die er in dem zu seiner Allgemeinheit erhobenen besonderen Selbstbewußtsein hat, das an und für sich Vernünftige.«

In der Konzeption des Daseinsvorsorgestaates findet die alte Überhöhung des Staates in technokratischer Form mühelos ihren Anschluß an populäre Forderungen, wie sie von der Linken artikuliert wurden, von der psychischen Daseinsvorsorge bis zum Umweltschutz. Das Gegenmodell, das die Fähigkeit zur Artikulierung der allgemeinsten Interessen, die bisher vernachlässigt wurden, vornehmlich bei einer Avantgarde der künftigen Gesellschaft, der revolutionären Intelligenz oder den Gewerkschaften, liegen sieht, erscheint nicht minder elitär. Eine auf herrschaftsfreier Kommunikation und möglichst umfassender Partizipation aller organisierten Interessen und Subsysteme aufgebaute planmäßige Entwicklung hin zum Verantwortungsbewußtsein für das Konkret-Allgemeine ist jedoch ein Mittelweg, der die Alternative »Staat oder Gesellschaft« obsolet werden läßt.

Ein Neuansatz der Staatsdiskussion begann mit der Diffusion der Theorie des Staatsmonopolistischen Kapitalismus (vielfach als »Stamokap« abgekürzt) der Marxisten, die sich an Moskau orientierten, und den zahlreichen Antworten, die von »nichtrevisionistischen Linken« und Staatsinterventionismustheoretikern in der traditionellen Politikwissenschaft gegeben wurden. Es wurde beklagt, daß die bürgerliche Sozialwissenschaft den Staat zur »Naturform« erklärt habe, die nicht weiter diskutiert werden müsse. Staat erscheine ihr als »kontingenter organisatorischer Apparat, als ein leeres Gehäuse, so daß es nur darauf ankomme, seine technische Funktionsweise und die wechselnde politische Einflußnahme auf ihn zu beschreiben« (Hirsch, in: Braunmühl u. a., 1973, S. 199). Der Stamokap-Ansatz geht davon aus, daß im Spätkapitalismus die Krisen und die Zuspitzung wachsender Widersprüche nur dadurch gemeistert werden können, daß der Staatsapparat selbst als zentrale gesellschaftliche Organisation aus der Abstraktion des bloß »ideellen Gesamtkapitalisten«, von dem Engels gesprochen hatte, heraustritt und direkt Aufgaben im Prozeß der Kapitalverwertung übernimmt. Dabei wird nicht mehr unterstellt, daß der Staat grundsätzlich im Interesse der stärksten Monopole tätig wird. Einzelne Entscheidungen könnten sogar gegen deren erklärten Willen ausfallen. Der Staat muß gelegentlich sogar einzelne Profitinteressen beschneiden, um das Prinzip einer profitorientierten Wirtschaft erhalten zu können. Einige neomarxistische Kritiker bemängeln an diesem Ansatz, daß der Staat – ähnlich wie in bürgerlichen Theorien – instrumentalisiert werde. Der Klassenkampf als Grundprinzip des orthodoxen Marxismus-Leninismus verliert im Stamokap-Modell seine zentrale Bedeutung – durch Bündnisstrategien, die tendenziell alle »Werktätigen« umfassen und die den Klassenkampf auf die Sowjetunion hin relativieren. Das sozialistische Lager unter Führung der Sowjetunion übernimmt gleichsam die Rolle des Proletariats bei Marx.

Gegen diese Position wurden Staatstheorien entwickelt, die zum Teil ebenfalls von der Prämisse einer relativen Autonomie des Staates im spätkapitalistischen System ausgingen. Bei Offe (1972) wurde diese relative Autonomie gleichsam systemtheoretisch postuliert und die spezifischen Selektionsleistungen des Staatsapparates, die notwendig waren, um als kapitalistischer Staat zu fungieren, wurden klassifiziert. Bei einigen antirevisionistischen »Staatsableitern« resultierte die relative Selbständigkeit des Staates aus dem Kapitalverhältnis selbst als notwendiger Bedingung kapitalistischer Warenproduktion. Das gilt im Gegensatz zum Stamokap-Ansatz und zu den Spätkapitalismuskritikern der Frankfurter Schule auch schon für den Frühkapitalismus. Im Gegensatz zu den genannten Ansätzen sind antirevisionistische Kritiker jedoch noch kritischer gegenüber der begrenzten Steuerungsfähigkeit des Staates und halten es daher für eine gefährliche Illusion, den

Staat zum Adressaten von Druck zur Umverteilung zugunsten der Arbeiterklasse zu machen (sogenannte »Sozialstaatsillusion«, Müller/Neusüss, 1970).

Allen Ansätzen gemein ist die Skepsis, daß der Staat als Krisenmanager erfolgreich sein kann. Sie gehen davon aus, daß der Staatsapparat als Krisenmanager selbst gegenüber der Ökonomie in Widersprüche verstrickt wird. Unterschiedlich sind jedoch die zugrunde gelegten Krisenbegriffe: *Ökonomische Krisen* dominieren in der orthodoxen Theorie. *Politische Krisen* erscheinen anderen Staatstheorien wahrscheinlicher, da der Staat beim Ausgleich der Schwächen einer sich selbst blockierenden kapitalistischen Ökonomie durch die Logik seiner Steuerungsmittel gezwungen wird, immer mehr systemfremde Elemente zuzulassen (Offe, 1972, S. 27ff.).

Legitimations-, Rationalitäts- und Motivationskrisen hingegen scheinen für andere Staatstheoretiker bestandsgefährdender als jene nicht geleugneten Krisen, mit denen der spätkapitalistische Staat bisher noch überwiegend fertig wurde. Eine Motivationskrise entsteht dann, wenn das sozio-kulturelle System sich so verändert, daß sein Output für den Staat und für das System der gesellschaftlichen Arbeit dysfunktional wird. Entpolitisierung, Privatismus, Verschleiß traditioneller Überlieferungen und Ideologien, Erosion des vorbürgerlichen und bürgerlichen Normenbestandes, seiner Ethik, seiner Kunstauffassung und die psychologischen Regressionen, welche diese Prozesse bewirken, sind für einige kritische Theoretiker (vgl. Kap. I, 3) die eigentlich systembestandsgefährdenden Symptome (Habermas, 1973, S. 106ff.).

Die meisten neomarxistischen Staatsableitungsversuche setzen voraus, was sie abzuleiten vorgeben. Die Begriffe bleiben wenig operationalisiert. Soweit es zu einer Klassifikation der Staatsfunktionen kommt (vgl. Altvater, 1972), sind sie wie bei den Positivisten weitgehend deskriptiv und lehnen sich zum Teil an die herkömmliche Einteilung der In- und Outputfunktionen im Gewande einer marxistischen Terminologie an. Die Steuerungsunfähigkeit des Staates wird allzu einseitig unterstellt, da funktionale Äquivalente staatlicher Steuerung kaum miteinbezogen werden (Schluchter, 1976, S. 350). Steuerungsschwierigkeiten sozialistischer Staaten, die nicht an den Mängeln des Spätkapitalismus zu leiden haben, werden nicht vergleichend eingebracht, da – mit Ausnahme des Stamokap-Ansatzes – dem »realen Sozialismus« der Charakter eines mustergültigen Gegenmodells abgesprochen und normativ auf ein noch in Zukunft zu schaffendes System verwiesen wird. Dies Verfahren hat den Vorteil, daß es frei von Apologie für bestimmte Systeme ist, aber den Nachteil, daß es Steuerungsschwierigkeiten, die in kapitalistischen wie in sozialistischen Systemen auftauchen können, nicht empirisch angeht. Die Kritische Theorie mit ihren Ansätzen zu einer negativen Konvergenztheorie (Kap. I, 3) ist hier vergleichsweise am klarsichtigsten. Die Frustration der abstrakten Staatsableitung – die weitgehend auf Deutschland konzentriert war, da in der angelsächsischen Welt elitentheoretische Ansätze (Miliband 1973) oder empirisch gesättigte Theorien wie die der Fiskalkrise (O'Connor, 1974) dominierten – hat inzwischen zu einer Wiederzuwendung zu Untersuchungen bestimmter materieller Politiken geführt – von der Forschungspolitik (J. Hirsch) zur Bildungspolitik (Offe) bis zur Bankenpolitik (V. Ronge).

Literatur

W. Mager: Zur Entstehung des modernen Staatsbegriffs. Mainz, Verlag der Akademie der Wissenschaften und der Literatur, 1968

E. Lang: Zu einer kybernetischen Staatslehre. München, Pustet, 1970

W. Müller/Ch. Neusüss: Die Sozialstaatsillusion und der Widerspruch von Lohnarbeit und Kapital. Sozialistische Politik, 1970, No. 6/7, S. 4–67

E. Forsthoff: Der Staat der Industriegesellschaft. München, Beck, 1971

E. Altvater: Zu einigen Problemen des Staatsinterventionismus. Probleme des Klassenkampfes, 1972, Nr. 3, S. 1 ff.

R. Miliband: Der Staat in der kapitalistischen Gesellschaft. Frankfurt, Suhrkamp, 1972

C. Offe: Strukturprobleme des kapitalistischen Staates. Frankfurt, Suhrkamp, 1972

C. v. Braunmühl u. a.: Probleme einer materialistischen Staatstheorie. Frankfurt, Suhrkamp, 1973

J. Habermas: Legitimationsprobleme im Spätkapitalismus. Frankfurt, Suhrkamp, 1973

C. E. Bärsch: Der Staatsbegriff in der neueren deutschen Staatslehre und seine theoretischen Implikationen. Berlin, Duncker & Humblot, 1974
J. O'Connor: Die Finanzkrise des Staates. Frankfurt, Suhrkamp, 1974
B. Guggenberger: Wem nützt der Staat? Kritik der neomarxistischen Staatstheorie. Stuttgart, Kohlhammer, 1974
J. Esser: Einführung in die materialistische Staatsanalyse. Frankfurt, Campus 1975
W. Schluchter: Ansätze zur Bestimmung der Staatsfunktionen und ihre Folgen für die Konzeption des Verwaltungshandelns. In: M. R. Lepsius (Hrsg.): Zwischenbilanz der Soziologie. Stuttgart, Enke, 1976, S. 347–360
D. Sauer: Staat und Staatsapparat. Ein theoretischer Ansatz. Frankfurt, Campus, 1978
G. Rudel: Die Entwicklung der marxistischen Staatstheorie in der Bundesrepublik. Frankfurt, Campus, 1981

2. Die Macht

»Macht« ist einer der zentralen Begriffe der Politikwissenschaft. Sie bedeutet nach der vielzitierten Definition von M. Weber (1956, S. 28) »jede Chance innerhalb einer sozialen Beziehung, den eigenen Willen auch gegen Widerstreben durchzusetzen, gleichviel, worauf diese Chance beruht«. Macht kann auf Beeinflussung beruhen, auf Überredung, auf Manipulation und im krassesten Fall auf nackter Gewalt. Als legitim empfunden, wird Macht häufig als Autorität bezeichnet. Wenn die Chance besteht, daß eine Person oder eine Personengruppe »für einen bestimmten Inhalt bei angebbaren Personen Gehorsam« findet, so spricht man von Herrschaft.

(1) *Psychologische Theorien.* Das Machtstreben wird häufig als einer der menschlichen Grundantriebe verstanden. Auch Th. Hobbes ging in seinem ›Leviathan‹ (Kap. 11) davon aus: »So halte ich an erster Stelle ein fortwährendes und rastloses Verlangen nach immer neuer Macht für einen allgemeinen Trieb der gesamten Menschheit, der nur mit dem Tode endet.« Den Grund dafür sah er weniger in der Mittlerfunktion der Macht für die Genußmaximierung als in dem Umstand, daß man »die gegenwärtige Macht und die Mittel zu einem angenehmen Leben ohne den Erwerb von zusätzlicher Macht nicht sicherstellen kann« (ebd.). Neben dem Machttrieb der

Herrschenden sah er bei allen anderen Gruppen einen Drang, der »allgemeinen Gewalt« zu gehorchen, sowohl bei den Menschen, denen das »angenehme Leben und sinnliche Vergnügen« oberstes Ziel ist, als auch selbst bei denen, die das »Verlangen nach Wissen und friedlichen Künsten« beseelt; »denn ein solcher Wunsch enthält das Verlangen nach Muße und folglich nach Schutz durch eine andere Macht als die eigene« (ebd.).

Wenn von einem starken Machtwillen ausgegangen wird, wie bei Hobbes, wird meistens auch die Notwendigkeit starker Herrschaft besonders betont, um den Krieg der Individuen untereinander und die ständig latente Bürgerkriegsgefahr zu bannen. F. Nietzsche (Der Wille zur Macht, III, S. 702) hat gegen die »psychologische Falschmünzerei der nächsten Dinge« polemisiert und weder den Willen allgemein, den A. Schopenhauer für das Wesen aller Dinge hielt, noch den Lusttrieb als wichtigste Antriebskraft gesehen: »Der Mensch sucht nicht die Lust und vermeidet nicht die Unlust; man versteht, welchem berühmten Vorurtheile ich hiermit widerspreche. Lust und Unlust sind blosse Folge, blosse Begleiterscheinung – was der Mensch will, was jeder kleinste Theil eines lebenden Organismus will, das ist ein Plus von Macht.« Unter dem Einfluß Nietzsches modifizierte A. Adler die Lehre von S. Freud, indem er den Machttrieb in seiner Bedeutung über die Libido stellte. Hinter jeder Neurose stand für ihn – im Gegensatz zu Freud – nicht ein pervertiertes oder frustriertes sexuelles Verlangen, sondern ein Minderwertigkeitskomplex, der im Machtstreben kompensiert wird und alle Vorgänge innerhalb der Persönlichkeit auf das Ziel hin bezieht, die Stabilität des Selbstgefühls zu sichern und die Unterlegenheit zu überwinden.

Mit einer solchen psychologischen Machttheorie konnte die Politikwissenschaft im allgemeinen nicht arbeiten. Überhaupt akzeptiert man nur vereinzelt die Annahme eines starken Machttriebes im Menschen, so etwa gemäß dem Ansatz der »Politics of Ambition« in der Elitenforschung. In ihr wird der Drang nach Ämtern und Macht als die Grundtatsache der Politik angesehen (Schlesinger, 1966, S. 1). Dagegen wurde im Bereich irrationalen politischen Philosophierens häufig mit einer psychologisch orientierten Machttheorie gearbeitet, und zwar nicht nur in der Ideologie des Sozialdarwinismus und des Faschismus, sondern auch in der Lebensphilosophie von H. Bergson; und vom Dezisionismus – wie er sich aus den verschiedensten Philosophien, vor allem aus dem Existentialismus ergeben hat – bis hin zum Pragmatismus ist man nicht anders orientiert. Gerade letzterer wurde von B. Russell wegen der Neigung vieler Pragmatisten, das als »wahr« anzusehen, was angenehme Folgen hat und sich durchsetzt, unter die Machtphilosophien gerechnet (1962, S. 174).

(2) *Substantielle Machttheorie.* Man hat schon Hobbes einen allzu substantialisierten Machtbegriff vorgeworfen, durch den Macht geradezu als dinglich angesehen werde. Am häufigsten tauchte dieser reifizierte Machtbegriff in der früheren Organisationstheorie und in der Lehre der internationalen Beziehungen auf. Macht wurde dort nicht selten auf die politischen Machtmittel und Ressourcen bezogen, die vor allem der Staat in Ausübung seines »Monopols legitimer Gewaltanwendung« einsetzen kann, um im Inneren den Bürgern, nach außen den außenpolitischen *decision makers* fremder Staaten gegenüber den eigenen Willen durchzusetzen. Inis L. Claude (1962, S. 6) bekannte sich expressis verbis zu einem so restriktiv definierten Machtbegriff für die internationalen Beziehungen und verengte ihn sogar noch auf die *military capability*, auf »die Elemente, die direkt oder indirekt zur Fähigkeit beitragen, zu zwingen, zu töten und zu zerstören«. In der Theorie der internationalen Beziehungen tauchte in den 50er Jahren die Machttheorie häufig als deskriptive Beschreibung der Machtpotentiale auf, vor allem in der Theorie des nationalen Interesses, wie sie durch den Theologen R. Niebuhr, den Diplomaten G. F. Kennan und den Politikwissenschaftler H. Morgenthau entwickelt wurde. Morgenthau bestimmte Politik als »Handeln nach Interessen, definiert in Begriffen der Macht«. Macht hatte für ihn die gleiche Grundbedeutung wie der Begriff »Nutzen« in der Volkswirtschaft oder »Norm« in der Jurisprudenz, und er polemisierte gegen eine Untersuchung politischer Prozesse mittels sachfremder Begriffe, wie sie seiner

Meinung nach von den Vertretern der legalistischen und der moralistischen Schule in der internationalen Politik vorgenommen wurde. Seinen eigenen Standpunkt bezeichnete er als Realismus. Im Gegensatz zu dem älteren Ansatz bei Hobbes gab Morgenthau jedoch zu (1953, 52ff.), daß nicht alle Staaten im gleichen Umfang Macht erstreben, wie man es der Theorie des Imperialismus gemäß annehmen sollte, sondern daß sie sich je nach den Umständen – geographischer Lage, bestimmten Herrschaftsformen, Einschätzungen der realen Chancen – mit der Wahrung des Prestiges oder mit der Aufrechterhaltung des Status quo zufriedengeben.

In einer deskriptiven Bestimmung von Macht führte Morgenthau neun Merkmale auf: geographische Lage, natürliche Ressourcen (Ernährung, Rohstoffe), industrielle Kapazität, militärischen Rüstungsstand, Bevölkerungsgröße, Nationalcharakter, die nationale Moral (Qualitäten der Gesellschaft), die Qualität der Diplomatie und die Qualität der Regierung (ihre Legitimation und ihre Unterstützung durch das Volk). Schon Hobbes (Leviathan, Kap. 10) hat die Grundlage von Macht keineswegs allein in den materiellen Faktoren und Hilfskräften gesehen, sondern auch soziale und psychische Faktoren miteinbezogen: Eigenschaften, die einem Menschen Liebe oder Furcht einbringen, tragen für Hobbes zur Mehrung des Machtpotentials bei. Lediglich im Ruf von Macht zu stehen bedeutete für ihn reale Macht, weil es die Durchsetzbarkeit der eigenen Wünsche erhöht. Die Perzeption des Machtpotentials durch die möglichen Gegenspieler galt ihm als genauso wichtig wie das Machtpotential selbst; und mit dieser Auffassung verbindet sich die, welche in modernen, relationalen Machtbegriffen zum Ausdruck kommt. Gegenüber der Vielfaktorenanalyse, wie sie von Hobbes bis Morgenthau angeregt wurde, ist die von W. Fucks (1965, S. 128) vorgeschlagene »Formel der Macht« als simple Kombination lediglich zweier Variablen (Produktion von Energie und Stahl mal Kubikwurzel der Bevölkerungszahl) eine theoretische Verflachung.

(3) *Operationale Machtbegriffe und Typologien der Machtbeziehungen.* Die Theorie des Machtkampfes wurde in den 60er

Jahren weitgehend von einer Theorie des Einflusses verdrängt. R. A. Dahl (1957, S. 202f.) ging noch von dem Satz aus: »A hat Macht über B in dem Ausmaß, als er B veranlassen kann, etwas zu tun, das er sonst nicht tun würde.« Dieser Ansatz wurde vom *decision-making approach* her entwickelt, durch den man einzelne Handlungen – vor allem auf dem begrenzten Feld der *Community-Power*-Forschung – relativ gut isolieren und rekonstruieren kann. Für internationale Beziehungen eignet sich der Ansatz nicht so gut. J. D. Singer (1963) kritisiert an Dahls Aussage, es bleibe in ihr unberücksichtigt, daß B, auch wenn er der Schwächere ist, gewisse Einflüsse auf A ausübt. Ihm schien es deshalb wichtiger, die *behavioral relationship* herauszustellen. Von E. C. Banfield (1961, S. 4) wurde die Analyse der Einflußfaktoren in der Community-Power-Forschung weiterentwickelt, und er klassifizierte: Einfluß, der auf einem Gefühl der Verpflichtung (Autorität) beruht, Einfluß auf Grund von Freundschaft und Wohlwollen, Einfluß auf Grund rationaler Überzeugung, Einfluß auf Grund von Täuschung und Irreführung, Einfluß auf Grund von Zwang.

Auch P. Bachrach und M. S. Baratz (1962) faßten Macht als relationale Größe auf und nicht mehr als substantielle. Die funktionalistische Schule, der sie angehörten, sieht als Voraussetzung von Machtbeziehungen an: 1) einen *Interessenkonflikt* der beteiligten Akteure; 2) den *Zwang zum Nachgeben* auf seiten einer Partei (die Spieltheoretiker haben eine Fülle von Spielstrategien für eine verschiedene Zahl von Akteuren entwickelt, müssen dabei aber voraussetzen, daß sich alle Beteiligten die Spielregeln in gleicher Weise angeeignet haben und daß das Rationalitätsprinzip für alle gilt. Gerade das aber trifft für die internationalen Beziehungen zwischen politischen Systemen mit unterschiedlicher Herrschaftsideologie nur bedingt zu); 3) die Möglichkeit wenigstens einer Partei, *Sanktionen* androhen zu können; 4) das *Verstehen* der Drohungen auf seiten des Gegners sowie eine rationale Beantwortung.

Ein Schlüsselbegriff für das Verständnis von Machtbeziehungen ist der Begriff »Sanktionen«. Er läßt eine Unterscheidung verschiedener Machtbeziehungen als zweckmäßig erscheinen: 1) *Macht*beziehungen im engeren Sinn, die durch Drohungen gekennzeichnet sind; 2) *Zwangs*beziehungen, die durch Ausführung der Drohungen charakterisiert werden; *Einfluß*beziehungen, die Einfluß ohne Drohungen bezeichnen; 4) *Autoritäts*beziehungen; 5) *manipulative* Beziehungen.

Der Begriff »Manipulation« (durch die Verbindung neomarxistischer und Freudscher Gedankengänge zu einem vielverwendeten Schlagwort geworden) bezeichnet im sozialen Bereich die Beeinflussung von Menschen in Richtung auf fremde wirtschaftliche oder politische Zwecke. Die Manipulation kann auf verschiedene Weise vorgenommen werden, so z. B. durch Einsetzung suggestiv wirkender Mittel, die an verborgene Wünsche appellieren (Werbung mit erotischen Implikaten), bis hin zu den Methoden der im Bereich des Kriminellen liegenden Anwendung chemischer Mittel. In Diktaturen sind solche Mittel – z. B. in der sog. »Gehirnwäsche« – gegenüber politischen Gefangenen immer wieder angewandt worden. Manipulation durch Weckung unbewußter Wünsche im politischen Bereich ist dem verwandt, was der Begriff *persuasive power*, der Begriff einer normativ-sozialen Macht zu fassen sucht, den A. Etzioni benutzte, um die Verwendung von Symbolen (Abzeichen, Fahnen usw.) für Kontrollzwecke zu kennzeichnen. Daneben unterscheidet er zwei weitere Machtbeziehungen: die brachiale Macht, *coercive power*, die in der Typologie von Bachrach-Baratz den Gewaltbeziehungen entspricht, und die *utilitarian power*, die Belohnungen mit Gütern und Diensten einsetzt. Mit dieser Dreiertypologie hält er die Machtbeziehungen für erschöpfend klassifiziert. Er ist sich jedoch darüber im klaren, daß in jedem Fall konkreter Anwendung von Macht diese drei Elemente verschieden stark dosiert miteinander verbunden sein können (Etzioni, 1968, S. 357).

(4) *Macht als Währung im Kommunikationsmodell.* Moderne Kommunikationstheoretiker sehen in vielen Typologien eine noch zu starke Neigung zur Substantialisierung des Machtbegriffs. K. W. Deutsch (1963, S. 124) akzeptiert Macht weder als Zentrum noch als Essenz der Politik, sondern betrachtet

Macht nur als eine der möglichen Währungen in der Politik und einen der Mechanismen zur sozialen Kontrolle, der dort eingesetzt wird, wo Einfluß, Gewohnheit oder freiwillige Koordination versagen, Gewalt jedoch noch nicht angewandt werden soll. Macht wird nicht mehr in »rohen« Faktoren gesucht, sondern in dem Informationsfluß des Sozialsystems und in der Möglichkeit des Lernens in einem kybernetisch verstehbaren sozialen Modell. Die Chance, Gehorsam für Befehle zu finden, die dem zugrunde liegt, was Max Weber als »Herrschaft« definierte, steigt mit der Fähigkeit der Herrschenden, Informationen zu verarbeiten und Lernprozesse durchzumachen, denn jede Regierung verspricht zunächst, mehr Gesetze durchzusetzen und Objekte und Personen zu schützen, als sie Polizisten, Soldaten und Mittel einzusetzen hat (K. Deutsch). Macht braucht im Kommunikationsmodell im Idealfall gar nicht eingesetzt zu werden. Die Anweisungen der Steuerungszentrale werden befolgt, und bei wirkungsvoller Kommunikationsstruktur ist Widerstand der Einheiten und Subsysteme nicht zu erwarten, oder sie werden nicht befolgt, dann wird die Anweisung durch die Steuerungszentrale als unangemessen revidiert. Unberücksichtigt bleibt in Deutschs Modell, daß es richtige Anweisungen gibt, die ohne Macht nicht durchsetzbar sind, weil die egoistischen Sonderinteressen der Subsysteme Obstruktion leisten und auch bei vorzüglicher Kommunikation mangels Machteinsatz vernünftige Vorschläge der Zentrale nicht akzeptieren oder Befehle nicht ausführen. Wenn in der Innenpolitik aber der dann notwendig werdende Lern- und Informationsverarbeitungsprozeß nicht mehr funktioniert, droht eine Revolution, denn die herkömmliche Macht hat damit ihren Kredit verloren.

Die meisten der skizzierten Machttheorien sind noch kaum operationalisiert. Durch Aufstellung eines Schemas der Einfluß- und Machttechniken hat man versucht, Macht zu messen. Man unterschied zunächst die zwei Grundsituationen Überzeugung und Abschreckung und setzte mehrere Meßzahlen für Variable: bevorzugtes künftiges Verhalten, vorausgesagtes künftiges Verhalten, Perzeption des gegenwärtigen Verhaltens und Korrelation von *persuasion* und *dissuasion* auf

Grund der Frage, wodurch – Strafe, Belohnung, Drohung, Versprechung – das Verhalten modifiziert wurde. Im Bereich der internationalen Beziehungen stößt jedoch die Anwendung solcher Meßschemen auf Schwierigkeiten, weil die Akteure kaum die nötigen Interviews geben. In der Community-Power-Forschung konnte man schon eher mit solchen Mitteln arbeiten. In der Elitenforschung hat man die positionelle Methode, die einfach die Inhaber hoher politischer Positionen mit Machtträgern identifiziert, durch reputationelle Umfragen ergänzt. Auch dabei muß man allerdings hypothetisch einige wichtige Akteure herausgreifen und ihnen Macht unterstellen. Nach einer Reihe von Interviews kann man jedoch den Kreis derer, die an wichtigen Entscheidungen mitgewirkt haben, wenigstens hinsichtlich der bedeutendsten Mitwirkenden ermitteln, ohne daß die Erfassung der Beteiligten ganz mit der wirklichen Machtverteilung übereinstimmen muß. Dabei brauchen die wichtigsten Entscheidungsträger keineswegs mit jenen identisch zu sein, die nach der Verfassung und nach den formalen Spielregeln eines politischen Systems tatsächlich das Recht haben, wichtige politische Entscheidungen zu beeinflussen. Nach dem kybernetischen Modell sind häufig keineswegs die höchsten Posten mit jenen Männern besetzt, denen die größte Macht nachgesagt werden kann. Manchmal verschafft ein strategisch gutes mittleres Niveau im politischen Kommunikationsprozeß mehr Macht als eine formale Position. Deutsch versucht das an den Obersten zu zeigen, die in Krisenzeiten häufiger putschen als militärische Führungsspitzen, da sie sowohl nach oben als auch nach unten bessere Informationsmöglichkeiten haben als die Positionsinhaber auf anderen Ebenen der Machtpyramide.

Beim Ambitions-Ansatz der Elitenforschung geht man von der begrenzten Anzahl von Machtpositionen im Staat aus, der eine weitaus größere Zahl ambitiöser Politiker gegenübersteht, und versucht, das Machtstreben zu quantifizieren sowie jene Variablen zu ermitteln, die es hemmen oder fördern (Regierungsstruktur, z. B. Selbstverwaltungsorgane oder der Föderalismus als Möglichkeit politischer Starts; regionaler Wettbewerb von Gruppen, sektorale Austauschbarkeit von Eliten, vor allem zwischen Wirtschaft und Politik). Bei diesem Ansatz wird das Machtstreben als allzu unabhängige Variable gesehen, wenn auch versucht wird, die Dosierung des Machtstrebens auf Grund der Chancenstruktur in die Analyse einzubeziehen. Bei diesem Ansatz wird jedoch weniger danach gefragt, *wie* man zu Ämtern kommt, als *wer* nach Ämtern strebt und *wer* sie erreicht (Schlesinger, 1966, S. 15).

Über die einzelnen Elitenstudien hinaus hat man versucht, die Konzentration von Macht in einem System zu messen. St. J. Brams (1968, S. 461 ff.) kam dabei jedoch lediglich zu einer neuen Typologie von Machtkonzentration in Systemen, wobei er diese jeweils als *hierarchical system*, als *mutual adjustment system* oder als *mixed system* klassifizierte. Trotz Entwicklung eines umfangreichen Formalapparates kam Brams nur zu recht schlichten Ergebnissen: 1) Die Machtkonzentration in einem Fragenbereich tendiert dazu, die Machtkonzentration auch in anderen Fragenbereichen zu vermehren; 2) hohe Konzentration von Macht erhöht die Verwundbarkeit des Systems; 3) die Machtverteilung korreliert mit dem Kommunikationsnetzwerk, durch das Macht ausgeübt wird. Er kommt dabei sogar zu der für sozialistische Systeme fragwürdigen Hypothese, daß bei hoher Machtkonzentration eine Tendenz zu individueller statt zu kollektiver Führung bestehe (ebd., S. 475).

Angesichts des geringen Operationalisierungsgrades der Machtmodelle bezweifeln einzelne Forscher, wie etwa W. Riker (1964), daß Machtmodelle die empirische Forschung überhaupt befruchten können.

Literatur

B. de Jouvenel: Du pouvoir. Genf, Les Editions du Cheval Ailé, Constant Bourquin, 1945

M. Weber: Wirtschaft und Gesellschaft. Tübingen, Mohr, [4]1956

H. D. Lasswell/A. Kaplan: Power and Society. New Haven, Yale UP, 1950

Ch. E. Merriam: Political Power. In: A Study of Power, Glencoe/Ill., Free Press, 1950

R. A. Dahl: The Concept of Power. Behavioral Science, 1957, S. 202–215

B. MOORE: Political Power and Social Theory. Cambridge/Mass., Harvard UP, 1958
E. C. BANFIELD: Political Influence. Glencoe/Ill., The Free Press, 1961
B. RUSSELL: Power. A new social analysis. London, George Allen & Unwin (1938), 1962
I. L. CLAUDE: Power and International Relations. New York, Random House, 1962
P. BACHRACH/M. S. BARATZ: Two Faces of Power. APSR, 1962, S. 947–952
K. W. DEUTSCH: The Nerves of Government. New York, Free Press, 1963
W. H. RIKER: Some Ambiguities on the Notion of Power. APSR, 1964, S. 341–349
W. FUCKS: Formeln zur Macht. Prognosen über Völker, Wirtschaft, Potentiale. Stuttgart, DVA, 1965
G. E. LENSKI: Power and Privilege. New York, MacGraw Hill, 1966
J. G. MARCH: The Power of Power. In: D. EASTON (Hrsg.): Varieties of Political Theory, Englewood Cliffs, Prentice Hall, 1966, S. 39–70
J. A. SCHLESINGER: Ambition and Politics. Political Careers in the United States. Chicago, Rand McNally, 1966
ST. J. BRAMS: Measuring the Concentration of Power in Political Systems. APSR, 1968, S. 461–475
D. CLAESSENS Rolle und Macht. München, Juventa, 1968
A. ETZIONI: The Active Society. New York, Free Press, 1968
H. POPITZ: Prozesse der Machtbildung. Tübingen, Mohr, 1968
R. BELL u. a. (Hrsg.): Political Power. A Reader in Theory and Research. New York, Free Press, 1969
A. L. BURNS: On Powers and Their Politics. A Critique of Theoretical Approaches. Englewood Cliffs, Prentice Hall, 1969
D. G. WINTER The Power Motive. New York, Free Press, 1973
N. LUHMANN: Macht. Stuttgart, Enke, 1975
B. BARRY (Hrsg.): Power and Political Theory. Some European Perspectives. New York, Wiley, 1976
J. BAECHLER: Le pouvoir pure. Paris, Fayard, 1978

3. Das politische System

Die allgemeine Systemtheorie entstand auf einem Abstraktionsniveau zwischen den Konstruktionen der reinen Mathematik und spezifischen Theorien der spezialisierten Disziplinen. Sie war zunächst nur das Skelett, das die Einzeldisziplinen mit dem »Fleisch und Blut der Spezialdisziplinen« füllen mußten (Boulding, in: Buckley, 1968, S. 10). Die Politikwissenschaft hat die Systemtheorie mit dem für sie charakteristischen *time lag* der 50er und 60er Jahre entdeckt und konnte dadurch einige Sackgassen der doktrinen Frühformen systemtheoretischer Erwägungen vermeiden, in die etwa die ethnologischen Theorien geraten waren, indem sie Funktionalismus und Systemtheorie in eine untrennbare Einheit gossen.

Der Begriff des politischen Systems, wie er vor allem von den funktionalen Theorieansätzen herausgearbeitet wurde, ist in der Lage, die älteren Grundbegriffe Staat und Macht ihres ontologischen Substanzcharakters zu entkleiden und in einem neuen Denkzusammenhang mitzuumfassen. Wie Luhmann (1970, S. 154) nicht ohne Stolz verkündete: »Die Zeit, in der die praktische Philosophie mit Ethik und Naturrecht als selbstevidenten Ausgangspunkten Fragen und Antworten konturierte, ist vorbei. ›Macht‹ wird als Grundbegriff nur noch zögernd genannt und dann nur für einen partiellen Aspekt des Ganzen. ›Staat‹ ist eine sehr unbestimmte, analytisch wenig brauchbare Kategorie geblieben, mit der Gefahr, daß, ergänzend und verdichtend, Tradition und Vorurteil einfließen. ›Government‹ leidet an der entgegengesetzten Schwäche, ins Institutionelle und Organisatorische präzisiert und so nicht mehr aus sich selbst heraus verständlich zu sein. In dieses theoretische Vakuum scheint seit einigen Jahren der Begriff des politischen Systems vorzudringen und sich mangels konkurrierender Konzepte rasch auszubreiten.«

Die Rezeption des Systembegriffs setzte zunächst in der Soziologie ein. T. Parsons entwickelte in seiner Lehre vom sozialen System das sogenannte AGIL-Schema, das in zahlreiche sozialwissenschaftliche Werke übernommen und variiert wurde. AGIL bezeichnet die Anfangsbuchstaben der vier Untergliederungen eines sozialen Systems: *adaptation* (wirtschaftliches Subsystem), *goal-attainment* (politisches Subsystem), *integration* (Gesetzesnormen und soziale Kontrolle) und *latent pattern maintenance* (kulturelle und motivationelle Bindungen). Walter Bühl (Evolution und Revolution, München, Goldmann, 1970, S. 350) hat mit Recht hervorgehoben, daß die Originalität des AGIL-Schemas überschätzt worden ist. Es ist in Anlehnung an die Kapiteleinteilung von Max Webers ›Wirtschaft und Gesellschaft‹ entstanden und umschreibt vier der traditionellen Bindestrichsoziologien (Wirtschaftssoziologie, Herrschaftssoziologie, Rechtssoziologie und Religions- und Ethnosoziologie).

Das politische System wurde in diesem Schema mit der Funktion der Zielbefriedigung berücksichtigt. Die statische Denkweise Parsons' zeigt sich darin, daß er von vorgegebenen Zielen ausging und zu wenig berücksichtigte, daß die Ziele eines politischen Systems sich laufend ändern (z. B. geben einzelne Systeme Großmachtansprüche auf, die sie einst stellten, wie Schweden, andere melden solche an, wie China, Japan u. a.). Karl Deutsch (1970, S. 138) schlug daher vor, die Funktion des politischen und sozialen Wandels hinzuzufügen, ein relativ mechanischer Versuch, der nicht befriedigt, weil das statische Bias der anderen Funktionen, wie Adaption und Integration, dadurch nur partiell überwunden wird.

Der Begriff des sozialen Systems in der Parsonsschen Form verliert auch durch solche Ergänzungen kaum etwas von seinem ahistorischen Charakter. Von historischen Gesellschaftstheorien wie dem historischen Materialismus wird geleugnet, daß die Menschen in der Gesellschaft auf jeder Entwicklungsstufe eine historisch bestimmte Gesamtheit von Verhältnissen untereinander eingehen. Erst in neuerer Zeit wird der Systembegriff auch vom Marxismus rezipiert. Die historische Periodisierungslehre des Marxismus kann jedoch keine zeitlosen sozialen Systeme akzeptieren, in denen unabhängig von der historischen Stufe bestimmte Strukturen und Funktionen äquivalente Verhältnisse zueinander aufweisen, sondern neigt dazu, den Systembegriff mit dem der ökonomischen Gesellschaftsformation des historischen Materialismus identisch werden zu lassen (Tjaden, 1971, S. 441).

Selbst wenn man versucht, die ahistorischen Implikationen des Parsonsschen Systembegriffs zu vermeiden, ist es schwer, sein Verhältnis zum politischen System zu bestimmen. Das soziale System gilt als Oberbegriff, aber bei Parsons war der politische Bereich seltsam verschwommen und parzelliert in den recht allgemeinen Begriffen der Zielbefriedigung und Integration untergegangen. Das politische System ist jedoch nicht immer als Subsystem des sozialen Systems anzusehen. Gelegentlich ist es breiter im Geltungsbereich als soziale Systeme, und vor allem bei supranationalen Zusammenschlüssen und Föderationen umfaßt ein politisches System mehrere soziale Systeme.

Der Begriff »System« ist durch zwei sehr formale Merkmale gekennzeichnet: die *Interdependenz* der Teile des Systems und die *Grenze* des Systems, die es von einer kontingenten und sehr viel komplexeren Umwelt scheidet. Diese beiden Merkmale geben jedoch wenig Anleitung zur inhaltlichen sinnvollen Abgrenzung von Systemen. Schon Karl Deutsch (1966, S. 49) sah die Gefahr, daß wir im Ozean möglicher Kombinationen von Strukturen und »purposes« ertrinken, und Morton A. Kaplan (1964, S. 4) formulierte spöttisch: »Napoleon, der Columbia River und ein Dinosaurier können als System betrachtet werden. Aber es wäre schon schwierig, zwischen den Variablen eine Beziehung zu finden, und eine solche Beziehung wäre uninteressant und nutzlos.« Kaum ein Forscher ist allerdings mit so wenig Common sense an die Arbeit gegangen, daß er gänzlich sinnlose Strukturen wie einen Dinosaurier zum Teil eines politischen Systems erklärte. Dennoch läßt sich nicht leugnen, daß sehr viele Analysen – deren anscheinender Zusammenhang nur noch durch Korrelationsanalysen der vergleichenden Methode (vgl. Kap. II,5) demonstriert werden konnte – mit relativ intuitiv herausgegriffenen Variablen an die Arbeit gegangen sind, vor allem im Bereich der internationalen Politik, wo über die wahrscheinlich wirksamsten Faktoren im Konfliktverhalten noch weniger Einigkeit zu erzielen ist. Die Gefahr beim Systemansatz ist immer wieder, daß Erscheinungen in einen Zusammenhang gepreßt werden und der Ordnungsdrang der Systemtheoretiker sich schwer damit abfinden kann, daß es in der sozialen Wirklichkeit auch viele unverbundene, gegensätzliche und widersprüchliche Phänomene gibt, zwischen denen sich ein Systemzusammenhang nur mit großer Willkürlichkeit konstruieren läßt.

Geringere Schwierigkeiten als die Teile, die in einen Systemzusammenhang gebracht werden sollen, scheint das Problem der Systemgrenze beim politischen System zu bieten – in der Regel jedoch nur, weil das politische System meist als identisch mit den Grenzen des traditionellen Staatsbegriffes angesehen wurde. Das ist aber dann problematisch, wenn ein Staat mit starken irredentistischen Ansprüchen ganz andere räumliche Identitätsvorstellungen, als seine Staatsgrenzen vermuten lassen, verfolgt (z. B. Italien im 19. Jahrhundert, die Bundesrepublik in der Adenauer-Ära) oder wenn ein System nur als penetriertes System existiert und starke Einflüsse von außen wirksam werden (z. B. die geteilten Staaten).

Seit David Eastons Buch ›The Political System‹ (1953) wurde immer wieder versucht, den spezifischen Interdependenzcharakter eines politischen Systems im Gegensatz zu anderen Systemen herauszuarbeiten. Das Politische ließ sich nach Easton vor allem durch zwei Charakteristika abgrenzen:

(1) Das politische System ist ein Entscheidungssystem, dessen Entscheidungen besondere *Relevanz* haben, da sie die Verteilung von Gütern (authoritative allocation of values) betreffen. Diese Verteilung geschieht autoritativ, da sie in der Regel respektiert werden muß und das System Sanktionen für abweichendes Verhalten bereithält.

(2) Die Sanktionen besitzen Geltung für die *gesamte Gesellschaft*. Es ist von Almond, Finer und anderen bestritten worden (Finer 1969/70, S. 9), daß das Eastonsche Kriterium das politische System hinreichend abgrenzt, da die *authoritative allocation of values in society* auch für Subsysteme des politischen Systems wie Kirchen oder Großbetriebe zutreffen kann. Selbst wenn die Möglichkeit von Sanktionen für die gesamte Gesellschaft in die Definition mit einbezogen würde, erscheint die Eastonsche Definition noch zu stark am alten staatlichen Souveränitätsdenken orientiert. Gerade in der heutigen Zeit, da Protestbewegungen und Subsysteme sich absondern und in Gebieten mit latentem oder offenem Bürgerkrieg das Sanktionssystem des Staates nicht in alle Subsysteme gleichmäßig hineinreicht, wird dieses zweite Merkmal des politischen Systems fragwürdig. Spiro (in: Charlesworth, 1967, S. 169) nennt daher Systemtheoretiker mit Recht »horizontale Monopolisten«.

Auch der Versuch von Karl W. Deutsch (1970, S. 116ff.), die Merkmale eines politischen Systems zu definieren, befriedigt nicht. Er nennt die Merkmale *Kohäsion* und *Kovarianz* (wenn eine Einheit sich wandelt, tun es auch die anderen). Deutsch übersieht dabei nicht, daß die Kovarianz oft negativer Natur ist, und stellt daher den *Solidaritätssystemen* die *Konfliktsysteme* gegenüber; er räumt sogar ein, daß in den meisten Fällen eine gemischte, teils positive, teils negative Kovarianz anzutreffen ist. Ein Merkmal, das durch Untertypologien so stark in seiner Bedeutung eingeschränkt werden muß wie der Begriff »Kovarianz«, erscheint zur Definition des politischen Systems wenig geeignet. Die Entscheidung, auch negative Kovarianzen als Merkmal eines Systems anzuerkennen, macht es schwer, ein politisches System von weniger engen Interdependenzverhältnissen zu unterscheiden, und droht den Begriff zu einer Leerformel zu degradieren.

Nicht nur von einigen mächtigen Subsystemen wird das politische System mit zunehmender Fragmentierung und Pluralisierung kaum noch abgrenzbar. Deutsch (1970, S. 127) u. a. helfen sich hier mit einer Zehnstufenskala des politischen Systems, das von den Individuen bis zur UNO reicht. Einige der Zwischenstufen (kleine-mittlere Staaten oder Towns oder Cities) sind ebenfalls willkürlich gewählt und müßten für verschiedene Areas sehr unterschiedlich definiert werden. Das leuchtet unmittelbar ein angesichts der unterschiedlichen Bedeutungen von Städten in verschiedenen Gebieten, könnte aber selbst für die Größe der Nationen relevant werden. Argentinien etwa ist nach dieser Einteilung ein mittlerer Staat, im Kontext des Staatensystems Lateinamerikas könnte es jedoch für Systemanalysen durchaus als großer Staat definiert werden. Die Größe wird sich ohnehin nicht bloß an der Bevölkerung ablesen lassen, sondern müßte Ausdehnung und Ressourcen miteinbeziehen.

Der partielle Vorteil, den ein solches Zehnstufenschema zur Abgrenzung des politischen Systems gewährt, wird dadurch abgewertet, daß mit zunehmender Untergliederung eines sehr weiten Konzepts »politisches System« dieses noch schwieriger von den außerpolitischen Subsystemen des sozialen Gesamtsystems abgrenzbar wird, da etwa das ökonomische Subsystem nicht auf ein analoges Stufenschema reduzierbar ist. Einige Analytiker wie Herbert Spiro (1962, S. 577) haben das ökonomische System in einen Quadranten zur Veranschaulichung des politischen Systems aufgenommen:

Stabilität (konstitutionelles Problem)	Flexibilität (ökonomisches Problem)
efficiency (Machtproblem)	*effectiveness* (kulturelles Problem)

Diese schematische Darstellung kann jedoch wiederum nur für relativ entwickelte Verfassungsstaaten gelten, nicht für die Entwicklungsländer.

In sogenannten *intermittent political systems* sind die politischen religiösen, kulturellen und wirtschaftlichen Funktionen nicht voneinander zu unterscheiden (Almond/Powell, 1966, S. 43). Immerhin ist diese Einteilung Spiros eine Verbesserung insofern, als das spezifisch Politische in dem Schema stärker gegliedert und nicht auf eine Funktion, etwa im Sinne traditioneller Machttheorie auf Macht oder nach dem juristischen Ansatz auf prozedurale und Verfassungsprobleme, beschränkt wird. Zugleich werden das kulturelle System und das ökonomische Problem nicht völlig ausgeklammert, sondern als Teile des politischen Prozesses begriffen. Die Politökonomie hatte in ihrer Kritik gegen ältere Ansätze nur zu Recht mit dem Vorwurf, daß das Ökonomische wiederum aus der politischen Betrachtung ausgeklammert worden ist. Aber auch in diesem Schema sind nur grundlegende Funktionen des politischen Systems klassifiziert, nicht jedoch ihr Verhältnis zueinander eindeutig angegeben. Dieses Verhältnis läßt sich auch nicht ohne weiteres für alle Systeme in gleicher Weise klassifizieren, sondern je nach dem Schwergewicht, das eine Funktion hat, kann man politische Systeme klassifizieren, wodurch neue Typologien der Herrschaftsformenlehre gewonnen werden. Einige moderne Systeme – wie die totalitären – lassen sich zudem nicht klar vom sozialen System abgrenzen, da die Gesellschaft von der Politik völlig kontrolliert ist.

Gerade an der Herrschaftsformenlehre zeigt sich jedoch,

daß der Systembegriff in die Politikwissenschaft nicht mit den organizistischen Implikationen der Biologie übernommen werden kann. Was Luhmann (1970, S. 18) für das soziale System feststellt, gilt in erhöhtem Maße vom politischen System: »Ein soziales System ist nicht, wie ein Organismus, typenfest fixiert. Aus einem Esel kann keine Schlange werden, selbst wenn eine solche Entwicklung zum Überleben notwendig wäre. Eine Sozialordnung kann dagegen tiefgreifende strukturelle Änderungen erfahren, ohne ihre Identität und ihren kontinuierlichen Bestand aufzugeben. Sie kann sich aus einer Agrargesellschaft in eine Industriegesellschaft verwandeln, aus einer Großfamilie kann ein Stamm mit überfamiliärer politischer Ordnung werden, ohne daß entscheidbar wäre, wann ein neues System vorliegt.« Während die Entwicklung von Gesellschaftsformationen mit der biologischen Evolution insofern noch vergleichbar erscheint, als die Abfolge sozio-ökonomischer Formationen kaum umkehrbar ist und ein feudalistisches System sich schwerlich wieder aus einem kapitalistischen entwickeln kann (ob sich ein kapitalistisches wieder aus einem sozialistischen ergeben kann, ist umstritten, wird aber von der Brežnev-Doktrin wenigstens mit Hilfe einer These der kapitalistischen Subversion offenbar unterstellt), gilt gleiches nicht für die Herrschaftsformen, und zwar nicht nur im institutionellen Teil (Parlamentarismus oder nicht – Monarchie oder Republik), sondern auch in den Methoden und im Ausmaß der sozialen Kontrolle. Autoritäre Diktaturen entwickeln sich aus parlamentarischen Demokratien. Trotz der Involutions- und Faschismustheorien gibt es jedoch zum Glück auch gelegentlich gegenläufige Prozesse.

Die innere Komplexität des politischen Systems wurde vergleichsweise konventionell in der Politikwissenschaft analysiert, etwa in der Klassifikation der Input- und Output-Funktionen bei Almond und Coleman (1960). Sie fanden dabei vier *Input-Funktionen:*

(1) Politische Sozialisation und Rekrutierung,

(2) Interessenartikulation (vor allem durch Interessengruppen),

(3) Interessenaggregation (vor allem durch Parteien),

(4) Politische Kommunikation;
und drei *Output-Funktionen*:
(1) Rule Making,
(2) Rule Application,
(3) Rule Adjudication.
Letztere sind praktisch nur Neologismen für die traditionellen drei Gewalten.

Eine wichtige Erkenntnis war die Multifunktionalität von Institutionen, die vom institutionellen Ansatz meist übersehen wurde. Früher wurden Phänomene mit gleicher Bezeichnung (Staatsoberhaupt, Parteien) verglichen, auch wenn sie unterschiedliche Funktionen in ihrem System erfüllten und funktional gesehen nicht äquivalent waren, während der moderne Funktionalismus einerseits zeigen konnte, daß Parteien, die zum Beispiel die Interessenaggregation in einem System unzureichend erfüllen, gleichwohl eine Funktion für das System haben können (z. B. die Sozialisations-, Rekrutierungs- und Kommunikationsfunktion), und andererseits ein ganz anderes Aggregat (z. B. die politische Elite, bestimmte Organisationen) die Aggregationsfunktionen von Parteien übernommen haben kann.

Almonds Versuch, allgemeine Funktionen aller politischen Systeme zu finden, stieß letztlich noch nicht zu einer konsistenten Theorie vor, sondern blieb in einer Typologie stecken, da die Funktionen nebeneinandergestellt blieben, ohne daß klar wurde, in welchem Verhältnis sie zueinander stehen und wie sie aufeinander einwirken. Ferner erwies sich die Trennung der Input- und Output-Funktionen oft als zu schematisch. Wenn die Kommunikation im System zentral gesteuert und manipuliert wird oder die Rekrutierungsfunktion ganz auf Kooptationsmechanismen der Herrschenden beruht, kann man fragen, ob es sich hier nicht um Output- statt um Input-Funktionen handelt, und in den meisten Systemen ist jede dieser Funktionen schon wieder ein kompliziertes Geflecht von Prozessen, die Handeln sowohl von seiten der Bürger als auch von seiten staatlicher Organe involvieren.

Das Neue des Systembegriffs im Vergleich zu älteren Staatstheorien mit ihren Staatszwecklehren ist, daß das politische System einer differenzierten Gesellschaft nicht mehr als Mittel zum Zweck begriffen und nicht durch starre Außenlenkung gesteuert werden kann. Stabilität gründet sich nicht auf feste Grundlagen, Bestände oder Werte, sondern wird bestimmt durch die Möglichkeiten der Änderung. Luhmann (1970, S. 167) wies daher auf die Notwendigkeit hin, der Tendenz zur Vernichtung hoher Komplexität durch Fixierung emotional gestützter Identifikationen durch personale Bekanntschaft und auf Loyalität angewiesene Herrschaftsapparate sowie durch den Aufbau einer geschichtlichen Tradition generalisierter Erfahrungen entgegenzuwirken. Da Luhmann und andere Systemtheoretiker das substantielle und handlungsethische Denken ablehnen, weigern sie sich, eine fixierte Rangpriorität für die Werte, die in einem System vertreten werden, anzugeben, wie die ontologischen Staatszwecklehren. Eine Gefahr ist dabei einmal die Unmöglichkeit, auf rationaler Basis Prioritäten zu setzen, wenn man wie Luhmann (1970, S. 168) verlangt, daß die Werte »Geltung und Vordringlichkeit aus einem Vergleich mit dem relativen Erfüllungsstand anderer Werte von Situation zu Situation neu gewinnen« und »Opportunismus bestandswesentlich« sei. Zum anderen droht die Gefahr einer leichtfertigen Unterstellung eines Pluralismusmodells, wenn man für diese Strategie verlangt, daß »hinreichend viele Werte im System Sprecher finden und wenn die relativen Präferenzen hinreichend rasch wechseln«.

Selbst bei weitgehendem Pluralismus betrifft dieser nicht alle Stufen des politischen Prozesses in gleicher Weise. In Spiros (in: Charlesworth, 1967, S. 172) Klassifikation von existentiellen Funktionen jedes Systems als Phasen des politischen Prozesses: 1) Formulierung, 2) Beratung, 3) Entscheidung und 4) Problemlösung, besteht Pluralismus auf den beiden ersten Stufen auch in der repräsentativen Demokratie in weit größerem Umfang als auf den beiden anderen. Nicht alle artikulierten und aggregierten Interessen garantieren darüber hinaus Pluralismus, weil nicht alle Interessen in gleicher Weise konfliktfähig sind. Interessen und Veränderungswünsche, die gewisse Grundlagen des Status quo betreffen, sind zudem bei Luhmann expressis verbis disqualifiziert: »Für den Status quo spricht die *Vermutung des Konsensus.* Wer Änderungen wünscht, hat die Last und das Risiko der Initiative« (1970, S. 168). Der Konservatismus Luhmannscher Systemtheorie scheut auch nicht vor Konsequenzen zurück wie in dem Satz: »... und für den Normalfall muß ein fragloses, ja fast motivloses Akzeptieren bindender Entscheidungen sichergestellt werden« (1970, S. 170). Luhmann geht davon aus, daß das politische System zu selektivem Verhalten in der Gesellschaft gezwungen wird und daß das politische System seine geringere Komplexität durch Macht kompensiert. Gegenüber unterprivilegierten Interessen wächst daher gerade heute der Einsatz von Macht in zunehmend repressiven Bedeutungsnuancen des Wortes.

Die konservative Versuchung eines pluralistisch verbrämten Opportunismus ist jedoch nicht die notwendige Konsequenz der Systemtheorie. Es gibt auch die progressive Versuchung, etwa wenn Naschold (1971, S. 5) und andere Befürworter einer dynamisch-progressiven Systemtheorie den bisher überwiegenden konservativen *Systemüberlebensmodellen* die *Systemzielmodelle* gegenüberstellen, die als Maximierungsmodelle verstanden werden, bei denen eine Variable des Systems ungeachtet der Nebenwirkungen auf andere Faktoren zu maximieren versucht wird. Die Antithese ist logisch nicht ganz einwandfrei konstruiert, da auch das Überlebensmodell ein Zielmodell ist, das einseitig einen Wert – das Überleben – zu maximieren trachtet.

Bei der Demokratisierungsdebatte (vgl. Kap. III,5) zeigt sich, daß schon in der politischen Theorie, erst recht jedoch in der politischen Praxis kaum Einigkeit über den Faktor zu erzielen ist, der in so privilegierter Weise auf Kosten anderer maximiert werden soll. Die Wertungen des Systemziels werden gerade in der progressiven Variante der Systemtheorie, die sich heute etwa mit marxistischen Konzepten zu verbinden beginnt, in nicht weniger selbstherrlicher Weise von intellektuellen Eliten als Systemrationalität ausgegeben als in älteren essentialistischen normativen Theorien.

Abgesehen von der unterschiedlichen Verwendung des Systembegriffs je nach den Systemzielen haben die Systembegriffe als nicht-normative Konzepte einen sehr unterschiedlichen Fokus (vgl. Young, 1964, S. 239ff.):

(1) Der Systembegriff wird für *deskriptive Aussagen* über Systeme und die sie charakterisierenden Prozesse verwandt.

(2) Es werden *erklärende* Konzeptionen zusammengefaßt, die auf Steuerung, Kontrolle und Stabilisierung gerichtet sind.

(3) Es wird der *Wandel* von Systemen untersucht. Lernen, Wachstum, Ziel und Dynamik sind dabei die Grundbegriffe.

(4) Neuerdings werden auch *Niedergang* und *Zusammenbruch* von Systemen analysiert. Grundbegriffe dabei sind: Spannung, Unruhe, Überladung und positive Entropie als Maß an Unordnung. Dieser Systembegriff wird vor allem in der Revolutionsforschung angewandt (Ch. Johnson).

Darüber hinaus finden sich die Begriffe aus der Systemtheorie als gesunkenes Kulturgut in vielen Deskriptionen als Neologismen. Nicht selten wird das systemtheoretische Vokabular wie »Girlanden« am Eingang der Untersuchung aufgehängt, ohne daß es mehr als Schmuckfunktionen entwickelt.

Das statische Bias wurde in den Systemtheorien vor allem auf zwei Wegen zu überwinden versucht: durch die kybernetische Variante der Systemtheorien und die Theorie der aktiven Gesellschaft.

(1) Die *kybernetische Variante* ist näher an der Analogie zur Biologie als die Systemtheorie von Parsons bis Luhmann. Das Problem des Todes wird in ihnen verdrängt, da in der Regel von ultrastabilen Systemen ausgegangen wird, in denen stets systemstabilisierende Antworten durch planmäßige Verarbeitung von Informationen und Steuerungen erzeugt werden können. Für die politische Theorie schien diese Variante der Systemtheorie akzeptabler, da die Kybernetik unterstellt, daß es eine zentrale Steuerungsinstanz gibt. Es ist kein Zufall, daß versucht wird, selbst alte substantielle Begriffe wie Macht und Staat mit Hilfe der Kybernetik mit neuem Sinn zu füllen (vgl. Kap. III,2). Politik wird – im Gegensatz zu den Theorien des sozialen Systems, in dem das Politische als Subsystem eine vergleichsweise marginale Rolle spielt – die wichtigste Ebene der Entscheidung: »Politics may be considered as a decisive sphere of social learning, or as a major sphere of social deci-

sion, precisely because it is characterized by this power to override other kinds of preferences« (Deutsch, 1966, S. 242). Die Machtausübung zur Regulierung der gesellschaftlichen Prozesse wird jedoch nicht im Sinne älterer Machtansätze verstanden. Anwendung von Zwang ist nur ein Marginalfall der Machtbeziehungen. Entscheidender sind die Regulierung und Steuerung der Gruppenkonflikte und die Kommunikation im System, das als »lernfähig vermaschtes Regelsystem« konzipiert ist. Die dynamische Komponente wird durch den planmäßigen Ausbau der Fähigkeit des Systems zu Innovationen und zum Zielwandel betont.

Die bloße Übernahme kybernetischen Vokabulars schützt jedoch keineswegs vor konservativen Versuchungen. Nicht selten wird über der Begeisterung für kybernetische Neologismen die Ausgangsposition aufgegeben, nach der diese Konzepte nur Mittel der Analyse waren, und sie werden gleichsam verdinglicht als Sache selbst angesehen. Steuerungsprozesse, die einseitig auf Effizienzsteigerung des Systems angelegt sind, werden gelegentlich überbetont, die Selbststeuerungsfähigkeit und Autonomie der Subsysteme nicht selten unterschätzt, weil die Subsysteme oft nur als Befehlsempfänger mit Rückkoppelungsfunktionen gedacht werden. Wirtschaftliches Wachstum ist bei Entwicklungsländern wie bei den Systemen der Ersten Welt meist der nicht befragte Zielwert, hinter dem Bildung, humane Lebensbedingungen, Förderung der physischen und psychischen Gesundheit des Volkes in den Hintergrund treten. Dies ist nicht notwendigerweise Kennzeichen aller kybernetischen Modelle. Die Technik der Nachrichtenübermittlung und Verarbeitung dominiert jedoch in den meisten Modellen vor der Frage nach dem Inhalt der übermittelten Informationen.

(2) Die *Theorie der aktiven Gesellschaft* bei Etzioni ist insofern eine noch dynamischere Variante der Systemtheorie, als die aktive Rolle der Systemteile stärker betont wird als in den kybernetischen Modellen. Der kybernetische Ansatz kann dazu verführen, einen lückenlosen Informationsfluß und eine wachsende Steuerungskapazität zu verabsolutieren, ohne den Input aus der Gesellschaft zu vergrößern. Etzioni (1968, S. 13)

skizziert ein System, in dem Effizienz und Partizipation miteinander wachsen. Alle bisherigen makrotheoretischen Ansätze ordnet Etzioni nach zwei Typen: den *kollektivistischen* Theorien, die vor allem ungeplanten Wandel sehen und die Gesellschaft überwiegend als passive Handlungseinheit verstehen, und den *voluntaristischen* Theorien, welche gesteuerten Wandel sehen und Gesellschaft als hyperaktiv begreifen. Sein Ansatz versteht sich als Vermittlung zwischen diesen Theorietypen.

Die Theorie der aktiven Gesellschaft faßt einerseits den Machtbegriff wesentlich substantieller auf als die Kommunikationstheorie und die Kybernetik, andererseits betont sie die Aktivität der Einheiten im System, die die Fähigkeit zur Selbstveränderung besitzen. Auch kontrollierte Gesellschaftseinheiten verfügen über solche Kontrollfähigkeiten. Sie setzen Informationen ein, treffen Entscheidungen, verfolgen Ziele und üben Macht aus. Die aktive Konzeption der Untereinheiten wirft das Problem des Konsenses weit stärker auf als in kybernetischen Modellen. Kollektivistische Theorien unterstellen Konsens nicht selten als gegebenes Resultat ungeplanten Wandels, voluntaristische Theorien als Ergebnis der Manipulation durch die Führung mit Hilfe von Massenkommunikationsmitteln. Für Etzioni hingegen ist Konsens das Ergebnis eines Prozesses, in dem gegebene Präferenzen und gesteuerte Änderungsversuche einander beeinflussen. Konsens muß ständig neu erzeugt werden, institutionalisierter Konsens erweist sich als weniger effektiv und allenfalls kurzfristig wirksam im System. Die Partizipation der Subsysteme und ihrer Führungen müssen real sein und dürfen nicht durch Kooptation selektiert werden. Etzionis Theorie der aktiven Gesellschaft orientiert sich also an zwei Faktoren: *Kontrolle* (Macht, Informationskapazität des Systems) und *Konsens*. Aktive Gesellschaften sind auf beiden Skalen hoch einzustufen. Wo Kontrolle dominiert und Konsens kaum vorhanden ist, liegt eine übersteuerte Gesellschaft vor; wo Kontrolle niedrig, aber Konsens hoch ist, ist die Gesellschaft ungesteuert (*drifting*). Kapitalistische Demokratien sind in der Regel zum Typ der wenig gesteuerten Gesellschaften zu rechnen, die sozialistischen Systeme der Gegenwart sieht Etzioni meist als übersteuert an. Etzioni scheint eine Art Konvergenztheorie zu vertreten, welche die untersteuerte kapitalistische und übersteuerte sozialistische Gesellschaft sich auf einer höheren Ebene der aktiven Gesellschaft wiederfinden läßt. Wie in allen Konvergenztheorien findet sich ein utopisches Element in einer unkonditioniert gegebenen Prognose. Etzioni bezeichnet sein Bild der aktiven Gesellschaft als eine »mögliche Utopie«. Wie andere westliche Konvergenztheoretiker neigt auch Etzioni dazu, die Gesellschaft der Zukunft noch zu sehr an den Werten westlicher Gesellschaften auszurichten. Die Partizipationsvorstellungen, die er für die Subsysteme entwickelt, sind überwiegend an den angelsächsischen Demokratien orientiert. Vor allem die Grundbedürfnisse (*basic needs*), die er für alle Menschen unterstellt – wie *need for affection* (Bedürfnis nach Solidarität, Liebe und Kohäsion), Bedürfnis nach Anerkennung, Leistung und Billigung, Bedürfnis nach Konsistenz, Synthese und Ganzheit, Bedürfnis nach wiederholter Gratifikation (welche lange Zwischenräume zwischen den Gratifikationen als frustrierend empfinden lassen; ebd., S. 624f.) –, sind zwar nicht ausschließlich an kapitalistischen Wertvorstellungen orientiert (z. B. das Solidaritätsbedürfnis), wie manchmal behauptet worden ist, aber sie sind in ihrer universalen Geltung umstritten.

Die Theorie der aktiven Gesellschaft hat einen weiteren Vorteil darin, daß sie die schematische Gegenüberstellung von gewaltsamer Revolution und friedlicher Evolution fragwürdig macht. Tatsächlicher Wandel wird durch diese Theorie an Kriterien wie Kontrolle, Leistung, Partizipation und Konsens meßbar, ohne daß man sich bei dogmatischen Streitigkeiten im prozeduralen Bereich der Veränderung aufzuhalten braucht, welche die Debatten – trotz ähnlicher Versuche von André Gorz und Ernest Mandel in der marxistischen Theorie – in der linken Publizistik bis heute so unfruchtbar erscheinen lassen.

Beide Modelle dynamischer Systemtheorie sind für die empirische Forschung anregend. Die Forschung im Bereich der Informationssysteme, der Sektoren der staatlichen Meinungsbildung (Presse- und Informationsämter, Pressepolitik), der Informationssysteme der Regierung (vom wissenschaftlichen Dienst der Parlamente bis zu den Spionageorganisationen) und der Massenkommunikationsmittel in ihrer internen Struktur, hat durch die Kybernetik erstmals ein theoretisches Rüstzeug an die Hand bekommen. Das Modell der aktiven Gesellschaft hingegen hat die Partizipations- und Demokratieforschung zu ganz neuen Fragestellungen gebracht.

Hauptproblem der Systemforschung ist heute die Steuerung von Systemen und ihr geplanter Wandel. Konservative Planungsskeptiker – obwohl auch sie die Gesellschaft als Handlungssystem definieren, das einen Zukunftsplan impliziert, und rational geplantes Handeln wenigstens in Form des systemkongruenten Handelns für möglich halten – sehen es als nahezu aussichtslos an, die dysfunktionalen Folgen von Planungen im voraus zu überblicken; die Fülle der erreichenswerten Zwecke eines Systems in ein Präferenzsystem zu ordnen; zu verhindern, daß sich nicht ein spezifischer Zweck durch die Planung unversehens verdinglicht und alle anderen Erwägungen und Datenkenntnisse verdrängt; die Bedürfnisstruktur des Menschen verläßlich zu erkennen; die latenten Funktionen ebenso eindeutig auszumachen wie die manifesten, und schließlich die Fülle der planenden Instanzen vom Betrieb bis zum Staat in ihren Bemühungen so zu koordinieren, daß wirklich ein allgemeiner Nutzenzuwachs zu verzeichnen ist.

Da die Bedürfnisstruktur und die Zielvorstellungen der Individuen und planenden Subsysteme ihrerseits sozial vorgeformt sind und durch Aufklärungs- und Propagandaarbeit der zentralen Steuerungsinstanzen ständig beeinflußt – und nicht selten manipuliert – werden, dürften die durch Planung zu enttäuschenden Erwartungen und Bedürfnisse für das Gros der Menschen geringer sein, als konservative Individualisten befürchten. Außerdem müßten jene enttäuschten Erwartungen, die sich trotz rationaler Planung häufig nicht vermeiden lassen, verglichen werden mit der sicheren Enttäuschung der Mehrheit im Falle von Nichtplanung, die in vielen Fällen zu empfindlichen Störungen des Systemgleichgewichts führen würde. Das Hauptproblem ist in einem politischen System, das nicht an Führungsschwäche, mangelndem Innovationswillen, Kommunikationsarmut und Ideenmangel leidet, wie die zentrale Steuerung noch hinreichend mit den Autonomietendenzen und eigenen Planungs- und Steuerungskapazitäten der Subsysteme verbunden werden kann.

Hier sind wir mit einer Fülle von Enttäuschungen mancher Planungsspezialisten konfrontiert: Beim Verlassen von einfachen negativen Rückkoppelungsschleifen, die nur eine wichtige Zustandsvariable enthalten – wie dies in der überwiegenden Zahl wenig komplexer Planungssituationen der Fall ist –, und beim Versuch, den Wandel komplexer Systeme zu planen, wird es immer schwieriger, die Zusammenhänge zu überblicken. Ursache und Wirkungen sind in komplexen Systemen nicht mehr unmittelbar einsichtig miteinander verknüpft, die dysfunktionalen Folgen von Planungen lassen sich oft erst mit starker zeitlicher und örtlicher Verschiebung erkennen. Die üblichen Korrelationsanalysen haben die vergleichende Systemforschung häufig in die Irre geführt. Noch schwieriger erscheint die Ermittlung der entscheidenden Systemparameter, auf deren Veränderung das System reagiert, da sich immer wieder zeigt, daß komplexe politische Systeme selbst auf Änderung mehrerer Parameter kaum reagieren. Die Zentren der innovationshemmenden Beharrungskräfte müssen in jedem System zuverlässig geortet werden. Nur für orthodoxe Marxisten ist es ausgemacht, daß diese in kapitalistischen Demokratien a priori in den profitorientierten Zentren des privaten Produktionsmittelbesitzes zu suchen sind.

Planungstheorie und Systemsteuerungsforschung haben bisher weitgehend unabhängig von der Erforschung der Autonomie, der Steuerungskapazitäten und Partizipationsmöglichkeiten der Subsysteme gearbeitet. Es ist das Verdienst der neueren Formen dynamisierter Systemtheorie, die Bemühungen um Effizienz- und Partizipationssteigerung im System in einem theoretischen Modell zusammenzusehen.

G. ALMOND: Comparative Political Systems. Journal of Politics, 1956, S. 391–409
M. A. KAPLAN: System und Process in International Politics. New York, Wiley, 1964
O. R. YOUNG: The Impact of General Systems Theory on Political Science. General System, 1964, Bd. 9, S. 239–253
D. EASTON: A Systems Analysis of Political Life. New York, Wiley, 1965
K. W. DEUTSCH: The Nerves of Government. New York, Free Press, [2]1966
D. EASTON: Varieties of Political Theory. Englewood Cliffs, Prentice Hall, 1966
M. A. KAPLAN: System Theory. In: J. C. CHARLESWORTH (Hrsg.): Contemporary Political Analysis. New York, Free Press, 1967, S. 150–163
H. J. SPIRO: An Evaluation of System Theory. Ebd., S. 164–174
S. VERBA: Some Dilemmas of Comparative Research. World Politics, 1967/68, S. 111–127
W.-D. NARR: Theoriebegriffe und Systemtheorie. Stuttgart, Kohlhammer, 1969
F. NASCHOLD: Systemsteuerung. Stuttgart, Kohlhammer, 1969
S. E. FINER: Almond's Concept of ›The Political System‹: A Textual Critique. Government and Opposition, 1969/70, S. 3–21
K. W. DEUTSCH: Politics and Government. Boston, Little Brown, 1970
N. LUHMANN: Soziologische Aufklärung. Köln/Opladen, Westdeutscher Verlag, 1970
J. HABERMAS/N. LUHMANN: Theorie der Gesellschaft oder Sozialtechnologie. Was leistet die Systemforschung? Frankfurt, Suhrkamp, 1971
F. NASCHOLD: Die systemtheoretische Analyse demokratischer Systeme. In: Probleme der Demokratie heute. Köln/Opladen, Westdeutscher Verlag, 1971, S. 3–39
D. OBERNDÖRFER (Hrsg.): Systemtheorie, Systemanalyse und Entwicklungsländerforschung. Einführung und Kritik. Berlin, Duncker & Humblot, 1971
K.-H. TJADEN (Hrsg.): Soziale Systeme. Neuwied, Luchterhand, 1971
G. SCHMID: Funktionsanalyse und politische Theorie. Funktionalismuskritik, Faktorenanalyse, Systemtheorie. Düsseldorf, Bertelsmann Universitätsverlag, 1974
H. BUSSHOFF: Systemtheorie als Theorie der Politik. Pullach, Verlag Dokumentation, 1975
J. FRIEDRICH/E. SENS: Systemtheorie und Gesellschaft. Zur gegenwärtigen Kybernetik-Rezeption in den Sozialwissenschaften. KZfSS, 1976, S. 27–47
W. J. GULIJEW u. a.: Bürgerliches politisches System und Systemtheorie. Berlin (O), Akademieverlag, 1978
K. O. HONDRICH/J. MATTHES (Hrsg.): Theorienvergleich in den Sozialwissenschaften. Darmstadt, Luchterhand, 1978
N. LUHMANN: Gesellschaftsstruktur und Semantik. Frankfurt, Suhrkamp, 2 Bde. 1980, 1981

Der Kulturbegriff wurde durch die »behavioristische Revolte« aus der Anthropologie in die politische Theorie eingeführt. Der Begriff der politischen Kultur wurde durch Gabriel Almond (1956) in die allgemeine Diskussion gebracht. Die umfangreiche begriffsanalytische Untersuchung von A. L. Kroeber und Clyde Kluckhohn (1952) registrierte die Wortverbindung »politische Kultur« noch nicht unter den Hunderten von Kulturbegriffen, die nachgewiesen wurden. Der Kulturbegriff wurde seit etwa 1750 vor allem in der deutschen Sprache gebraucht, während die romanischen Sprachen und das Englische überwiegend von »Zivilisation« sprachen. Der erste angelsächsische Anthropologe, Taylor, der den Kulturbegriff in dem Werk ›Primitive Culture‹ zu einem Zentralbegriff seiner Wissenschaft erhob, übernahm ihn von deutschen Autoren, vor allem von Klemm, aber noch lange behielten die Engländer (mehr als die Amerikaner) Skrupel, den deutschen Ausdruck zu adaptieren. Gleichwohl gab es in der Literatur der politischen Klassiker funktionale Äquivalente des Begriffs »politische Kultur«, seit Aristoteles sich den sozialen Grundlagen der Polis zugewandt hatte und vor allem französische Theoretiker von Bodin über Montesquieu bis Tocqueville die »mœurs« untersuchten, auf denen ein Gemeinwesen beruht. Ein deutscher Liberaler wie Mohl, der sich um die Zusammenarbeit von Staats- und Gesellschaftswissenschaften verdient machte, sprach von »Gesittigung« und meinte damit etwas ziemlich Ähnliches wie »politische Kultur«. Der Versuch, nicht an der formellen Verfassung hängenzubleiben, der auch von Institutionalisten bis hin zu Dolf Sternberger mit dem Begriff »Lebende Verfassung« gemacht wurde, war ebenfalls ein funktionales Äquivalent des politischen Kulturbegriffs.

Der Kulturbegriff wurde zu keiner Zeit einheitlich gebraucht. Eine Untersuchung von Kroeber und Kluckhohn (1952, S. 301) wies nach, daß der Kulturbegriff vor 1940 überwiegend mit der auf Gruppen und soziale Einheit bezogenen Bedeutung als historisches Produkt (Erbe, Tradition), Totalität und Verhalten gebraucht wurde. Nach 1940 führten – vermutlich unter dem Einfluß des Behaviorismus (vgl. Kap. II,3) – die soziale Gruppenbedeutung und der Verhaltensbegriff von Kultur.

Diese Vielfalt ließ sich einmal dadurch erklären, daß der Kulturbegriff niemals auf eine Spezialdisziplin – häufig als Kulturanthropologie bezeichnet – beschränkt blieb, sondern in geschichtsphilosophischen und sozialwissenschaftlichen Werken sehr verschiedener theoretischer Provenienz gebraucht wurde. Zum anderen ist die relativ wenig entwickelte Theorie des Faches Ethnologie und Anthropologie in der Frühzeit für die fließenden Grenzen des Kulturbegriffs verantwortlich zu machen. Gabriel Almond und Sidney Verba (1963, S. 14), die den Begriff »Politische Kultur« populär machten, waren sich der Gefahr bewußt, daß sie mit seinen Vorteilen – Übernahme der Errungenschaften der Kulturanthropologie – auch seine Zweideutigkeiten und Gefahren mit übernahmen. Die beiden Autoren nahmen eine Variante des Kulturbegriffs und spitzten sie auf die Bedürfnisse der Politikwissenschaft zu. Unter politischer Kultur wollten sie in erster Linie psychologische Orientierung gegenüber sozialen Objekten verstehen. Der Ausdruck »psychologische Orientierung« (war psychische gemeint?) darf jedoch nicht zu der Annahme verleiten, daß die Political-Culture-Lehre eine der reduktionistischen Lehren aus dem Bereich der Psychologie ist. Bewußt setzt man sich von der älteren psychologischen Nationalcharakterforschung ab und studierte die sozialvermittelten Prozesse und vor allem die politische Sozialisation. Während die ältere Nationalcharakterforschung häufig von ererbten Eigenschaften ausging, stellt dieser neue Ansatz unmißverständlich fest: »Political cultures are learned« (Pye/Verba, 1969, S. 556).

Die Kritik des Ansatzes hat sich zum Teil nicht mit dieser Übernahme des Kulturbegriffs abfinden können. Benjamin Walter (in: Journal of Politics, 1965, S. 206–209) verwarf ihn als allzu »amphibisch«, da er ein heterogenes Sammelsurium von Dingen (Artefakten, Technologie, soziale Beziehungen, Musik und Spiel ... »like the Lord High Executioner's list, the catalogue can be indefinitely extended«) bezeichne. In Verbindung mit dem Systembegriff wurde Kultur als ein System der internalisierten Kognitionen, Gefühle und Wertungen der Bevölkerung verstanden, als »System jener expliziten und impliziten Leitvorstellungen, die sich auf die politischen Handlungszusammenhänge beziehen« (Lehmbruch, 1967, S. 13). Im Gegensatz zu älteren Kompilationen von Statistiken wurde hier eine neue Methode der Datensammlung und ihrer theoretischen Verarbeitung angeboten.

Der Begriff »politische Kultur« enthält – wie bei der Verwendung in den Ursprungswissenschaften – eine stark normativ-integrative Komponente, die sich überwiegend an das Verhalten von Eliten richtet. Beim Kulturbegriff kam dies in der älteren funktionalen Theorie am krassesten zum Ausdruck, etwa bei Bronislaw Malinowski (1951, S. 94), dem sich Kultur darstellte »als ein gewaltiger Apparat der Anpassung, der durch Übung, durch das Vermitteln von Fertigkeiten, das Lehren von Normen und die Ausbildung des Geschmacks Anerzogenes und Naturgegebenes miteinander verschmilzt und so Wesen schafft, deren Verhalten nicht durch das Studium der Anatomie und Physiologie allein bestimmt werden kann«. Auch bei Almond/Verba (1963, S. 15) war ein normatives Element (evaluative Orientationen) Teil der Haltungen, die eine politische Kultur konstituieren.

Die normative Komponente wurde auch bei der Typologie von politischen Kulturen deutlich. Almonds erste Klassifikation von vier politischen Kulturen fiel reichlich schematisch aus: die präindustrielle, totalitäre, anglo-amerikanische und kontinentaleuropäische politische Kultur. Der kontinentaleuropäische Typ war für ihn durch die Fortdauer präindustrieller und katholisch-religiös determinierter Subsysteme gekennzeichnet. Seltsamerweise wurden dabei die Niederlande mit ihren stark religiös und sozial fragmentierten Gruppen dem angelsächsischen Typ zugeordnet. Abgesehen von der Zuordnung einzelner politischer Systeme war diese Klassifikation jedoch auch deshalb schlecht, weil die einzelnen Typen sich nach ganz unterschiedlichen Merkmalen konstituierten und nicht ein einheitliches logisches Merkmal zugrunde legten – etwa den Umfang der sozialen Kontrolle von oben bei totalitären oder der nicht mechanisch geschaffenen Homogenität angelsächsischer Länder. Eine so allgemeine Klassifikation brachte gegenüber der traditionellen Herrschaftsformenlehre kaum einen Fortschritt, sondern hielt sich an die Dreiteilung von westlichen repräsentativen Demokratien, totalitären Diktaturen und Entwicklungsländersystemen, wobei der kontinental-europäische Typ eine Variante des ersten mit kleinen Beimischungen des dritten Typs darstellte.

Um zu brauchbareren Klassifikationen zu gelangen, mußte der Begriff »political culture« in seine Bestandteile zerlegt werden. In Verbindung mit der Input-Output-Analyse, die ein Zweig der Systemtheorie seit Easton aus der Ökonomie übernommen hatte, wurden vornehmlich die Input-Funktionen vom Political-Culture-Ansatz studiert, deren es nach Almond-Colemann vier gibt: politische Sozialisation und Rekrutierung, Interessenartikulation (vor allem von den Interessengruppen wahrgenommen), Interessenaggregation (vornehmlich durch die Parteien), politische Kommunikation. Die zweite und dritte Funktion waren die wichtigsten zur Konfliktschlichtung. Politische Sozialisation ist die Umschlagstelle von mikropolitologischen zu makropolitologischen Analysen, die bis dahin ziemlich unverbunden nebeneinanderstanden. (Man muß überhaupt sagen, daß im Gegensatz zu anderen Sozialwissenschaften, vor allem der Soziologie und Ökonomie, die Mikropolitikwissenschaft bis heute weitgehend vernachlässigt oder ganz den Psychologen überlassen wurde.) Die beiden Funktionenbündel wurden zur wichtigsten Grundlage der Einteilung von politischen Kulturen.

Die politischen Kulturen von Entwicklungsländern haben sich bisher kaum in einer erschöpfenden Typologie klassifizieren lassen. Meist wird hier nur nach einzelnen wichtigen Kriterien, z. B. dem Grad, in dem die Rollen in einem Entwicklungsland funktional diffus und damit substituierbar sind, oder nach dem Grad der Säkularisation, der das Ausmaß angibt, in dem das politische Handeln rational und empirisch wird, eine Skala zur Messung des Modernisierungsgrades aufgestellt. In der Theorie des Nation-Building wird ein drittes Kriterium zur Abgrenzung politischer Kulturen herausgestellt, das mit der

Sozialisationsfunktion zusammenhängt: der Grad, in dem eine Nation ihre Selbstidentität erringt. Hierbei werden Begriffe der Psychologie – etwa von Erik H. Erikson – direkt in die Politik hineingetragen: »Die Frage der nationalen Identität ist die Political-Culture-Version des personellen Grundproblems der Selbstidentität« (Pye/Verba, 1969, S. 529). Die Nation-Building-Forschung untersucht das Identifikationsproblem in zwei Richtungen: in der vertikalen Richtung die nationale Idenfikation, in der horizontalen Richtung die Identifikation mit den Mitbürgern eines politischen Systems.

Etwas leichter schienen die politischen Kulturen industrialisierter Demokratien typologisierbar zu sein, auch wenn Almonds Einteilung von 1955 stark irreführend gewirkt hatte. Harry Eckstein (1966, S. 193ff.) setzte sich bei der Forschung über Norwegen expressis verbis von der Klassifikation Almonds ab und kam zu der Dreiertypologie: Konsensus-Systeme (z. B. Großbritannien), mechanisch integrierte Systeme (z. B. die USA), in denen die Kohäsion weitgehend von politischen *divisions* herrührt, da diese nach der weitverbreiteten Erklärung der Gruppentheorie in der Bentley-Truman-Schule durch die *overlapping memberships* charakterisiert werden, und die sogenannten *Community Systems* (die für Eckstein durch Norwegen repräsentiert werden), in denen die Kohäsion durch eine umgreifende Solidarität trotz oder gerade wegen der Gruppenfragmentierung existiert.

Weitere Detailforschungen über einzelne kleinere politische Systeme zwangen zu neuen Abwandlungen der Klassifikation politischer Kulturen. Am bekanntesten wurden die Versuche von Lehmbruch am Beispiel Österreichs und der Schweiz oder Lijpharts am Beispiel der Niederlande. Lehmbruch (1967, S. 13) nahm eine gewisse Einengung des Begriffes »politische Kultur« vor. Statt auf die Materie politischer Konflikte spezialisierte er seine Einteilung politischer Kulturen auf die Modalitäten der politischen Regelung gesellschaftlicher Konflikte. Er kam dabei ebenfalls zu einer Dreiertypologie: (1) das Konkurrenzmodell, das Konflikte mit Hilfe der Mehrheitsentscheidung regelt und das lange in der Parlamentarismustheorie nach britischem Vorbild als der Normalfall eines parlamentarischen Systems galt; (2) das Proporzmodell, das trotz majoritärer Konfliktregelungsmuster im Bereich der Normen und des Verhältnisses von Regierung und Parlament de facto mit *amicabilis compositio* und proportionalistischer Konfliktschlichtung arbeitet, und (3) das hierarchisch-bürokratische Modell mit autoritärer Konfliktregelung. Lehmbruch übersah keineswegs, daß diese drei Typen selten rein vorkommen und in praxi in verschiedenen Mischungsverhältnissen angetroffen werden.

Bei der Erforschung des amerikanischen Systems ist dieser Gedanke unabhängig von europäischen Ansätzen bereits früher entwickelt worden, etwa von James M. Burns, der drei Modelle amerikanischer Führung gegenüberstellte: das Madisonsche Modell der *countervailing powers*, das Jeffersonsche Modell – als revolutionäres Modell auf der Basis der Mehrheitsherrschaft und eines kompetitiven Parteiensystems – und das Hamiltonsche Modell, das mit einer starken Neigung zu präsidentieller Führerschaft und machtvoller Exekutive verbunden gedacht wurde. Das Madisonsche Modell war dem proportionalistischen Modell, das Hamiltonsche dem bürokratischen Modell am nächsten. Bei der Präsidentenwahl überwiegt ein Konkurrenzmodell à la Lehmbruch, bei der Politik der Parteien im Kongreß tendiert das gleiche System stärker zu proportionalistischen Mitteln der Konfliktregelung.

Am holländischen Beispiel entwickelte Arendt Lijphart (1968, S. 206f.) einen weiteren Typ von politischer Kultur, der nicht nur die Art des Pluralismus und die Konfliktmechanismen zwischen den Gruppen und versäulten Blöcken in die Betrachtung einbezog, sondern auch das Verhältnis von Eliten und Massen näher beleuchtete, das ein weiteres Kriterium zur Klassifikation von politischen Kulturen geworden ist, seit William Kornhauser das Verhältnis von Kultur und Persönlichkeit zu einer Typologie moderner Regime verwandt hatte, wobei er vom älteren anthropologischen Kulturbegriff ausging und sich nicht direkt an die Almondsche Lehre von der Political Culture anlehnte, die damals erst in einigen Aufsätzen skizziert worden war. Lijphart nannte die Niederlande ein *Akkommodationssystem*, das dadurch gekennzeichnet ist, daß die Gruppen stark fragmentiert sind und die Individuen einen hohen Organisationsgrad aufweisen. Der oligarchische Charakter der Gesellschaft förderte jedoch nach diesem Modell eine Ausgleichspolitik zwischen den Eliten und machte stabile Demokratie – entgegen einem alten Vorurteil – trotz starker Fragmentierung der Gesellschaft möglich. Wie Lehmbruch später den Begriff *Proporzdemokratie* als unscharf zugunsten der Bezeichnung *Konkordanzdemokratie* aufgab, so erhob Lijphart (1968) das Akkommodationsmodell zu einem allgemeineren Typ unter der Bezeichnung *Consociational Democracy*. Diesem Typ stellte er die *zentrifugale Demokratie* (mit fragmentierter politischer Kultur und Immobilismus und Instabilität, wie sie in Frankreich in der Dritten und Vierten Republik, in Italien oder in der Weimarer Republik vorherrschten) und den Begriff der *zentripetalen Demokratie* mit homogener politischer Kultur und starker Stabilität gegenüber.

Fruchtbringender als die allgemeinen Typologien, die sich für jeden neuen Typ als revisionsbedürftig erwiesen, war die Zuwendung zu den kleinen Demokratien, die vom Schema des angelsächsischen Modells abwichen, ein neues Forschungsinteresse, das in dem Projekt »Smaller European Democracies« gipfelte, dem sich amerikanische Forscher wie Robert Dahl und eine Reihe von europäischen Gelehrten wie Hans Daalder, Stein Rokkan und andere widmeten. Zum erstenmal verschafften sie der Politikwissenschaft der kleinen Länder – vor allem der skandinavischen – weltweite Beachtung und ließen diese methodisch einen Vorsprung vor den größeren Ländern mit einer institutionell umfangreicheren Politikwissenschaft – wie England, Frankreich und der Bundesrepublik – gewinnen.

Neuere Forschungen zeigten, daß selbst Länder, die bis dahin als überwiegend majoritär in ihrer Konfliktschlichtungsgesinnung angesehen wurden, wie Schweden (wenigstens nach dem Zweiten Weltkrieg und seit die Sozialdemokraten eine hegemoniale Position im Parteiensystem hatten), ebenfalls eine stark pragmatische Elitenkultur mit Abneigung gegen offene und harte Konflikte und einer Neigung zu Konsultation und Kooperation hatten (Anton, 1969).

Neben der empirisch-komparatistischen Typologie politischer Kulturen gab es seit Almond und Verbas Buch über ›Civic Culture‹ auch eine wertende Teilnahme für eine bestimmte politische Kultur, wie sie allen anderen Typologien weit weniger zugrunde lag, die eher defensive normative Elemente enthielten, das heißt eine bestimmte, bis dahin unter der Vorherrschaft des britischen Modells stark diskriminierte politische Kultur – wie Österreich, die Schweiz oder die Niederlande – zu rehabilitieren trachteten, ohne sie jedoch als die beste der denkbaren hinzustellen. Bei Almond und Verba (1963, S. 487) tauchte jedoch von Anfang an ein Vorurteil zugunsten der Civic Culture auf, die als Mittelweg zwischen partizipatorischen und apathischen politischen Kulturen gepriesen wurde: »Within the civic culture, then, the individual is not necessarily the rational, active citizen. His pattern of activity is more mixed and tempered. In this way he can combine some measure of competence, involvement, and activity with passivity and noninvolvement.« Der Political-Culture-Approach hat die These einer gewissen heilsamen Apathie aus der Wahlforschung übernommen, wo sie von Bernard Berelson und anderen entwickelt worden ist. Civic Culture war für Almond nahezu identisch mit der angelsächsischen politischen Kultur, in der politische Kultur und politische Struktur kongruent sind.

Der Political-Culture-Ansatz birgt eine Reihe von Gefahren in sich:

(1) die *Umsetzung von Mikro- in Makroanalysen*, die angestrebt wird, gelingt nicht immer in überzeugender Weise. Almonds Gruppe hat überwiegend durch Interviews geforscht und daher geäußerte Meinungen überbewertet, hingegen das *non-verbal behavior* völlig vernachlässigt, und die Frage, wie Überzeugungen und Werthaltungen, die festgestellt wurden, das politische Verhalten der Systeme beeinflussen, wurde nicht einmal angefaßt (Czudnowski, 1968, S. 984). Die Abgrenzung der politischen von anderen Orientierungen blieb ebenfalls meist recht vage.

(2) Das Modell einer Civic Culture geht von einem *angelsächsischen Ideal* aus, an dem sämtliche politische Kulturen

der Welt gemessen werden. Erst in der Fortentwicklung dieses Ansatzes – vor allem am Beispiel kleinerer europäischer Demokratien – konnte diese einseitige Wertung etwas abgebaut werden.

(3) Wie allen behavioristischen Ansätzen wird auch dem Political-Culture-Ansatz vorgeworfen, er habe ein *statisches Bias*. Die Survey-Techniken werden jedoch heute mehr und mehr dazu eingesetzt, Wandel der politischen Kulturen zu erforschen, und die Attitüdenforschung kann dazu beitragen, festzustellen, ob eine politische Kultur stabil und universal oder labil, transitorisch oder einmalig in einer bestimmten historischen Epoche oder lokalen Variante ist. Ähnlich wie bei anderen behavioristischen Forschungsobjekten sind solche Untersuchungen jedoch bisher nicht kontinuierlich angestellt worden. Es fehlt an einheitlichen Fragestellungen für verschiedene politische Systeme, und der hohe Aufwand an Material und Forschungskraft stand bisher in keinem Verhältnis zum Ergebnis. Verdienstvoll aber bleiben die Betonung der Notwendigkeit systematischer Datensammlung und Datenauswertung und der Beitrag der Political-Culture-Forschung zur Überwindung des Vorurteils, politische Fakten seien bekannt und durch Beobachtung und systematisches Lesen zu verarbeiten.

(4) Ein weiterer Vorwurf ist die *Voreingenommenheit* der meisten Political-Culture-Forscher *für Elitenverhalten*. Almond half sich noch mit der zugegebenermaßen durch das Material nicht gestützten Behauptung, daß die Eliten die politische Kultur der Nichteliten teilten, da beide Aggregate dem gleichen Sozialisationsprozeß ausgesetzt seien. Lijphart und andere Erforscher von pluralistischen, aber oligarchischen politischen Systemen haben diese Fiktion widerlegt, und auch die Erforschung von Parteiaktivisten hat Modifikationen an diesen Annahmen notwendig gemacht.

(5) Der Political-Culture-Ansatz hat große Verdienste im *Kampf gegen eine rein institutionelle Auffassung von Politik*. Durch die Überbetonung der prozeduralen Aspekte der Konfliktschlichtung – etwa bei Lehmbruch – droht jedoch der Institutionalismus wiederaufzuleben. Linke Kritiker hingegen,

die auf dem Boden einer dialektisch-kritischen Wissenschaftstheorie stehen, neigen dazu, den prozeduralen Aspekt von Konfliktregelung auf Grund einer schematischen Anwendung des Basis-Überbau-Schemas ihrerseits zu gering einzuschätzen. Von der Systemtheorie ist neuerdings mit Recht auf die legitimierende Wirkung von Verfahren hingewiesen worden, die man von gerichtlichen oder parlamentarischen Prozeduren zweifellos auch auf die Konfliktschlichtungsmuster außerhalb institutionell abgrenzbarer Rahmen anwenden könnte (Luhmann).

(6) Der schwerste Vorwurf gegen die Political-Culture-Lehre bezieht sich auf ihre *Skepsis gegenüber allzu starker politischer Partizipation.* Was in der politischen Soziologie als »Political Man« und in der Almond-Schule als gemäßigtes mittleres Verfahren in der Civic Culture gepriesen wird, erscheint den Wortführern der antibehavioristischen Revolte heute als »Pseudopolitik« (Ch. Bay). Fortentwickelte Ansätze der Systemtheorie bei Etzionis Theorie der »Active Society« sind geneigt, ein höheres Maß an Partizipation mit Effizienz und Stabilität von Demokratien für vereinbar zu halten. Alle diese Vorwürfe haben jedoch zu einer Weiterentwicklung der Political-Culture-Forschung und der schrittweisen Überwindung des elitären antipartizipatorischen, statischen und anglo-amerikano-zentrischen Bias der Almondschen Lehre geführt. In der Einbeziehung der Erkenntnisse der politischen Psychologie hat der Begriff der politischen Kultur Aussichten, auch von dialektisch-kritischen Ansätzen in der politischen Theorie als politisches Konzept beibehalten zu werden, soweit solche Theorien nicht nur von Sollenssätzen mit Appellen an die totale Partizipation in einem Rätemodell ausgehen.

B. Malinowski: Die Dynamik des Kulturwandels. Wien, Humboldt Verlag, 1951

A. L. Kroeber/C. Kluckhohn: Culture. A Critical Review of Concepts and Definitions. New York, Vintage Books, 1952

G. Almond: Comparative Political Systems. Journal of Politics, 1956, S. 391–409

W. Kornhauser: The Politics of Mass Society. New York, Free Press of Glencoe, 1959

H. Eckstein: Division and Cohesion in Democracy. Princeton UP, 1966

G. Lehmbruch: Proporzdemokratie. Tübingen, Mohr, 1967

M. Czudnowski: A Salient Dimension of Politicals for the Study of Political Culture. APSR, 1968, S. 878–888

A. Lijphart: The Politics of Accomodation. Berkeley, University of California Press, 1968

A. Lijphart: Typologies of Democratic Systems. Comparative Political Studies, April 1968, S. 3–44

Th. J. Anton: Policy-Making and Political Culture in Sweden. Scandinavian Political Studies, 1969, S. 88–102

L. W. Pye/S. Verba (Hrsg.): Political Culture and Political Development. Princeton UP, 1969

F. U. Pappi: Wahlverhalten und politische Kultur. Meisenheim, Hain, 1970

P. V. Dias: Der Begriff »Politische Kultur« in der Politikwissenschaft. In: D. Oberndörfer (Hrsg.): Systemtheorie, Systemanalyse und Entwicklungsländerforschung. Berlin, Duncker & Humblot, 1971, S. 409–448

D. Berg-Schlosser: Politische Kultur. München, Vögel, 1972

D. Kavanagh: Political Culture. London, Macmillan, 1972

L. Schneider/Ch. Bonjean: The Idea of Culture in the Social Sciences. Cambridge UP, 1973

K. D. McRae (Hrsg.): Consociational Democracy. Toronto, McClelland & Stewart, 1974

A. Brown/J. Gray (Hrsg.): Political Culture and Political Change in Communist States. London, Macmillan, 1977

A. Lijphart: Democracy in Plural Societies. A Comparative Exploration. New Haven, Yale UP, 1977

M. u. S. Greifenhagen: Ein schwieriges Vaterland. Zur Politischen Kultur Deutschlands. München, List, 1979

P. Reichel: Politische Kultur der Bundesrepublik. Opladen, Leske, 1981

5. *Demokratie*

Der Demokratiebegriff entwickelt mehr und mehr die Tendenz, synonym mit allem Guten, Schönen und Wahren in der Gesellschaft zu werden. Jedes der anderen Ordnungs- oder

Konfliktmodelle wird von bestimmten Parteien und wissenschaftlichen Schulen vorgezogen und von anderen verketzert. Nur der Demokratiebegriff wird heute von allen beansprucht, selbst von faschistoiden Gruppen, die sich als »Nationaldemokraten« bezeichnen. Noch in der amerikanischen Revolution gab es keine Gruppe, die sich selbst als »demokratisch« bezeichnete, und in der Französischen Revolution erklärte Robespierre Demokratie und Republik zu Synonymen, wobei er mehr republikanisch-antiaristokratische als demokratisch-egalitäre Postulate mit diesem Begriff verband, was Babeuf und andere Radikale bereits mit Kritik vermerkten. Alle Systeme – unabhängig von der Gesellschaftsformation und dem Entwicklungsstand – gehören nach einer Untersuchung der UNESCO (McKeon, 1951, S. 527) zu den Befürwortern der Demokratie und damit zu jener Mehrheit, von der Plato (Res publica, 557 c) einst abschätzig sagte, daß sie »mit einem Kinder- und Weiberverstand nur an dem Bunten ihr Auge ergötzt« und daher die demokratische Verfassung mit ihrer »Zügellosigkeit und Buntscheckigkeit« als die »schönste Verfassung« anerkenne.

Von allen Integrations- und Ordnungsmodellen ist der Demokratiebegriff der wertgeladenste, der auch Gegner normativer Ansätze immer wieder zum Ruf nach einer normativen Demokratietheorie geführt hat (Scharpf, 1970, S. 93; Naschold, in: Probleme, 1971, S. 7). Wolf-Dieter Narr kritisierte einerseits die untheoretische und primär ideengeschichtliche normative Demokratietheorie und sah mit Recht die Gefahr, daß Demokratietheorie zur moralischen Abstraktion über die Amoralität des Alltags wird, andererseits geißelte er die Perspektivlosigkeit der empirischen Demokratietheorie, die Demokratie zur abhängigen Variablen von Stabilität werden läßt, und öffnete mit der Forderung nach Reflexionen über die Natur des Menschen (Narr, 1971, S. 43f.) ontologischen Ansätzen erneut die Tür. Er improvisierte einen Normativismus, der sich weiter von den mittelfristigen Entwicklungsmöglichkeiten der bestehenden Systeme entfernt, als ratsam erscheint: »Wenn Demokratie als Gesellschaftsform ... einen werthaften Vorrang zu haben scheint, dann deshalb, weil es ihr – wenigstens ihrem Anspruch entsprechend – gelingen muß, ihre Normalität und Legalität nicht dem einzelnen aufzuzwingen oder ihn entsprechend zu sozialisieren. Anstelle des oben angedeuteten Abdrängens allen anomischen Verhaltens in Gerichte und Krankenanstalten, anstelle der fortlaufenden Verstärkung des Normalität aufrechterhaltenden repressiven Gewaltapparates käme es ihr darauf an, das gesellschaftlich-politische System so zu gestalten, daß eine ›culture of civility‹ das Anomische in den Nomos miteinbezieht und/oder den Nomos so gestaltet, daß Verdrängungen, Verkrampfungen, Gewalttaten nicht mehr notwendig sind.« Die Lösung aller Probleme der Sozialpädagogik muß nicht als notwendige Voraussetzung der Demokratisierung im allgemeinen angesehen werden.

Die Erbitterung, mit der seit der Protestbewegung Ende der 60er Jahre über Demokratiekonzepte gestritten wird, ist partiell aus den Subsumtionen unter den Demokratiebegriff zu erklären, die ursprünglich wenig mit ihm zu tun hatten. Die radikale Demokratieauffassung ist dabei ideengeschichtlich insofern im Vorteil, als sie darauf hinweisen kann, daß es die bürgerlichen Liberalen waren, die den Demokratiebegriff um die Forderungen erweitert haben, die heute in kapitalistischen Systemen gemeinhin mit dem Begriff »Demokratie« verbunden werden. Der Liberalismus hat neben den Prinzipien der Gleichheit und der Volkssouveränität als den zentralen Begriffen, die im Demokratiebegriff enthalten sind, den Konstitutionalismus (mit den Prinzipien der Rechtsstaatlichkeit, des Repräsentationssystems, Garantie der Grundrechte, Minderheitenschutz und gelegentlich auch Gewaltenteilung) in den bürgerlich-liberalen Demokratiebegriff mitaufgenommen.

Mehr noch als die anderen Ordnungsbegriffe, welche nur durch präzisere Aufzählung von Merkmalen unterhalb der allgemeinen Definition mit konkretem Inhalt zu füllen waren, blieb der Demokratiebegriff an eine Reihe anderer Begriffen gebunden wie (1) Gleichheit und (2) Volkssouveränität. Der Begriff der *Gleichheit* wird von Konservativen und liberalen Kritikern immer wieder in Frage gestellt und allenfalls von denen, die Demokratie und Sozialismus nicht nur für vereinbar, sondern eigentlich für komplementär halten, ins Zentrum der Betrachtung gerückt. Der Begriff der *Volkssouveränität* ließ sich nur in der reduzierten Form der Mehrheitsherrschaft operationalisieren (Kielmansegg, 1977, S. 255). Trotz dieser Einschränkungen sind beide Konzepte nicht nur auf der ideologischen Ebene der Demokratiepropagandistik angesiedelt. In der Forschung entsprechen ihnen noch immer zwei Hauptforschungsrichtungen:

(1) die Suche nach den *sozialen* Voraussetzungen des demokratischen Konsenses,

(2) die organisationstheoretische Analyse der Möglichkeiten zur *institutionellen* Realisierung des Volkswillens und der Partizipation aller Bürger.

(1) *Statische Demokratiemodelle.* Die verschiedenen Approaches haben sich dabei vor allem in der Demokratieforschung sehr unterschiedlichen Fragestellungen zugewandt:

a) Der *historisch-genetische Ansatz* verfolgte die Entwicklung des Demokratiebegriffs, seltener seine Realisierung in unterschiedlichen Verfassungssystemen.

b) Der *institutionelle Ansatz* widmete sich vor allem den institutionellen Hilfsmitteln, die das Prinzip der Volkssouveränität und ihre Emanation, den Volkswillen, erst realisieren konnten. Von Aristoteles bis Rousseau war dies keineswegs der vorherrschende Ansatz. Er überwog eigentlich erst in der Zeit der akademisierten Staatslehre, in der durch die lange Vorherrschaft von Monarchien und Aristokratien im Mittelalter und in der frühen Neuzeit der Demokratiebegriff zu einem akademischen Schultyp herabgesunken war. Im Zeitalter des liberalen Konstitutionalismus bei Vorherrschaft der konstitutionellen Monarchie war Demokratie ebenfalls kein Ideal der vorherrschenden Staatsformenlehre, und man versuchte – nach dem Vorbild älterer Modelle der gemischten Verfassung –, das »demokratische Element« (in der Volkskammer) durch das monarchische (das Staatsoberhaupt) oder das aristokratische (in der Pairskammer) zu moderieren und einzudämmen. Selbst das demokratische Element entsprach dabei in der Regel nicht einem Minimalpostulat der Demokratie: Die Volkskammer war in den meisten Staaten des 19. Jahrhunderts noch nicht durch allgemeines Wahlrecht bestellt. Die Vorherrschaft liberal-konstitutionellen Denkens hat die Demokratie bis ins 20. Jahrhundert stark auf prozedurale Fragen beschränkt, wie:

1) die Möglichkeiten, den Volkswillen zu artikulieren (pouvoir constituant, *Wahlen* und Wahlrecht, Volksgesetzgebung und Referenden);

2) die Hilfsmittel der Artikulation des Volkswillens und seiner Teilinteressen: das *Repräsentationssystem*;

3) das Hilfsmittel zur Willensbildung, das notwendig wurde, wenn die Konsensvorstellung, die der Demokratie zugrunde lag, sich nicht in Einstimmigkeit niederschlug: das *Mehrheitsprinzip* und seine Folgen für den Minderheitenschutz.

Da der Volkswille und seine Äußerungen mit institutionellen Mitteln – vom Wahlrecht und der Wahlkreiseinteilung bis zu den Repräsentationsschemen und den Regeln der Mehrheitsbildung – stark manipulierbar sind, behalten diese institutionellen Fragen in der Politikwissenschaft ihre bleibende Bedeutung – trotz allem, was die Behavioristen gegen institutionelle Studien vorgebracht haben. Grundsätzlicher ist die Kritik, die heute meist unter dem Stichwort *Parlamentarismuskritik* vorgebracht wird und die sich gegen die institutionellen Hilfsmittel zur Realisierung des Prinzips der Volkssouveränität in toto wendet, vor allem gegen das Repräsentationsprinzip. Die linke Parlamentarismuskritik nimmt dabei gemeinhin zwei Standpunkte ein:

1) Der gemäßigte fordert die Wiederbelebung von Formen *direkter Demokratie* und Vergrößerung der Basisgruppenautonomie (mit Urabstimmungen, Referenden, Rotationsprinzip, Öffentlichkeit und Kontrolle).

2) Die radikale Position fordert die Einführung des *Rätesystems* auf der Basis einer sozialistischen Eigentumsform mit imperativem Mandat, Abberufungsrecht, Rotationsprinzip, Öffentlichkeit, aber bei Fraktionsverbot, Kritik und Selbstkritik, Kontrolle. In der leninistischen Variante enthält sie noch den *demokratischen Zentralismus*, der sich durch die Trennung von Diskussions- und Entscheidungsbefugnis auszeichnet.

Beide Formen der Kritik sind durch einen negativen Institutionalismus ausgezeichnet, der die Hilfsmittel der Artikulation des Volkswillens genauso überschätzt wie die liberal-repräsentative Theorie. Sie beziehen die sozio-ökonomischen Grundlagen nur dadurch mit ein, daß recht pauschal die sozialistische Gesellschaft mit vergesellschafteten Produktionsmitteln als Voraussetzung für das Funktionieren solcher Demokratiekonzepte hingestellt wird. Ein reflektierter institutioneller Ansatz versucht demgegenüber zu zeigen, welche organisationssoziologischen Prinzipien auch unter den Bedingungen sozialistischer Gesellschaft neue Gefahren für eine demokratische Willensbildung hervorzurufen drohen (z. B. Bermbach, in: Probleme, 1971, S. 110ff.) und welche Möglichkeiten der Demokratisierung auch unter den jetzigen Bedingungen kapitalistischer Gesellschaft in Angriff genommen werden können (z. B. Naschold, 1969; Scharpf, 1970).

3) Der *behavioristische Ansatz* hat sich demgegenüber als ganz neue Form der Demokratietheorie verstanden, diese jedoch zumeist ebenfalls durch die einseitige Ausrichtung auf Wählerverhalten verkürzt dargestellt. In Verbindung mit dem Political-Culture-Ansatz (vgl. Kap. III,4) und den Studien über politische Sozialisation wurde die Demokratieforschung von den Behavioristen um neue Dimensionen angereichert. Zu den normativen Implikationen des behavioristischen Ansatzes gehört jedoch die These von der »stabilisierenden Apathie«, welche die Demokratietheorie der Elitentheorie im demokratischen Elitismus eines Schumpeter oder eines Downs annäherte.

Diese Hypothese der stabilisierenden Apathie speiste sich aus drei sehr unterschiedlichen Quellen:

1) von einer *psychoanalytischen Richtung* her, die im aktiven Politiker einen neurotischen Typ witterte, der die Politik als Feld pathologischer Abreaktion benutzt – eine These, wie sie etwa Erich Fromm (Escape from Freedom, New York, 1941) wohl allzusehr unter dem Eindruck der Politik in Diktaturen entwickelte;

2) aus einer *Theorie des modernen Massenmenschen*, wie sie David Riesman in ›Die einsame Masse‹ (engl.: The Lonely

Crowd, New Haven, 1950) entwickelte, wo er die Gefahren manipulierter Pseudoaktivität des außengeleiteten Massenmenschen schildert;

3) aus einer *Stabilitätstheorie*, wie sie Berelson, Lipset und andere Wahlforscher anhand gescheiterter Demokratien (wie der Weimarer Republik) entwickelten. Für den Zusammenbruch wurde unter anderem die Überpartizipation doktrinärer Gruppen verantwortlich gemacht. Das ließ ein Gemisch an Partizipation und Apathie, öffentlichem und privatem Interesse als wahre »Bürgerkultur« entstehen, das einen mittelständischen, am Juste-milieu orientierten Politikbegriff verrät, in dem Politik zwar ein wichtiges, aber für den Durchschnittsmenschen überwiegend marginales Aktivitätsfeld ist. Bisher fehlt es nicht an scharfen Kritiken von seiten der engagierten Demokratieliteratur, es fehlt jedoch noch völlig an Studien über Mobilisierungsregime, die politische Partizipation zur Vorbedingung jeder sozialen Mobilität erheben. Es zeigt sich auch in solchen Regimen, daß die ökonomischen, kulturellen und Prestigehierarchien die Tendenz entwickeln, sich von der politisch-ideologisch geprägten Machthierarchie wieder fortzuentwickeln, und die Bürger nach Abklingen der revolutionären Mobilisierung außerordentlich findig im Aufspüren getarnter Formen politischer Apathie (von der Gesellschaft für Sport und Technik bis zu wissenschaftlichen Organisationen) sind.

Wichtige Forschungsgebiete der empirischen Demokratietheorie mit behavioristischen Survey-Methoden sind heute – in Zusammenarbeit mit Psychologie und Erziehungswissenschaften – die Untersuchung des Einflusses von Variablen wie ideologischer Dogmatismus, Formen der Sozialisation und Erziehungsstile, Ausmaß der Freizeit in verschiedenen Berufen, Ortsgrößen, Informationsgrad und Vorbildung sowie des Grades der Zufriedenheit der Bürger mit dem materiellen Output des Systems auf ihre Bereitschaft zur Partizipation auf verschiedenen Ebenen vom Betrieb bis zur Politik. Marxisten sind nicht selten geneigt, diese Detailstudien als unkritisch und affirmativ abzutun, und verkennen dabei, daß gerade ihre eigenen Mobilisierungs- und Organisationstheorien ohne eine empirische Erforschung der Möglichkeiten und Grenzen der politischen Mobilisierbarkeit der verschiedenen Bevölkerungskreise immer wieder an sozialen Realitäten gescheitert sind.

4) Der *funktionale Ansatz* hat sich vor allem den Vorbedingungen von Demokratie gewidmet und die »Prärequisitenforschung« mit Hilfe aggregierter Daten in den 60er Jahren einen starken Aufschwung nehmen lassen. An funktionalen Voraussetzungen für Demokratie wurden vor allem untersucht:

1) soziale Differenzierung der Bürger (das klassische Gleichheitsproblem),

2) Konsens der Bürger,

3) soziale und ökonomische Voraussetzungen,

4) Übereinstimmung der Organisations- und Konfliktschlichtungsmuster in der Gesellschaft.

1) *Soziale Gleichheit.* In der griechischen Polis wurde die Gleichheit (unter den Vollbürgern) wörtlicher genommen als in jeder späteren Demokratie. Zahlreiche Ämter, soweit sie keine speziellen Kenntnisse erforderten, wurden durch das Los besetzt. Solche *random rules* und *numerical rules* sind nur dann die am wenigsten diskriminierenden, wenn man davon ausgeht, daß auch die sozial Starken keine Einflußmöglichkeiten außerhalb ihrer direkten politischen Partizipationsrechte hatten, was bereits in der griechischen Polis eine Fiktion war. *Government by lottery* wurde daher auch nirgends ernsthaft vorgeschlagen (Berg, 1965, S. 130), und die numerische Gleichheit beschränkt sich auf die Ebene des Rechts.

Alle Demokratietheorien seit der Antike waren sich darin einig, daß die Gleichheit eine Voraussetzung der Demokratie ist. Bis heute unterscheiden sie sich jedoch – vor allem in sozialistischen und kapitalistischen Demokratien – durch das Ausmaß, in dem die Herrschenden die Gleichheit politisch zu fördern versuchen, und in den Mitteln, die sie bereit sind, zur Förderung der sozialen Gleichheit in der Demokratie einzusetzen. Ältere Demokratievorstellungen von Rousseau und Jefferson bis zu den Populisten und Anarchisten vieler Schattierungen befürworteten einen regressiven Weg, den Weg der Verhinderung weiterer sozialer Differenzierung, wie sie durch

Urbanisierung, Industrialisierung und Ausbreitung des Kapitalismus unaufhaltsam entstand. Radikalsozialistische Demokratietheorien hingegen sehen bis heute keinen anderen Weg als den der Revolution und der egalisierenden Mittel einer Diktatur des Proletariats. Zwischen diesen beiden Wegen, die zurück und nach vorn durch einen utopischen Vorgriff weisen, entstand unter der Herausforderung des Sozialismus der revisionistische Weg einer planmäßigen staatlichen Egalisierungspolitik.

Die wichtigsten Bereiche staatlicher Aktivität auf diesem Gebiet sind:

α) nivellierende Sozialpolitik auf der Basis von Mittelstandsidealen, von der ›New Society‹ bis zur ›Formierten Gesellschaft‹;

β) Angleichung der Bildungschancen;

γ) staatliche Förderung und Finanzierung der Parteien, um ein Minimum an organisatorischer und finanzieller Gleichheit herzustellen, allerdings mit dem negativen Effekt, daß die gesellschaftliche Sphäre gelegentlich zu stark in die staatliche integriert wird;

δ) Schutz der Informationsfreiheit (der Kampf gegen die Meinungsmonopole kommt allerdings nur zögernd in Gang).

Alle drei Konfliktmodelle, die zu betrachten sein werden (vgl. Kap. III, 6–8), widersprechen jedoch bisher der Behauptung, daß auch nur statische Chancengleichheit in den Demokratien hergestellt worden sei.

2) *Konsens der Bürger*. Als Erbteil der christlichen *Konkordia*-Lehre war die Demokratie seit jeher mit einem stark konfliktfeindlichen Image verbunden. In den bürgerlichen Revolutionen entsprach das meist schwach entwickelte Prinzip der *fraternité*, in den sozialistischen Bewegungen die Forderung nach *Solidarität* diesem Konkordiabedürfnis. Mit der Anerkennung eines Parteienpluralismus und einer loyalen Opposition wurde jedoch in den angelsächsischen Systemen erstmals entdeckt, daß die *concordia discors*, der partielle Konflikt bei Einigkeit über einige fundamentale Spielregeln, systemstabilisierende Wirkungen entfaltete, und immer wieder wurde das Wort des englischen Staatsmannes Balfour zitiert: »And it is

evident that our whole political machinery pre-supposes a people so fundamentally at one that they can safely afford to bicker.« Neuere Forschungen auf Interviewbasis (z. B. Protho/Grigg, 1960, in: Cnudde/Neubauer, 1969, S. 236ff.) haben gezeigt, daß dieses *agreement on fundamentals* sich selbst bei den meisten amerikanischen Bürgern nur auf sehr abstrakte Prinzipien wie Mehrheitsprinzip und Minderheitenschutz bezog. Dieses Bekenntnis wurde jedoch meist nicht zur konkreten Anwendung auf Fälle benutzt (z. B. wenn ein Schwarzer oder ein Kommunist legal zum Bürgermeister gewählt wurde). *Verbales* und *nichtverbales Verhalten* klaffen zum Teil noch weiter auseinander als die verbalisierten Ansichten auf den verschiedenen Abstraktionsstufen.

Die Erforschung der politischen Kulturen, die sich kleineren Demokratien zuwandte (Eckstein über Norwegen, Lehmbruch über die Schweiz und Österreich, Lijphart über die Niederlande, vgl. Kap. III,4), förderte starke Abweichungen von dem zutage, was Almond als die ideale Civic Culture hinstellte, die er überwiegend an angelsächsischen Erfahrungen gemessen hatte. Eine ganze Reihe von politischen Kulturen schienen zusammenzuhalten, nicht obwohl es kaum Konsens gab, sondern gerade weil kaum Konsens existierte, hatten aber dennoch – vor allem auf der Ebene der Eliten – Mittel der Konfliktschlichtung und Institutionen zur Vorklärung der Interessen entwickelt, die einen friedlichen Austrag der Konflikte ermöglichten.

Ein bestimmtes Ausmaß an Konsens hat sich nicht als allgemeine Vorbedingung für Stabilität finden lassen. Dies war schon deshalb kaum möglich, weil vor allem in kontinentalen Systemen der partielle Konsens immer nur die Mehrheit, nie aber alle wichtigen Gruppen umfaßte, und manchmal waren ziemlich starke Gruppen an einer Änderung der Spielregeln interessiert (z. B. der politische Katholizismus im 19. Jahrhundert in Deutschland und Italien, die Orangisten und Republikaner zu Beginn des Staates Belgien, die Monarchisten in den verschiedenen französischen Republiken, die Gaullisten in der Vierten Republik usw.), so daß die recht abstrakte Konsensforschung sich am konkreten Stoff sehr bald in die

Details der Parteien-, Klassen- und Interessengruppenforschung einlassen mußte und vielleicht am wenigsten von den vier Ansätzen zur Erforschung der Voraussetzungen von Demokratie beitrug.

3) *Soziale und ökonomische Voraussetzungen der Demokratie* wurden vor allem mit Hilfe aggregierter Daten zu berechnen versucht. Die Untersuchung funktionaler Prärequisiten der Demokratie ist so alt wie die Demokratietheorie selbst und war meist ihr interessantester Zweig. Aristoteles hatte sich bereits Gedanken über Größe des Gemeinwesens, die Erwerbsstruktur und die sozialen Eigenschaften der Vollbürger gemacht, und Rousseau hat im ›Contrat social‹ (III, 4) wenigstens vier Voraussetzungen für die Demokratie gefordert: α) einen kleinen Staat, in dem sich die Staatsbürger kennen und leicht versammeln können, β) einfache Lebensweise (frugalité), γ) weitgehende Gleichheit der Stände und Vermögen, δ) geringen oder gar keinen Luxus.

Während sich in den Rückzugsgebieten demokratischer Formen der Gemeinplatz festsetzte, daß die *frugalité* eine Voraussetzung der Demokratie sei, hat die moderne Entwicklungsländerforschung eher das Gegenteil behauptet. Der Forschungszweig der Demokratietheorie, der nach den sozioökonomischen Grundlagen der Demokratie suchte, wurde vor allem von der Entwicklungsländerforschung inspiriert, die versuchte, den abstrakten Streit, ob Formen westlicher Demokratie für Entwicklungsländer geeignet seien, durch empirische Daten auf eine weniger spekulative Basis zu stellen. Lipset (1959, in: Cnudde/Neubauer, 1969, S. 151ff.) fand Korrelationen zwischen sozio-ökonomischen Faktoren und demokratischer Entwicklung, wie Wohlstand (Pro-Kopf-Einkommen, Personen pro Arzt, Personen pro Auto), Kommunikationsvariablen (Telefon-, Radio- oder Zeitungsverbreitung pro 1000), Industrialisierung und Urbanisierung, wobei er eine methodisch nicht unbedenkliche Pauschalbehandlung verschiedener Systeme von Lateinamerika bis zur Sowjetunion vornahm. Cutright (1963; ebd., S. 193ff.) fand noch andere entscheidende Faktoren, wie Erziehung und Landwirtschaft. Schwäche dieses Ansatzes war, daß α) selten die unabhängige

Variable deutlich wurde, β) die Methode, die einiges hergab, um politische Stabilität zu messen, auf die Demokratieforschung angewandt wurde und dabei nicht selten der Stabilitätsgesichtspunkt den Demokratiegesichtspunkt überlagerte und meist sehr passive Formen der Partizipation am besten wegkamen, da meist schlicht unterstellt wurde, daß die Formen westlicher Demokratie das Ziel der Politik von Entwicklungsländern oder gar zwangsläufig das Telos des politischen Entwicklungsprozesses seien.

4) *Die Übereinstimmung der Autoritäts-, Organisations- und Konfliktschlichtungsmuster in der Gesellschaft* wurde erst im 19. Jahrhundert zum Problem, als die Demokratie wieder zum Ideal für Flächenstaaten wurde. Die einfachste Übereinstimmung der Organisationsmuster, die man suchte, war die der lokalen Demokratie, in der Vorstellung, daß die Demokratie als Flächenstaat sich aus lauter kleinen *grass root democracies* zusammensetzen müsse, die zum Teil noch stark an Rousseaus kleinbürgerlichen Frugalitätsideal orientiert waren. Tocqueville hat neben der Herausarbeitung des Egalisierungsprozesses, der zu den sozialen Grundlagen der amerikanischen Demokratie gehörte, das Verdienst, auch dem Zusammenhang von Organisationsmustern auf staatlicher Ebene und in den gesellschaftlichen Organisationen in einem Volk von »joiners« die nötige Aufmerksamkeit zu schenken. Mit Harry Ecksteins ›Theory of Stable Democracy‹ (1961, in: ders., 1966, S. 225ff.) wurden erstmals die Organisations- und Konfliktschlichtungsmuster klassifiziert, die als Voraussetzung stabiler Demokratie gelten konnten.

Auch dieser Forschungszweig war stark durch die Erfahrung des Zusammenbruchs der Demokratien zwischen den Weltkriegen geprägt, den Eckstein für die Weimarer Republik damit erklärt, daß die ultrademokratischen Formen der Weimarer Verfassung keine Entsprechung in der deutschen Gesellschaft mit ihren paramilitärischen Organisationen und »bitterernsten Gesang- und Turnvereinen« hatten (ebd., S. 250), während die Stabilität des englischen Systems mit der annähernden Identität der Autoritätsmuster erklärt wurde. Die Political-Culture-Forschung hat auch hier später Modifikationen angebracht. Es zeigen sich in Ländern – wie in den Konkordanzdemokratien – starke Abweichungen der Muster von Autorität, Organisation und Konfliktschlichtung, und die Klassenforschung – selbst wenn sie nicht von einer strikten Dichotomie ausging wie das marxistische Modell – hat berechtigte Zweifel an solchen Kongruenzhypothesen angemeldet.

(2) *Dynamische Demokratiemodelle.* Die vier skizzierten Approaches könnten ein statisches Vorurteil der Demokratieforschung vermuten lassen, und dennoch ist das Demokratiemodell wie keines der vier anderen behandelten Integrationsmodelle immer wieder dynamisch aufgefaßt und den Konfliktmodellen angenähert worden. Aber auch die dynamische Ausdeutung ist wie die statische nicht ohne operationalisierende Konzepte möglich. Anstelle von Begriffen wie »Repräsentation« tritt jedoch meist »Identität«, anstelle des »Mehrheitsprinzips« die Idee der solidarischen, mobilisierten Gesellschaft, anstelle konstitutionellen Beschränkungs- und Gleichgewichtsdenkens tritt die Idee der umfassenden Partizipation und der direkten Umsetzung eines einig gedachten Volkswillens in staatliches Handeln.

In dieser Form war die Radikalisierung seit den totalitären Demokratien im Sinne Talmons (1961) immer wieder in Wellenbewegungen in der Diskussion präsent. Ein Novum der 60er Jahre ist es jedoch, daß die Partizipationsidee unterhalb der staatlichen Ebene sich erstmals nicht mehr in anarchistischen Kleinproduzenten- und Kommuneidealen abkapselte, sondern radikal-demokratische Konzepte an der Demokratisierung der bestehenden Strukturen kapitalistischer wie sozialistischer Systeme ansetzte: in den Betrieben (wo die Forderung nach Betriebsdemokratie anstelle einer manipulierten »konstitutionellen Fabrik« schon seit der Jahrhundertwende artikuliert wurde), in den Kirchen, den Verbänden und Parteien, den Universitäten und Schulen. Vorerst sind diese neuen Formen einer aktiven dynamischen Demokratiekonzeption noch im Stadium der Modelldiskussion. Es wird vornehmlich an zwei Fronten gearbeitet:

1) Diskussion von Modellen für eine Demokratisierung der

Subsysteme des politischen Systems. An Nascholds ›Organisation und Demokratie‹ (1969) wird deutlich, daß diese Forschungsrichtung den Varianten liberaler Pluralismusmodelle verbunden bleibt, wenn er von den Konzepten der innerorganisatorischen Demokratie – wie direkte und repräsentative Demokratie, Rätedemokratie und demokratischer Zentralismus – das Modell der innerorganisatorischen Fraktionsbildung, des »innerorganisatorischen Parteienwettbewerbs« für am aussichtsreichsten hält;

2) Schaffung der organisationstheoretischen und kommunikationstheoretischen Voraussetzungen zur symmetrischen Steigerung von Partizipation der Bürger und Effizienz des Systems.

Naschold hat nie behauptet, daß »Demokratisierung per definitionem Effizienzsteigerung bedeutet« (anders: Oberndörfer, 1971, S. 607), aber er konnte nicht verhindern, daß er in diesem Sinne gedeutet wurde. Im Gegenteil, es ist Nascholds Verdienst, erstmals nach den organisatorischen Vorbedingungen gefragt zu haben, unter denen Partizipations- und Effizienzsteigerung einander nicht ausschließen. Die Beteuerung konservativer Kritiker, daß die symmetrische Steigerung beider Prinzipien unmöglich sei, kann bisher so wenig als erwiesen gelten wie Nascholds gegenteiliges Postulat. Luhmann (1969, S. 319) zeigte jedoch eine subjektive Schwierigkeit bei dieser Forderung auf, obwohl ihn das subjektive Meinen der Systemmitglieder bei der Untersuchung von Handlungszusammenhängen kaum interessiert, nämlich daß Entscheidungsprozesse, die mehr Neins als Jas erzeugen, zur allgemeinen Frustration führen können, wenn die Partizipation aller zum Prinzip erhoben wird. Wenn man davon ausgeht, daß die meisten Individuen politisch nicht sehr stark motiviert sind, weil für ein politisches Surplus-Engagement nur langfristig gesehen Gratifikationen zu winken scheinen, hat der Durchschnittsbürger bisher – zum Teil auf Grund einseitiger und illusionärer politischer Sozialisation – nicht genügend Härte im Hinnehmen der Tatsache entwickelt, daß mindestens die Hälfte der Entscheidungen, die in Organisationen gefällt werden, an deren Willensbildung man partizipiert, gegen den eigenen Willen ausfallen. Diese Frustrationsgefahr droht sich bei einer Basisgruppendemokratie, in der die Entscheidungen der kleinsten Einheiten auf überlokaler Ebene nur mit noch größeren humanen Kosten als in der repräsentativen Demokratie revidiert werden können, noch zu steigern. Aus dieser Erfahrung braucht nun aber nicht mit Luhmann geschlossen zu werden, daß eine engagierende Beteiligung aller an solchen Prozessen gerade das Ziel der »Steigerung der sinnhaften Lebensbezüge«, die Naschold erhofft, unmöglich mache. Partizipationserweiterung wird jedoch erst nach langfristigen Sozialisationsprozessen, die vor allem den Erwerb der Fähigkeit mit einschließen, sich überstimmen zu lassen, auch die Steigerung von Effizienz der Strukturen und die Zufriedenheit der Beteiligten erhöhen.

Wie die systemtheoretische Diskussion überhaupt, besteht die Demokratiedebatte – wie am Beispiel der Polemik zwischen Naschold und Luhmann deutlich wird – vorläufig noch überwiegend darin, daß die Theoretiker einander vorwerfen, daß ihre Konzepte ein zu geringes Komplexitätsniveau hätten (vor allem Naschold, in: Probleme, 1971, S. 19, ist sehr freigebig mit diesem Vorwurf) oder daß sie einen verkürzten Demokratiebegriff besäßen, der Planung, Entscheidung oder andere Werte gegenüber den Partizipationswerten überschätze (ein Vorwurf, gegen den sich Luhmann, 1969, S. 314, zur Wehr setzt). Das Dilemma dieser Debatte ist, daß sie Experimente voraussetzt, die bisher nicht gemacht werden konnten, weil die konservativen Gegenargumente – auch wenn sie nicht die stärksten waren – überwiegend ausreichten, um solche Experimente zu verhindern. So bleibt denn die empirische Basis der Demokratisierungsdebatte schmal. Es liegen bisher nur einige Studien aus den Bereichen der Parteien, Gewerkschaften und Kooperative vor. Ihre Ergebnisse sind jedoch nicht ohne weiteres auf alle gesellschaftlichen Subsysteme übertragbar. Parteien und politisch wirkende Verbände sind leichter für solche Experimente zu gewinnen als Großorganisationen, in denen die Sachverstandsideologie stärker und partiell berechtigter ist. Zum anderen sind die Erfahrungen solcher isolierten Organisationen kaum auf eine Gesellschaft anzuwenden, die versucht, simultan in allen Subsystemen ähnliche Demokratisierungsprozesse in Gang zu setzen.

Die Widerstände gegen Ausweitung der Partizipation in den Subsystemen werden mit mehreren theoretischen Argumenten zu begründen versucht:

1) mit der technokratischen *Ideologie des Sachverstandes*, der angeblich auf der Ebene unterhalb der staatlichen Ebene dominiert, wo nicht politisch entschieden werden kann. Als beliebtes Beispiel wird der Arzt mit dem Hinweis zitiert: »Am Krankenbett hört die Mitbestimmung auf, da geht es um Leben und Tod«, als ob moderne Partizipationsmodelle die Mitbestimmung der Krankenschwestern verlangten, wenn der Patient bereits blutend auf dem Operationstisch liegt. Der Hinweis auf die apolitische Natur des Sachverstandes ist geboren aus der Sorge vor einer Politisierung aller Subsysteme und der Beanspruchung eines politischen Mandats durch alle Organisationen. Das politische Mandat haben mit größerer Toleranz der Gesellschaft nur die Kirchen und Gewerkschaften immer wieder in Anspruch genommen, und für andere Organisationen wurde es meist dann nicht beanstandet, wenn seine Ausübung sich an die vorherrschenden Wertvorstellungen hielt (z. B. Ungarndemonstrationen oder Mauerproteste).

Auch für Kleinstaaten, die Systeme der deutschen Länder und der Kommunen ist die Politisierung häufig als unerwünscht hingestellt worden. Hennis (Große Koalition ohne Ende? München, Piper, 1968, S. 24) hat »politisch bedeutsame Agenden« in Kleinstaaten vermißt, und Eschenburg hat die angeblich unpolitischen Rathausparteien mit dem Sachverstandsargument verteidigt, daß es auf lokaler Ebene keine christdemokratische Straßenbeleuchtung und keine sozialdemokratische Bedürfnisanstalt geben könne, obwohl heute das Bewußtsein wieder wächst, daß die Entscheidung zugunsten der Priorität für das eine oder das andere durchaus politische und sogar parteipolitische Implikationen hat.

2) mit den *Argumenten der stabilisierenden Apathie und des demokratischen Elitismus*;

3) mit *semantischer Kritik am Begriff der »Demokratisierung«*. Wilhelm Hennis' (1970) Kritik am Wort »Demokrati-

sierung« hatten wir als Beispiel für die Neigung der Normativisten zum Begriffsrealismus erwähnt. Hennis macht mit Recht geltend, daß viele Prozesse, die in Subsystemen heute Demokratisierung genannt werden, eigentlich nur die Bezeichnung »Binnenkonstitutionalisierung« verdienen. Wenn Demokratie als formales Minimalkriterium ein Stimmrecht nach Kopfzahl umfaßt, dann ist auch ein drittelparitätischer Universitätssenat keine Demokratie, sondern allenfalls ständischer Pluralismus mit demokratischem Wahlrecht für die Gruppen und einigen demokratischen Spielregeln (z. B. Öffentlichkeit) für die Zusammenarbeit der Gruppen. Hennis entläßt den Leser mit dem Hinweis auf die Unsinnigkeit der Demokratisierung, weil sie den seit Aristoteles etablierten Unterschied zwischen *oikos* und *polis*, Wirtschaft und Politik, einzureißen versuche, staatliche Begriffe auf außerstaatliche Sphären übertrage und schließlich einen Adamsneid der rebellierenden Demokratieforderer feststellt – einen Neid auf Adam, der nie jung war und seine Autonomie erlangte, ohne einem Sozialisationsprozeß unterworfen zu sein. Sprechen wir also lieber von Partizipation; damit ist jedoch die Forderung nach mehr Partizipation durch die Hennisschen Einwände nicht erledigt, und die Grenzen der Demokratisierung in Subsystemen müssen gegenwartsnäher als durch begriffsgeschichtliche Ableitungen aufgezeigt werden, obwohl Luhmann (1969, S. 314) es für ein Verdienst der systemtheoretischen Demokratieanalyse ansieht, daß sie die »realistischen Einschränkungen des Demokratiekonzepts« hinter sich läßt.

Die Demokratisierungsforderungen leisten der Sache einen schlechten Dienst, wenn sie vier Grenzen der Demokratisierung übersehen:

1) Die Partizipationsmodelle müssen *den spezifischen Erfordernissen der einzelnen Subsysteme angemessen* sein. Das Basisgruppen- und Rätemodell kann für kleine, wenig komplexe multifunktionale Organisationen (z. B. Studentenorganisationen, da Studenten mit ihren überwiegenden Binnenkontakten die Merkmale »totaler Rollen« aufweisen [L. Rosenmayr]) durchaus ein angemessenes Modell sein, ohne sich ebenso gut für die Organisation eines Konzerns zu eignen. Methoden der

direkten Demokratie sind mit repräsentativen Formen der Demokratie bei verantwortlicher Exekutive durchaus vereinbar und werden diese je nach Art der Leitungsaufgaben sehr unterschiedlich ausgestalten müssen. Die Partizipationsschlüssel für die Gruppen in komplexen Organisationen werden nicht für alle gleich sein: Die Doppelparität für Betriebe wird sich nicht ohne weiteres auf Lehrende und Lernende übertragen lassen, die Drittelparität mancher Universitätsgremien (die nur sinnvoll sind, solange es noch einen Mittelbau gibt), wird sich kaum auf Schulen übertragen lassen, wo es wegen der Altersunterschiede und Partizipationsmöglichkeiten zu sehr abgestuften Mitwirkungsrechten kommen muß. Schließlich wird es je nach Organisation sektorale Reservatrechte für einzelne Gruppen geben, die sich als Negativkataloge in den Organisationsverfassungen niederschlagen – bei Kirchen etwa für Laien in dogmatischen Fragen, in Universitäten für nicht Examinierte in Examensfragen. Aber auch diese Bereiche brauchen nicht völlig von der demokratischen Praxis ausgespart zu werden, und wenigstens die Postulate der Öffentlichkeit und Durchsichtigkeit können das Klima der Konfliktschlichtung verbessern.

2) Organisationen haben je nach *Maß der Abhängigkeit der Organisation von den Verantwortungsmechanismen anderer Organisationen* recht unterschiedliches Demokratisierungspotential. Dieses Dilemma erfuhr schon der Frühliberalismus am Beispiel der Beamtenverantwortlichkeit. Man konnte nicht zugleich die parlamentarische Verantwortung des Ministers für alles, was die Beamten unter ihm taten, und die direkte politische Verantwortlichkeit des einzelnen Beamten, der mit einer gewissen Autonomie ausgestattet ist, erreichen. Die parlamentarische Ministerverantwortlichkeit förderte zwar die Kontrolle auf höchster Ebene, zugleich aber die Hierarchisierung der Beamtenschaft. Der Minister, der für jeden Akt eines Beamten im Parlament Rede und Antwort stehen sollte, mußte seine Behörde so hierarchisieren, daß alles nach seinen Anordnungen geschah. Der einzelne Beamte blieb somit nur für Straftaten verantwortlich, nicht aber direkt auch für die politische Zweckmäßigkeit seiner Handlungen gegen-

über den Bürgern. Ähnlich müssen Organisationen, die anderen gegenüber rechenschaftspflichtig sind, die Partizipation der Beteiligten wenigstens auf der Entscheidungsebene einschränken. Bürokratien neigen also immer mehr zum »demokratischen Zentralismus« als einem Entscheidungsprozeß, bei dem sich die Partizipation der Betroffenen nur auf die Phase der Vorklärung, nicht auf die Entscheidungsfindung selbst bezieht. Radikale Demokratietheoretiker entgehen dem Dilemma durch Leugnung von Hierarchie für jedweden Organisationstyp. Gemäßigte Verteidiger gesteigerter Partizipation wie Naschold (in: Probleme, 1971, S. 6) leugnen jedoch nicht, daß »Hierarchie in sozialkybernetischer Sicht ... ein notwendiges Strukturmerkmal komplexer Organisationen« ist. Diese Konzession bedeutet jedoch keine Rechtfertigung überflüssiger Hierarchisierung in den heutigen Formen. Neue Formen politischer Verwaltungsführung, in denen sich die Entscheidungsfindung parlamentarischen Diskussionsformen – aber nicht der direkten Demokratie – annähert, werden zunehmend diskutiert. Das Modell der Parlamentarisierung und stärkeren Diskussion kann im Vergleich zur Demokratisierung in einzelnen Subsystemen der gangbarere Weg sein.

3) Grenzen der Demokratisierung bestehen auf Grund der *Pluralität von Statushierarchien* in der Gesellschaft. Die Forderung nach totaler Partizipation sämtlicher Staatsbürger auf allen Ebenen arbeitet mit einem eindimensionalen Schichtungsmodell, das nur Produktionsmittelbesitzer und Werktätige unterscheidet. Moderne Stratifikationstheorien arbeiten jedoch mit mehrdimensionalen Schichtungsmodellen; am bekanntesten ist das vierdimensionale der Parsons-Schule, das Macht, Besitz, Prestige und Bildung als Gratifikationen unterscheidet, die zu einer Ausdifferenzierung von vier verschiedenen Statushierarchien führt. Jede der vier Gratifikationen hat zwar die Tendenz, sich in Vorteile in anderen Statushierarchien umzusetzen – in kapitalistischen Systemen vor allem in Besitz –, sie sind jedoch nicht ohne weiteres frei konvertibel, obwohl gelegentlich die wirtschaftlich Mächtigen auch im politischen Einfluß privilegiert erscheinen oder politisch Mächtige Besitz akkumulieren. Das Verhältnis der Statussäulen zuein-

ander ist nicht in allen Systemen das gleiche. Systeme mit hoher wirtschaftlicher Effizienz bei geringer politischer Anziehungskraft – wie in der BRD – ziehen Eliten weit weniger in den Bereich politischer Macht als in den wirtschaftlichen Sektor, und horizontale Mobilität und Positionstausch zwischen den Elitensektoren »Wirtschaft« und »Macht« bleiben relativ gering. Für konservative Soziologen ist Politik – im Vergleich zur Partizipation in Bereichen, wo sich Aktivitäten in Form von Belohnungen wie Anerkennung, Sicherheit oder Geld rascher auszahlen – »in der modernen Gesellschaft ein in bezug auf den durchschnittlichen Bürger exzentrisches Handlungsfeld« (Eckert, 1970, S. 35). Ähnlich argumentierte Fritz Scharpf (1970, S. 62f.): »Am Ende dieser Überlegungen steht also die Einsicht, daß vom Standpunkt des einzelnen Bürgers aus die Motivation zu aktiver politischer Beteiligung keineswegs selbstverständlich und universell vorausgesetzt werden kann. Empirisch erscheint das politische Engagement der wenigen viel eher erklärungsbedürftig als das relative Desinteresse der vielen.« Der Hinweis auf die Empirie ist nur bedingt zutreffend, da Partizipationsstudien von V. O. Key und anderen immer wieder gezeigt haben, daß die politisch Aktiven ihre Tätigkeit keineswegs zum exzentrischen Handlungsfeld werden ließen, sondern im Durchschnitt auch wesentlich organisations- und partizipationsfreudiger in anderen Bereichen waren, von den Betrieben bis hin zu Kultur-, Sport- und Hobbyorganisationen. Selbst starke innerfamiliäre Gemeinschaftsaktivität korreliert nach einigen Untersuchungen mit überdurchschnittlicher politischer Aktivität, so daß die häufige Gegenüberstellung eines quietistischen Familienideals und einer rein auf das Öffentliche bezogenen Wertvorstellung irreführend ist. Bedenklich ist an solchen Darstellungen der Politik als exzentrisches Handlungsfeld auch die Möglichkeit, daß die politischen Implikationen und Voraussetzungen aller anderen Aktivitätsbereiche und ihrer Gratifikationen übersehen werden. Ein krasser Fall von Unterschätzung der Politik im Vergleich zu anderen Gratifikationen (wie Liebe und Kunst) liegt in dem Bonmot des französischen Symbolisten Théophile Gautier vor, der einmal gesagt hat, daß er für ein gutes Kunstwerk und eine schöne nackte Frau leichten Herzens auf seine Bürgerrechte als Franzose verzichten würde. Erfahrungen mit totalitären Diktaturen haben inzwischen gezeigt, daß die Realisierung dieser beiden anscheinend rein privaten Werte von der Politik stark beeinflußt wird und daß der Verzicht auf die Bürgerrechte durch die Mehrheit gelegentlich Gruppen an die Macht brachte, die einen Ästheten mit der Einstellung Gautiers durch die staatlich gehütete Prüderie und die staatlich gegängelte Kunst nicht nur um seine politischen Rechte, sondern am Ende auch um seine beiden privaten Genüsse brachte. Es geht daher nicht an, die langfristigen Gratifikationen politischer Aktivität nur an der subjektiven Perzeption der Bürger in einer relativ apolitischen Gesellschaft zu messen. Andererseits wird der pluralistisch-demokratische Rechtsstaat – auch in einem humanen Sozialismus, wie er bisher noch nicht verwirklicht wurde – daran festhalten müssen, daß die politische Partizipation nicht als einziger und alle anderen Aktivitätsbereiche notfalls suspendierender Wert angesehen werden kann, so daß die Erzwingung politischer Partizipation durch mobilisierende Minderheiten gerechtfertigt wird.

4) Grenzen der Demokratisierung gibt es schließlich auf Grund der *Pluralität von Organisationszugehörigkeiten*. Aus dem dritten Argument folgt der weitere Satz, daß angesichts der Pluralität der Organisationszugehörigkeit in einer stark differenzierten Gesellschaft nicht in allen Bereichen die gleiche intensive Partizipation möglich ist. Erhöhte Partizipation wird für die nationale politische Ebene durch Aufklärung und Werbung stark gefördert werden müssen, selbst wenn man sich nicht zu der essentialistischen Argumentation durchringen kann, in die selbst ein sonst eher kühler Systemtheoretiker wie Naschold (1969, S. 51) verfällt, wenn er behauptet, daß Partizipation ein *outside interest* schaffe, das die Enge der rein privaten Lebensweise übersteige und die »Sinnhaftigkeit des Lebens« steigere. Die Notwendigkeit zu politischer Partizipation läßt sich jedoch auch funktionalistisch und ohne essentialistische Wertungen über den Lebenssinn begründen, auch wenn man nicht so weit gehen möchte wie Oberndörfer (1971, S. 581), der zu dem für einen per definitionem antion-

tologischen Systemtheoretiker härtesten Vorwurf greift, daß Naschold Partizipation zum Selbstzweck im Sinne der aristotelisch-thomistischen Metaphysik erhebe. Selbst von einem Systemüberlebensmodell her wird der demokratische Staat – solange nicht alle Bürger seine Werte unbefragt hinnehmen – eine verstärkte staatliche Werbung für Partizipation als notwendig erkennen müssen. Ob dabei Zwangsmaßnahmen wie Wahl- und Partizipationspflicht angebracht sind, ist selbst nach den Erfolgen bisheriger Maßnahmen einiger Demokratien fragwürdig. Theoretisch rechtfertigen lassen sich solche Pflichten nicht schwerer als die Wehr- und Steuerpflicht, die fast alle Staaten ihren Bürgern auferlegen.

Erhöhte Partizipation wird auch in Bereichen, welche die vitalen ökonomischen Interessen des Individuums am stärksten berühren, erforderlich sein. Ständige Partizipation auf allen Ebenen ist jedoch kaum möglich, es sei denn in einer unspezialisierten Basisgruppe oder einem der Räte, die in der Regel allenfalls in Krisenzeiten ihre Aufgaben erfüllt haben, sich aber bisher kaum für die Lösung von Routineaufgaben in einer komplexen Gesellschaft bewährten. Eine Demokratietheorie, die über den berechtigten normativen Partizipationspostulaten den Kontakt zur Realität nicht völlig verliert, wird sich damit abfinden müssen, daß auch der aufgeklärte Bürger in bestimmten Bereichen, in denen er partizipieren könnte und sollte, nur Konsument von angebotenen Dienstleistungen und passiver Zuschauer bleibt.

Diese möglichen Grenzen der Demokratisierung von Subsystemen und der Partizipationsfähigkeit der Bürger sind jedoch bisher ähnlich wie die Partizipationsmodelle postuliert worden und dienten meist der Vermeidung einer weiteren Zieldebatte in Demokratien. Möglichkeiten und Grenzen demokratischer Strukturen werden daher von einer empirischen Demokratieforschung künftig zusammengesehen werden müssen.

Die Demokratietheorie muß in ihren Zielvorstellungen für die Partizipation heute hindurchsteuern zwischen der Scylla einer Ontologisierung der Grenzen möglicher Partizipation und des politischen Bereichs im Sinne der altliberalen Staat-

Gesellschaft-Trennung und der Charybdis einer unreflektierten Partizipationsromantik – die Modelle von Kleingruppen und Familien auf die Gesellschaft überträgt, und, wie Arnold Gehlen formulierte, einen Humanismus mit Zügen eines »elargierten Familienethos« darstellt. Unreflektierte Partizipationsromantik droht im Falle des Scheiterns wegen der überhöhten Erwartungen, die sie weckt, in einer von totalitären Gruppen manipulierten Pseudobeteiligung der Massen zu enden. Dabei überlebt das Demokratiepostulat dann allenfalls noch in der reduzierten Form des demokratischen Zentralismus. Eine Demokratietheorie, die sich nicht als Deskription des Status quo versteht, wird gleichwohl die Ergebnisse der vier oben beschriebenen Ansätze der empirischen Demokratieforschung nicht einfach für irrelevant erklären können und wird vermutlich trotz eines dynamischen Demokratiekonzepts den Charakter des Ordnungsmodells, der dem Demokratiebegriff von jeher angehangen hat, auch für eine partizipationsfreudigere Zukunftsgesellschaft nicht völlig zum Verschwinden bringen können.

Literatur

J. A. Schumpeter: Kapitalismus, Sozialismus und Demokratie. Bern, Francke, 1950

R. McKeon (Hrsg.): Democracy in a World of Tensions. Chicago, 1951

I. De Sola Pool: Symbols of Democracy. New York/Stanford, UP, 1952

R. R. Palmer: Notes on the Use of the Word ›Democracy‹. Political Science Quarterly, 1953, S. 203–226

R. A. Dahl: A Preface to Democratic Theory. Chicago, University of Chicago Press, 1956

A. Downs: An Economic Theory of Democracy. New York, Harper, 1957

K. Mannheim: Mensch und Gesellschaft im Zeitalter des Umbaus. Darmstadt, Wissenschaftliche Buchgesellschaft, 1958

C. J. Friedrich: Demokratie als Herrschafts- und Lebensform. Heidelberg, Quelle & Meyer, 1959

W. Kornhauser: The Politics of Mass Society. Glencoe/Ill., Free Press, 1959

S. M. Lipset: Political Man. London, Mercury Books, 1960

J. L. Talmon: Die Ursprünge der totalitären Demokratie. Köln/Opladen, Westdeutscher Verlag, 1961

G. Sartori: Democratic Theory. New York, Praeger, 1962

G. A. ALMOND/S. VERBA: The Civic Culture. Princton UP, 1963
K. DE SCHWEINITZ: Industrialization and Democracy. New York 1964
E. BERG: Democracy and the Majority Principle. Stockholm, Akademiförlaget, 1965
H. ECKSTEIN: Division and Cohesion in Democracy. Princeton UP, 1966
J. AGNOLI/P. BRÜCKNER: Die Transformation der Demokratie. Frankfurt, EVA, 1963
CH. F. CNUDDE/D. E. NEUBAUER (Hrsg.): Empirical Democratic Theory. Chicago, Markham, 1969
N. LUHMANN: Komplexität und Demokratie. Zu Frieder Nascholds: ›Demokratie und Komplexität‹. PVS, 1969, S. 314–325
F. NASCHOLD: Organisation und Demokratie. Stuttgart, Kohlhammer, 1969
R. ECKERT: Partizipation. Offene Welt Nr. 101, 1970, S. 30–47
I. FETSCHER: Die Demokratie. Grundfragen und Erscheinungsformen. Stuttgart, Kohlhammer, 1970
W. HENNIS: Demokratisierung. Zur Problematik eines Begriffs. Köln/Opladen, Westdeutscher Verlag, 1970
K. A. MEGILL: The New Democratic Theory. New York, Free Press, 1970
C. PATEMANN: Participation and Democratic Theory. Cambridge UP, 1970
F. SCHARPF: Demokratietheorie zwischen Utopie und Anpassung. Konstanz, Universitätsverlag, 1970
R. ECKERT: Wissenschaft und Demokratie. Tübingen, Mohr, 1971
W.-D. NARR/F. NASCHOLD: Theorie der Demokratie. Stuttgart, Kohlhammer, 1971
D. OBERNDÖRFER: Demokratisierung von Organisationen? Eine kritische Auseinandersetzung mit Frieder Nascholds ›Organisation und Demokratie‹. In: Ders. (Hrsg.): Systemtheorie, Systemanalyse und Entwicklungsländerforschung. Berlin, Duncker & Humblot, 1971, S. 579–607
Probleme der Demokratie heute. Opladen, Westdeutscher Verlag, 1971
U. BERMBACH (Hrsg.): Theorie und Praxis der direkten Demokratie. Opladen, Westdeutscher Verlag, 1973
M. GREIFFENHAGEN (Hrsg.): Demokratisierung in Staat und Gesellschaft. München, Piper, 1973
F. VILMAR: Strategien der Demokratisierung. Neuwied, Luchterhand, 1973, 2 Bde.
H. LAUFER (Hrsg.): Demokratie. München, Goldmann, 1974
A. PELINKA: Dynamische Demokratie. Stuttgart, Kohlhammer, 1974
M. J. CROZIER u. a.: The Crisis of Democracy. New York UP, 1975
F. GRUBE/G. RICHTER (Hrsg.): Demokratietheorien. Konzeptionen und Kontroversen. Hamburg, Hoffmann & Campe, 1975
P. GRAF KIELMANSEGG: Volkssouveränität. Eine Untersuchung der Bedingungen demokratischer Legitimität. Stuttgart, Klett, 1977
C. B. MACPHERSON: Demokratietheorie. München, Beck 1977
J. J. LINZ/A. STEPAN (Hrsg.): The Breakdown of Democratic Regimes. Baltimore, Johns Hopkins, 1978
D. USHER: Die ökonomischen Grundlagen der Demokratie. Frankfurt, Campus, 1982

Konfliktmodelle

Konfliktmodelle der Politik wurden in der Geschichte der politischen Theorien meist von Außenseitern vertreten. Vorherrschend waren Integrations-, Concordia- und Konsensmodelle, deren Leerformeln durch ständisch-hierarchische Begriffe ausgefüllt wurden. Konflikt und vor allem organisierter Konflikt wurde überwiegend als Übel angesehen. Selbst wo Konflikt sich auf Grund moralischer Erwägungen nicht vermeiden ließ – wie in der Theorie des Widerstandsrechts –, wurde er möglichst oligarchisch geregelt und die Auslösung des Konflikts an eine Fülle von Vorbedingungen, Warnungen und elitäre Instanzen gebunden. Für katholische wie protestantische Denker waren Concordia-Vorstellungen so dominant, daß für die meisten der Satz von Thomas von Aquin in ›De regime principum‹ (Kap. 6) verbindlich war, der empfahl, nur im äußersten Notfall vom Widerstandsrecht Gebrauch zu machen, denn »wenn jemand imstande ist, das Übergewicht gegenüber dem Tyrannen zu erlangen, so entstehen sehr häufig gerade daraus die schwersten Streitigkeiten unter dem Volke, sei es, daß sich die Menge noch während der Erhebung oder nach seiner Niederwerfung darüber in Parteien zerklüftet, wie nun die Herrschaft einzurichten sei«. Tyrannei schien im Zweifelsfall erträglicher als Parteienkonflikt.

Konflikte wurden auch in der politischen Theorie der Neuzeit, welche die ständisch-hierarchischen Vorstellungen des Mittelalters zunehmend ablegte, überwiegend verketzert und seit den großen Glaubensbürgerkriegen bei Hobbes und vielen anderen Innovatoren rationaler Modelle der Politik als »Bürgerkriegsgefahren« geächtet. *Partes* und *factiones*, Parteien und Fraktionen, hatten einen negativen Klang, und der Begriff »Interesse« wurde mit umstürzlerischem Gruppenegoismus gleichgesetzt. Die ersten Gruppen, die ideologisch kohärent und organisatorisch versäult waren, die Religionsparteien, haben sich nach jahrzehntelangen bewaffneten Versuchen, die Einheit durch Gewalt wiederherzustellen, auf eine proportionalistische Konfliktschlichtung in der *amicabilis compositio* der Religionsfriedensverträge eingelassen, die zwar pluralistisch, aber ebenfalls konfliktfeindlich war, weil sie jeder möglichen Auseinandersetzung durch striktes Reglement und proportionale Aufteilung aller Herrschaftspositionen zuvorkam.

Die Geschichte der Diskriminierung von Parteien reicht bis ins 20. Jahrhundert. Die Rechtfertigung eines Parteienpluralismus fand erst zu Beginn der Neuzeit Vereinzelte Fürsprecher. Einer der ersten war Machiavelli, als er in den ›Discorsi‹ (I, 4) über die römische Republik schrieb: »Mir scheint, wer die Kämpfe zwischen Adel und Volk verdammt, der verdammt auch die erste Ursache für die Erhaltung der römischen Freiheit. Wer mehr auf den Lärm und das Geschrei solcher Kämpfe sieht als auf ihre gute Wirkung, der bedenkt nicht, daß in jedem Gemeinwesen die Gesinnung des Volkes und der Großen verschieden ist und daß aus ihrem Widerstreit alle zugunsten der Freiheit erlassenen Gesetze entstehen.« Machiavellis ideologischer Gegenspieler, der Historiker Guicciardini, der stärker die Partei des Adels ergriff – sowohl in den florentinischen als auch in den römischen Kämpfen –, kritisierte gerade diesen Standpunkt Machiavellis in dem Pamphlet ›Intorno ai discorsi del Machiavelli‹ aufs heftigste und behauptete, daß der Kampf zwischen Plebs und Senat einer der Gründe für den Niedergang Roms und nicht die Ursache seiner Freiheit gewesen sei.

Noch die ersten Verteidiger des Parteienwesens in England – wo zuerst ein pluralistisches Parteiensystem entstand – hofften (wie Bolingbroke), daß ihre Partei die letzte sein werde, die den Parteienkonflikt dank patriotischer Politik abschaffen werde. Diese Vorstellung der »letzten Partei« hat ihr radikales Pendant bis heute.

Nur einige Schulen des Liberalismus bekannten sich im 19. Jahrhundert zum Pluralismus, den sie jedoch relativ elitär als Pluralismus der besitzenden und gebildeten Gruppen verstanden und dessen Harmonie sie im Elfenbeinturm eines zensitären Wahlrechts und der sozialen Unterprivilegierung der Mehrheit stark überschätzten. Die frühe Konfliktsoziologie bei Gumplowicz und Ratzenhofer arbeitete mit der Übertragung darwinistischer Annahmen auf die Gesellschaft. Die erste radikale Konflikttheorie war die Lehre vom Klassenkampf, aber auch sie war mit der Vorstellung verbunden, daß der Konflikt in einer klassenlosen sozialistischen Gesellschaft beigelegt werden könne. Sie entstand in bewußter Absetzung vom sozial begrenzten Konfliktmodell liberaler Pluralismusvorstellungen.

Erst in der zweiten Hälfte des 19. Jahrhunderts gewannen die Konflikttheorien an Boden, die das harmonistische Bild der älteren christlichen, ständischen, patrimonialen oder konkurrenz-kapitalistischen und Gemeinwohl-Ordnungsmodelle ablehnten und von den Widersprüchen und Konflikten der Gesellschaft ausgingen.

Cum grano salis läßt sich sagen, daß die wichtigsten Konfliktmodelle mit je einer der drei großen ideologischen Strömungen in der Politik des 19. und 20. Jahrhunderts verbunden waren:

(1) *Liberale Theoretiker* opponierten gegen die Staatsmetaphysik und die Fiktion einer einheitlichen Macht durch den Hinweis, daß der Staat immer nur die Summe der in ihm lebenden *Gruppen und Interessen* ist, und kamen zu einem Gruppenkonfliktmodell.

(2) *Sozialistische Theoretiker*, die von der Gegenüberstellung von Staat und Gesellschaft ausgingen, entwarfen eine Theorie, an deren Ende die Aufsaugung des Staates durch eine sich selbst regulierende Gesellschaft stand. Sie entwickelten eine historische Theorie, die auf einem *Klassenkonfliktmodell* basiert.

(3) *Autoritär-konservative* Denker entwickelten aus der Kritik an der liberalen parlamentarischen Demokratie eine Theorie, welche das für sie zentrale Führungsproblem der Gesellschaft lösen sollte, und gingen von einem *Eliten-Massen-Konfliktmodell* aus.

Die drei Ansätze blieben jedoch nicht auf *eine* politische Richtung beschränkt. Gruppentheorien wurden nicht nur von Liberalen, Klassenanalysen nicht nur von Marxisten und Elitenstudien nicht nur von Autoritären und Faschistoiden übernommen. Die Ansätze befruchteten sich gegenseitig – aber die

Rezeptionen veränderten die Bedeutung der einzelnen Begriffe.

Je nach dem wissenschaftstheoretischen Ausgangspunkt und dem bevorzugten Theorieansatz auf mittlerer Ebene wurde den Grundbegriffen der Politik ein anderer Stellenwert im theoretischen System eingeräumt und eine andere Bedeutungsnuance im Sprachgebrauch unterlegt. Taxonomische Bemühungen einiger Konfliktsoziologen führten zu umfangreichen Klassifikationen der Konfliktebenen und der Träger von Konflikten vom Individuum bis zur Allianz von Staaten. Für die politische Theorie sind vor allem die Konflikte zwischen Gruppen und Organisationen von Bedeutung. Es gibt eine Fülle von Begriffen in der Politikwissenschaft, die auf Konflikte hindeuten: Begriffe teils für Aggregate, wie Nationen, Parteien, Opposition, Gewaltentrennung, teils für kollektives Handeln, wie Modernisierung, Revolution oder Krieg. Aber nur die drei Begriffe Klassen, Gruppen und Eliten wurden in der Regel zum Ausgangspunkt von Theorien für das gesamte politische System gemacht, weshalb sich die Darstellung auf diese drei beschränkt.

6. Gruppenpluralismus

Während die Parteiengegensätze von den politischen Ideologien der westlichen Demokraten inzwischen in ihrem Nutzen anerkannt sind und nach dem Zweiten Weltkrieg erstmals auch verfassungsmäßig sanktioniert wurden (z. B. GG, Art. 21, Franz. Verf. v. 1958, Art. 4), ist die Einstellung gegenüber den Interessengruppen in der Öffentlichkeit noch weitgehend von einer gewissen »Verbandsprüderie« gekennzeichnet. Erst in neuerer Zeit hat man das »Interesse« als einen Archetyp menschlicher Bewußtseinsinhalte wie Ehre oder Tugend anerkannt (Kaiser, 1954, S. 9). In der politischen Philosophie der Vergangenheit wurde dem Interesse ein weit geringerer Wert beigemessen. Seit Aristoteles (Politica, 1252a) galt es den meisten Philosophen als Glaubenssatz, daß »jeder Staat uns als eine Gemeinschaft entgegentritt ... die ein bestimmtes

Gut verfolgt«: Das »Gemeinwohl«, das alle anderen erstrebenswerten Güter umschloß, wurde höchster Orientierungspunkt der Staatszwecklehren.

Erst mit der begrifflichen Trennung von Staat und Gesellschaft bekam das Interesse als Grundlage der Gesellschaft eine positive Bedeutung. Der Staat hingegen erschien als die Inkarnation des Strebens nach Einheit, welches die desintegrierende Vielfalt der Gesellschaft sammelt und zusammenhält. Interesse wurde von Hegel nahezu mit Kampf identifiziert, »denn Interesse ist nur vorhanden, wo Gegensatz ist« (Vorlesungen über die Philosophie der Weltgeschichte. Leipzig, Meiner, 1944, Bd. 1, S. 46). Nur der »allgemeine Stand« konnte nach Hegels Rechtsphilosophie (§ 205) auch »allgemeinen Interessen« dienen; die Befriedigung seines Privatinteresses muß der Mensch in seiner »Arbeit für das Allgemeine« finden. In der konservativen Staatslehre spielt bis in unsere Zeit der Gedanke eine wichtige Rolle, daß der Staat berufen sei, das Volk und seinen Willen vor der Mediatisierung durch die *potestas indirecta* der Gruppen zu schützen.

Gegen solche Ansprüche des Staates und der ihn beherrschenden Gruppen, das Gemeinwohl jeweils autoritativ zu definieren, hatten bereits die radikale und die liberale Staatslehre des späten 18. und des frühen 19. Jahrhunderts gekämpft. Einflußreich dafür wurde die utilitaristische Kritik an der Lehre vom Gemeinwohl. Für Jeremy Bentham war die *community* lediglich eine fiktive Körperschaft, deren Interessen nur durch die Analyse der Interessen der Individuen erforscht werden könnten, aus denen sie sich zusammensetzt. Das Gemeinschaftsinteresse war für Bentham (An Introduction to the Principles of Moral and Legislation. Oxford, 1960, Kap. 1, S. 3) nur »die Summe der Interessen der verschiedenen Glieder, die sie (die community) bilden«. Benthams vereinfachte Bedürfnispsychologie und seine quantitative Addition der Individualinteressen wurden zwar nur von seiner Schule gebilligt, aber die Höherwertigkeit der Interessen des Individuums gegenüber einem durch Spekulation gewonnenen Begriff des Gemeinwohls wurde zu einer weitverbreiteten Überzeugung der Liberalen.

Eine liberal-konservative Variante der Gruppentheorie als Mittel des Kampfes gegen die vorherrschende Staatsmetaphysik wurde von Otto von Gierke in Deutschland entwickelt und wirkte auf englische Theoretiker wie Maitland und Figgis ein. Sie hatte jedoch noch stark organizistische Implikationen und entwickelte hierarchische Gleichgewichtsvorstellungen, die sich in Gegensatz zu einem anderen organizistischen Konfliktmodell der Zeit, dem Sozialdarwinismus, stellten, der das Recht des Stärkeren im Gruppenkampf verherrlichte. Alle diese Vorläufer der Gruppentheorie verzichteten jedoch noch weitgehend darauf, analytische Konzepte zur empirischen Erforschung der Gruppenkonflikte zu entwickeln.

Arthur Fisher Bentley stellte unter dem Einfluß deutscher Soziologen, wie Ratzenhofer, Gumplowicz und Simmel, als erster in seinem Buch ›The Process of Government‹ (1908) eine Theorie der Politik als Gruppenkampf auf. Er definierte: »Regieren ist der Anpassungsprozeß mehrerer Interessengruppen in einer bestimmten unterscheidbaren Gruppe oder in einem System.«

Bentleys Lehren hatten aber eine Reihe von Schwächen:

(1) Die erste Schwäche seines Ansatzes war, daß sich nahezu jedes Aggregat als Gruppe deuten ließ und selbst Institutionen und Gruppen kaum noch unterscheidbar waren. Immerhin war es jedoch ein Vorteil, daß Bentley in seinem verdienstvollen Kampf gegen die älteren Institutionalisten darauf hinwies, daß auch Institutionen sich wie Gruppen verhalten können. Die Interessengruppenforschung hat daher vor allem in Amerika die Pressure-Tätigkeit staatlicher Agenturen zunehmend in die Gruppenforschung miteinbezogen. Für die angelsächsischen Länder ohne festgefügte Tradition des Civil Service hatte die Theorie Bentleys Anfang des 20. Jahrhunderts eine gewisse Plausibilität. In kontinentalen Ländern mit bürokratisch-autoritären Konfliktschlichtungsmustern ließ sich mit dem Bentleyschen Konzept die Fiktion des gruppenneutralen Staatsapparates schnell entlarven. Aber die Selbständigkeit des bürokratischen Apparates wurde stark überschätzt, sosehr sich auch für kontinentale Länder vor allem im Bereich der Verwaltung innige *Parentela*- und *Clientela*-Ver-

hältnisse nachweisen ließen, wie sie La Palombara (1964) in Italien erforschte. Die *cash-register-theory*, die staatlichen Organen keine eigene Funktion, sondern nur eine Schiedsrichterrolle im Gruppenkampf zubilligte, erwies sich in vielen Fällen als zu einseitig und widersprach gelegentlich sogar den Bentleyschen Erkenntnissen, da sie die Möglichkeiten bürokratischer Subsysteme, eine eigene Schwerkraft als Pressuregroup zu entfalten, die sie in abstracto postulierte, in der konkreten Analyse wieder vergaß.

(2) Rationales Handeln kommt nach Bentleys Lehre nur auf Grund von *self-interest* zustande. Individuelle Ziele, technologische Trends, soziale Bewegungen oder gar Klassen wurden von diesem Ansatz nicht erfaßt. Innovatorische Bewegungen, wie der ›Progressivism‹ oder der ›New Deal‹, die sich nicht auf ein einzelnes Gruppeninteresse reduzieren ließen, hat Bentley in seiner konservativen Grundhaltung skeptisch betrachtet, obwohl er 1924 für einige Zeit in der Partei La Follettes als Wahlkampfleiter in Indiana tätig war. Das Bentleysche Konzept schien allenfalls in Amerika anwendbar, wo radikale Bewegungen und marginale Gruppen relativ rasch integriert wurden. In fragmentierten und versäulten Gesellschaften und in Gesellschaften mit scharfer sozialer Polarisierung im Klassenkampf versagte das analytische Konzept, wie La Palombara (1960, S. 29ff.) in einer Kritik an den Bentleyschen Begriffen in *non-American field situations* nachwies. Das geistige Handwerkszeug Bentleys blieb letztlich an den amerikanischen Pragmatismus und eine Gesellschaft mit großer horizontaler und vertikaler Mobilität gebunden.

(3) Obwohl Bentley und seiner Schule vorgeworfen wurde, daß sie dazu neigten, das Trennende, den Konflikt, zu ontologisieren und die Integrationsfaktoren im politischen Prozeß zu gering einzuschätzen, ist an dieser Konflikttheorie das Gegenteil noch auffallender: daß *harmonisierende Gleichgewichtsvorstellungen* einerseits und eine *geheime Einheitsmystik* durch Minimalkonsens-Vorstellungen stark wirksam sind.

Bentley (1949, S. 372) versuchte, durch den Begriff *habit*

background zu erklären, warum die Konflikte der Gruppen eine bestimmte Schärfe und Mittelwahl nicht überschreiten, und hatte ein starkes Vertrauen darauf, daß alle organisierten Gruppen sich zusammenschließen und sogar latente *potential groups* aktivierbar würden, wenn eine Gruppe nach einer Monopolstellung strebe oder die Spielregeln in der Mittelwahl verletze.

Bentleys Schüler Truman (1957, S. 512f.) entwickelte später die unorganisierten Interessen, die er als *rules of the game* oder allgemeinen ideologischen Konsens bezeichnete. Im amerikanischen System waren solche Spielregeln seiner Ansicht nach: die individuelle Würde der Person, *fair dealing, the democratic mold* und eine semi-egalitäre Vorstellung von materieller Wohlfahrt. Truman hatte gegenüber Bentley den Vorteil, keine allgemeine politische Theorie zu entwickeln, dennoch wurden seine Konzepte häufig auf das Ausland übertragen und dabei für europäische Systeme als nicht haltbar erwiesen. In den 60er Jahren erschien – angesichts von Bewegungen wie SDS und Black Panther – dieses Vertrauen in die Spielregeln und den Grundkonsens selbst für Amerika nicht mehr gerechtfertigt, wo sich erstmals eine »Weimarisierung« der Politik anzubahnen schien.

Die Gleichsetzung von Pluralismus und optimaler kollektiver Rationalität der Gruppentheoretiker ließ sich in Zeiten eines nicht pareto-optimalen sozialen Wandels auch in Amerika nicht halten, da immer wieder zahlreiche Gruppen am Gesamtnutzen nicht adäquat beteiligt waren. Engels (MEW, Bd. 37, S. 464) hat dies bereits in einem Brief von 1890 einmal sarkastisch formuliert: »Zweitens aber macht sich die Geschichte so, daß das Endresultat stets aus den Konflikten vieler Einzelwillen hervorgeht, wovon jeder wieder durch eine Menge besonderer Lebensbedingungen zu dem gemacht wird, was er ist; es sind also unzählige einander durchkreuzende Kräfte, eine unendliche Gruppe von Kräfteparallelogrammen ... was jeder einzelne will, wird von jedem anderen verhindert, und was herauskommt, ist etwas, das keiner gewollt hat.« Ein Gleichgewicht, das jeder einzelne will, pflegt sich allenfalls in der Distributionssphäre einzupendeln, während in der Produktionssphäre die Machtkonzentration und Profitmaximierung einseitig bei den sozial Mächtigen liegt.

Daher treten auch in Amerika periodisch unzufriedene Gruppen auf, die sich nicht an die Bentley-Trumanschen Spielregeln halten. David Riesman und Nathan Glazer (In: D. Bell [Hrsg.]: The Radical Right. New York, 1964, S. 105ff.) sprachen von *discontented classes*, die bei zunehmender Statusfurcht mit Radikalisierung und Violenz antworten. Für Statusgruppen wie die Ärzte ist der Ansatz auch in Europa mit Erfolg angewandt worden. In seiner Kritik am Gruppenansatz geht Naschold (Theorie der Demokratie. Stuttgart, Kohlhammer, 1971, S. 209) so weit zu sagen, daß selbst der »deskriptive Wert« der Gruppentheorie nicht hoch zu veranschlagen sei. Dieses Urteil erscheint zu hart angesichts der Tatsache, daß der Gruppenansatz gerade die ersten guten Deskriptionen des amerikanischen politischen Prozesses gefördert hat. Der Verfasser stimmt Naschold zu, daß Almonds systemtheoretischer Ansatz für die Theoriebildung im Bereich der Gruppenforschung höher zu bewerten ist. Aber der deskriptive Wert der Gruppentheorie ist bis heute ungleich höher. Es gibt bisher keine Studie, die konsequent den Almondschen Ansatz durchführt und dennoch hohe deskriptive und informative Qualitäten entwickelt hat – im Gegensatz zu den frühen Studien auf dem Boden des Bentleyschen Ansatzes bei Peter Odegard (Pressure Politics, 1928), Truman (The Governmental Process, 1951) und V. O. Key (Politics, Parties and Pressure Groups, 1942).

Der Gruppenansatz wurde als eine Konflikttheorie entwikkelt. Es schlichen sich jedoch immer wieder harmonisierende Gleichgewichtsvorstellungen ein. Nur die marxistischen Denkansätze hätten die Gruppenforschung konsequent als Konflikttheorie weiterentwickeln können. Sie ignorierten jedoch bis vor kurzem die bürgerliche Pressure-group-Forschung fast vollständig. Die Tätigkeit der Interessengruppen wird meist streng schematisch im Rahmen der Klassenlehre des Marxismus abgehandelt, und die Gruppen werden überwiegend nach ihrer Bündnisfähigkeit für die Arbeiterbewegung und ihre Organisationen in Partei und Gewerkschaft eingeschätzt, die Gruppen in sozialistischen Systemen hingegen als nichtantagonistisch bisher von der Betrachtung von Konflikten fast gänzlich ausgenommen. Eine der frühesten Ausnahmen war der polnische Staatsrechtler Stanislaw Ehrlich (1966, S. 40), der die Klassenlehre mit dem Gruppenansatz zu verbinden trachtete. Er unterschied grundlegende Gruppen (die Gegner im Klassenkampf oder im westlichen Sprachgebrauch die »Tarifpartner«) und nichtgrundlegende Gruppen (die übrigen wirtschaftlichen Verbände). Man könnte darin einen Anklang an Theodor Geigers Versuch sehen, eine dominante Schichtung nach Klassenmerkmalen neben den anderen Schichtungsphänomenen herauszuarbeiten.

Die Aufgabe der Vorstellung einer Vielzahl von konkurrierenden Gruppen im pluralistischen Modell stellt auch das in den 70er Jahren entwickelte Modell des *Neokorporatismus* dar, da es drei Akteuren, dem Staat, den Arbeitgeberverbänden und den Gewerkschaften, für die Konfliktschlichtung in der Gesellschaft eine herausragende Rolle zuschreibt. In Skandinavien vor allem wurde schon in den 60er Jahren gelegentlich von Corporate Pluralism oder von »freiem Korporatismus« (Gunnar Heckscher) gesprochen.

Zu einer theoretischen Mode wurde der Begriff Neokorporatismus erst durch den amerikanischen Politikwissenschaftler Philippe Schmitter. In dem Aufsatz ›Still the Century of Corporatism?‹ (1974) setzte er sich noch überwiegend mit konservativen, organizistischen und faschistoiden Denkern auseinander. Die Brücke zur pluralistischen Demokratie der Gegenwart wurde allenfalls in einer emphatischen Schlußbemerkung geschlagen. Einflußreicher war die Debatte in ›Comparative Studies‹ von 1977, in der Schmitter den Korporatismus klarer dem Pluralismus und dem Syndikalismus als Idealtypen gegenüberstellte. Korporatismus wurde definiert als »ein System der Interessenvermittlung, dessen wesentliche Bestandteile organisiert sind in einer begrenzten Anzahl singulärer Zwangsverbände, die nicht miteinander in Wettbewerb stehen, über eine hierarchische Struktur verfügen und nach funktionalen Aspekten voneinander abgegrenzt sind. Sie verfügen über staatliche Anerkennung oder Lizenz, wenn sie nicht sogar auf Betreiben des Staates hin gebildet worden sind. Innerhalb der von ihnen vertretenen Bereiche wird ihnen ausdrücklich ein Repräsentationsmonopol zugestanden, wofür sie als Gegenleistung bestimmte Auflagen bei der Auswahl des Führungspersonals und bei der Artikulation von Ansprüchen oder Unterstützung zu beachten haben.« (Schmitter, in: v. Alemann/Heinze, 1979, S. 94f.)

In den ersten Äußerungen Schmitters schien eine Art Dreistadiengesetz der Entwicklung von Pluralismus über den Korporatismus zum Syndikalismus angelegt zu sein. Später wurden die drei Typen eher als nebeneinanderstehend aufgefaßt. Der Korporatismus wurde als Idealtyp konzipiert. Kein existierendes System hat alle seine Merkmale aufzuweisen, obwohl Schmitter (1974, S. 94) Portugal und Brasilien dem Idealtyp nahekommen sah. Da jedoch diese autoritären Systeme schwerlich ein Modell für die symbiotischen Verhältnisse zwischen Staat und Verbänden in Nordeuropa abgeben konnten, wurde es notwendig, den gesellschaftlichen (oder liberalen) Korporatismus vom staatlichen oder autoritären Korporatismus begrifflich zu sondern, der die Vereinigungs- und Koalitionsfreiheit sowie die Verbandsautonomie weitgehend ausgehöhlt hat. Pluralisten und Korporatisten sind in einer Reihe von Punkten ähnlicher Ansicht. Sie unterscheiden sich jedoch in bezug auf die Rolle des Staates. Interessengruppen nehmen im korporatistischen Modell nicht nur Einfluß auf politische Entscheidungen eines mehr oder weniger als »black box« gedachten Staates wie im Modell des Pressure-group-Pluralismus, sondern sind an der Formulierung, Ausarbeitung und Implementierung staatlicher Entscheidungen und legislativer Projekte in allen Phasen des Entscheidungsprozesses mitbeteiligt.

Die Kritik am »Etatozentrismus« der Verbandsforschung, der gleichsam die Begeisterung für ein syndikalistisches Modell freier, konfliktorientierter, staatlich nicht bevormundeter klassengebundener Bewegungen entgegengesetzt wird (z. B. bei Zeuner, 1976), kann daher kaum die Neopluralisten treffen, geht aber ganz sicher an den Neokorporativisten vorbei.

Der neugewonnene Begriff ist in den letzten Jahren vielfach

überdehnt worden. Er bot sich als gleichsam neutraler Vermittlungsbegriff in einer Zeit an, da neomarxistische und »positivistische« Wissenschaft wieder stärker aus der subkulturellen Einigelung heraustraten und den weitgehend abgerissenen Dialog wiederaufnahmen. Linke Kritiker konnten ihn benutzen als »Zwischenglied« zwischen den abstrakten Staatsableitungen und dem konkreten politischen Geschehen, um die Manipulierungsvorwürfe gegen das System zu spezifizieren, die erklären sollten, warum vorausgesagte Zuspitzungen der Krisen und Klassenkämpfe nicht im erwarteten Umfang eintrafen. Konservativere Wissenschaftler konnten den Begriff ins Positive wenden und den Neokorporatismus als Ausweg aus der Unregierbarkeit anbieten. Schmitter (in: v. Alemann/ Heinze, 1979, S. 106) hat diesen Weg gewiesen durch eine kritische Attacke gegen den Begriff der *Unregierbarkeit*. Während »Unregierbarkeit« moderner Demokratien systemtheoretisch vielfach aus einer »Überlastung« des Kommunikationssystems und aus Engpässen der Informationsverarbeitungskapazität erklärt wurde und die kritische Theorie bei »Sinnkrise« und »Legitimationsschwäche« eher im subjektiven Bereich der Bürger ansetzte, hat Schmitter die relative Unregierbarkeit mehr als Ergebnis mangelnder Bündelung der Interessen und Koordination der Forderungen durch staatliche Agenturen gesehen. Der Korporatismus bot sich nun als Ausweg aus der Unregierbarkeitskrise an, soweit nicht das syndikalistische Modell mit seiner Vielzahl unkoordinierter und scharf antagonistischer Gruppen dominierte, wie in einigen romanischen Ländern, wo es kaum Ansätze für liberalen Korporatismus gibt.

Selbst wo die Problembereiche im Hinblick auf Aushandlungs- und Konfliktstrategien differenzierter angegangen worden sind, zeigt sich häufig eine Überschätzung der Tragweite des Neokorporatismus. In einigen Gebieten jenseits der Einkommens- und Wirtschaftspolitik schreitet der Korporatismus fort, wie in der Raumplanung, der Gesundheitspolitik, z. T. auch in der Erziehungspolitik (Cawson, 1978, S. 196f.). Je ferner jedoch ein Problembereich den großen Wirtschaftsinteressen rückt, um so mehr sind Reste des pluralistischen Marktmodells in der Interessenartikulation noch wirksam. Wo weltanschaulich fundierte Alternativen diskutiert werden, wie in der Umweltpolitik, stoßen das Aushandeln und die kompromißlerische Prozeßpolitik auf stärkeren Widerstand. Auch wenn letztlich doch Kompromisse mit Bürgerinitiativen geschlossen werden, würde eine Bürgerinitiative an Glaubwürdigkeit verlieren, wenn sie »5–10 % mehr Umweltschutz« verlangen würde, wie eine Gewerkschaft ihre Ziele für eine neue Lohnrunde proklamieren kann.

Literatur

A. F. BENTLEY: The Process of Government (1908). Evanston/Ill., The Principia Press of Illinois, 1949

J. H. KAISER: Repräsentation organisierter Interessen. Berlin, Duncker & Humblot, 1954

D. B. TRUMANN: The Governmental Process. New York, Knopf, [4]1957

R. E. DOWLING: Pressure Group Theory: Its Methodological Range. APSR, 1960, S. 944–954

J. LA PALOMBARA: The Utility and Limitations of Interest Group Theory in Non-American Field Situations. Journal of Politics, 1960, S. 29–49

J. LA PALOMBARA: Interest Groups in Italian Politics. Princeton UP, 1964

S. EHRLICH: Die Macht der Minderheit. Wien, Europa-Verlag, 1966

W. HIRSCH-WEBER: Politik als Interessenkonflikt. Stuttgart, Enke, 1969

R. EISFELD: Pluralismus zwischen Liberalismus und Sozialismus. Stuttgart, Kohlhammer, 1972

F. NUSCHELER/W. STEFFANI (Hrsg.): Pluralismus. Konzeptionen und Kontroversen. München, Piper, 1972

PH. SCHMITTER: Still the Century of Corporatism? Review of Politics, 1974, S. 85–131

B. ZEUNER: Verbandsforschung und Pluralismustheorie. Etatozentrische Fehlorientierungen politologischer Empirie und Theorie. Leviathan, 1976, S. 138–177

H. H. VON ARNIM: Gemeinwohl und Gruppeninteressen. Frankfurt, Metzner, 1977

P. MASSING/P. REICHEL (Hrsg.): Interesse und Gesellschaft. Definitionen, Kontroversen, Perspektiven. München, Piper, 1977

H. KREMENDAHL: Pluralismustheorie in Deutschland. Leverkusen, Heggen, 1977

PH. SCHMITTER: Modes of Interest Intermediation and Models of Societal Change in Western Europe. Comparative Political Studies, 1977, S. 7–38

A. CAWSON: Pluralism, Corporatism and the Role of the State. Government and Opposition, 1978, S. 178–198

U. von Alemann/R. G. Heinze (Hrsg.): Verbände und Staat. Vom Pluralismus zum Korporatismus. Opladen, Westdeutscher Verlag, 1979
K. von Beyme: Interessengruppen in der Demokratie. München, Piper, [5]1980
U. von Alemann (Hrsg.): Neokorporatismus. New York, Campus, 1981
R. G. Heinze: Verbändepolitik und ›Neokorporatismus‹. Opladen, Westdeutscher Verlag, 1981

7. Theorien des Klassenkonflikts

Bis heute wird die Theorie des Klassenkampfes von vielen als die einzig genuine Konflikttheorie angesehen, die nicht zur voreiligen Harmonisierung der Widersprüche drängt.

Keiner der Grundbegriffe der politischen Theorie erscheint heute noch im gleichen Maße abhängig von einer Theorie, die im 19. Jahrhundert formuliert wurde, der von Karl Marx. Die Marxsche Klassendefinition unterschied sich jedoch vor allem in einem Punkt von allen früheren Theorien der Klassengesellschaft: Marx ging es nicht um die Beschreibung einer tatsächlichen Gesellschaft, sondern um die »Erklärung des Wandels ganzer Gesellschaftsformen« (Dahrendorf, 1957, S. 17). Gesellschaft konnte nach der Marxschen Lehre nicht mehr in abstracto definiert werden. Gesellschaft im Kapitalismus bedeutet immer Klassengesellschaft, und die Klassengegensätze sind die Keime für den künftigen Untergang dieser Gesellschaft.

Marx übersah dabei keineswegs, daß die Gesellschaft seiner Zeit komplizierter strukturiert war, als es sein Zweiklassenschema zum Ausdruck brachte. Nicht selten verwickelte er sich dadurch in Widersprüche, daß er das Wort »Klasse« auch für Schichten verwandte, die im Zweiklassenmodell nur Untergruppen einer der beiden großen Klassen darstellen konnten. In seinem 1852 erstmalig veröffentlichten Werk ›Der achtzehnte Brumaire des Louis Bonaparte‹ (MEW, Bd. 8, S. 111 ff.) sprach er vom Kleinbürgertum als Übergangsklasse oder von der Klasse der Parzellenbauern. Die Einordnung der Intelligenz, der Kleinbürger oder der Beamten, die weder Produktionsmittelbesitzer noch Proletarier waren, bereitete von der Marxschen Theorie her große Schwierigkeiten. Marx glaubte, daß die Mittelschichten (er sprach sowohl von Mittelklassen als auch von Mittelständen) früher oder später zur Option zwischen dem Anschluß an die Bourgeoisie oder an das Proletariat gezwungen würden. Den Kampf der Mittelstände gegen die Bourgeoisie wertete er aber nicht als revolutionär, sondern als konservativ, ja sogar als reaktionär: »Sind sie revolutionär, so sind sie es im Hinblick auf den ihnen bevorstehenden Übergang ins Proletariat, so verteidigen sie nicht ihre gegenwärtigen, sondern ihre zukünftigen Interessen ...« (MEW, Bd. 4, S. 472).

Die Theorie der Klassen wollte Marx im 52. Kapitel des 3. Bandes seines Hauptwerkes ›Das Kapital‹ formulieren, und es ist sicher kein Zufall, daß gerade dieses Kapitel Fragment blieb. Im Unterschied zu dem vereinfachenden Zweiklassenmodell im ›Manifest der Kommunistischen Partei‹ (MEW, Bd. 4, S. 463) unterschied Marx in den wenigen Sätzen des unvollendeten Kapitels drei Klassen: die Eigentümer von Arbeitskraft, die Eigentümer von Kapital und die Grundeigentümer (MEW, Bd. 25, S. 892). Die Einkommensquellen der drei Klassen beruhten auf Arbeitslohn, Profit oder Grundrente (ebd., S. 893). Marx' Epigonen zogen meist das Zweiklassenmodell vor, und zuweilen wurde die Dreiklassentheorie sogar heftig kritisiert, z. B. von N. I. Bucharin, der jedoch Marx dabei nicht erwähnte. Aber auch Bucharin versuchte, die soziale Vielfalt von Gruppen in der gesellschaftlichen Wirklichkeit mit dem Zweiklassenschema in Übereinstimmung zu bringen. Daher unterschied er neben den beiden grundlegenden Klassen (Produktionsmittelbesitzer und Arbeiter) noch Zwischenklassen (Kopfarbeiter), Übergangsklassen (als Relikte vergangener Gesellschaftsformen, wie Handwerker oder Bauern), gemischte Klassen (wie Arbeiter mit etwas Land) und schließlich deklassierte Gruppen (Lumpenproletariat, Bettler). V. I. Lenin definierte 1919 die Klassen als »große Menschengruppen, die sich voneinander unterscheiden nach ihrem Platz in einem geschichtlich bestimmten System, der gesellschaftlichen Produktion, nach ihrem (größtenteils in Gesetzen fixierten und formulierten) Verhältnis zu den Produktionsmitteln, nach ihrer Rolle in der gesellschaftlichen Organisation der Arbeit und folglich nach der Art der Erlangung und der Größe des Anteils am gesellschaftlichen Reichtum, über den sie verfügen«, und als »Gruppen von Menschen, von denen die eine sich die Arbeit einer anderen aneignen kann infolge der Verschiedenheit ihres Platzes in einem bestimmten System der gesellschaftlichen Wirtschaft« (LW, Bd. 29, S. 410).

Das Problem der dritten Klasse, das Marx im ›Kapital‹ aufgeworfen hatte, versuchte man bei der Bestimmung der Klassenzugehörigkeit der Bauern zu lösen: Die großen Bauern und Gutsbesitzer wurden zur Kapitalistenklasse gezählt, die kleinen Bauern sah man in einen Proletarisierungsprozeß hineingestellt, der sie mehr und mehr der Klasse von Verkäufern ihrer Arbeitskraft anglich. Andeutungen von Marx über diesen Differenzierungsprozeß – besonders in Frankreich – wurden von den russischen Marxisten später systematisch ausgebaut. In seinen Polemiken gegen die Volkstümler (Narodniki) versuchte Lenin auch für Rußland zu einem Zweiklassenmodell zu kommen. Er teilte die russische Landbevölkerung, die von den Volkstümlern gern als klassenlose Einheit angesehen wurde, in Dorfbourgeoisie (Kulaken) und Dorfproletariat auf. I. V. Stalin wollte auch für die Randgebiete des Zarenreiches, die von einer kapitalistischen Entwicklung noch weiter entfernt waren als Rußland, eine ähnliche Entwicklung auf den Zweiklassenantagonismus hin feststellen (StW, Bd. 1, S. 243). Solche Versuche der Simplifizierung kompliziert geschichteter Gesellschaften können nicht immer Marx zur Last gelegt werden. Sie enthielten aber einen richtigen Kerngedanken: die Suche nach einer dominanten Schichtung. Auch nichtmarxistische Soziologen haben eingeräumt, daß neben einer Reihe von subordinierten Schichtungen eine dominante Schichtung bestehen kann (Geiger, 1949, S. 45).

Die ökonomisch-soziale Definition der Klassen durch den Marxismus mußte gegen eine Reihe von Mißverständnissen verteidigt werden. Bloße Einkommensunterschiede schaffen nach Marx noch keine Klassen. Eine »Dieselbigkeit der Revenuen und Revenuequellen« (MEW, Bd. 25, S. 893) wurde von ihm nicht als Klassenkriterium anerkannt, weil sonst auch Ärzte und Beamte eine gesonderte Klasse bilden müßten. Auch der bloße Unterschied von arm und reich könne den Zweiklassenantagonismus nicht erklären. In der Dialektik der Klassengegensätze schlage die »Quantität der Armut« nur selten in die neue »Qualität« revolutionärer Gesinnung um, denn sonst müßte das Lumpenproletariat, die ärmste Schicht, auch die revolutionärste werden (Bucharin, 1922, S. 325). Andere Marxisten haben darauf hingewiesen, daß auch die Gleichsetzung von Klassenunterdrückung und wirtschaftlicher Ausbeutung unrichtig ist: »In dem proletarischen Staat wird die Klasse der Bourgeoisie unterdrückt, obgleich sie nicht ökonomisch ausgebeutet werden kann ...« (Adler, 1922, S. 86). Die ökonomische Ausbeutung war für Max Adler ein Element, das die Klassenentstehung begünstigte, aber nicht notwendigerweise hervorrief. Eine Umdeutung der beiden Klassen nahm Bucharin vor. Er nannte sie »kommandierende Klasse« und »ausgebeutete Klasse«. Die kommandierende Klasse wurde für ihn durch die »Leitung des Produktionsprozesses« konstituiert, eine Deutung, die von anderen Marxisten, wie z. B. Kautsky, als »elitäre Verfälschung« des Begriffs der Ausbeuterklasse zurückgewiesen wurde.

Aus den Kontroversen um die Festlegung bestimmter Kriterien für die einzelnen Gesellschaftsklassen wird deutlich, daß nicht einmal die objektiven Elemente der Klassenlage einzelner Schichten immer widerspruchslos ermittelt werden konnten. Die dynamische Auffassung der Klassengesellschaft bei Marx, die jeden strukturverändernden Konflikt in einen Klassenkonflikt umdeutete und die Klassen im Verhältnis der Hegelschen Dialektik von These und Antithese begriff, versagte häufig gegenüber veränderten sozialen Situationen und ließ unterschiedliche Subsumtionen konkreter Schichtungsphänomene durch die Soziologie zu. Die Klassendefinition wurde zusätzlich dadurch erschwert, daß Marx die Klassen nicht nur nach objektiven Kriterien sonderte, sondern auch noch ein subjektives Element in den Klassenbegriff aufnahm – das Klassenbewußtsein.

Klassenbewußtsein. Der dynamische Klassenbegriff führte dazu, daß die marxistische Soziologie sich nicht damit begnügen konnte, Klassengegensätze in der Gesellschaft lediglich festzustellen. Wie Marx erklärte, strebt die unterdrückte Klasse danach, die gesellschaftliche Wirklichkeit zu verändern und sich als Klasse aufzuheben. Dieses Fernziel ist aber nur zu erreichen, wenn die unterdrückte Klasse als handelnde Einheit in der Geschichte auftritt, und dies wiederum ist nicht möglich ohne ein Bewußtsein von der Klassenlage der unterdrückten und ausgebeuteten Individuen. Das Bewußtsein der Klassenlage hat der Marxschen Theorie gemäß die Tendenz, mit dem Sein identisch zu werden, um es zu überwinden. Ohne dieses Bewußtsein gibt es nur Individuen gleicher Lage, aber keine wirkliche Klasse.

Wie aber sollte Klassenbewußtsein zur meßbaren Größe werden? Die meisten Marxisten versuchten, das Klassenbewußtsein an einer organisatorischen Konkretisierung abzulesen: Es wird durch seine Identifikation mit der proletarischen Partei feststellbar. Schon Marx setzte die Klasse an sich zuweilen mit der Partei gleich: »Diese Organisation der Proletarier zur Klasse und damit zur politischen Partei wird jeden Augenblick wieder gesprengt durch die Konkurrenz unter den Arbeitern selbst. Aber sie ersteht immer wieder, stärker, fester, mächtiger« (MEW, Bd. 4, S. 471). Marx hat sich jedoch über die organisatorische Ausdrucksform des Klassenbewußtseins nicht eindeutig geäußert, was den Streit seiner Epigonen um diese Frage verschärfte.

Eduard Bernstein wies in seinem Aufsatz ›Klasse und Klassenkampf‹ (1905, S. 860) die Gleichung Partei = Klasse als Sprachwillkür zurück: »Marx wirft hier ohne Not die Begriffe Klasse und Partei durcheinander. Klasse, im Sinne von Gesellschaftsklasse, ist ein wirtschaftlich-sozialer Begriff, für dessen Bestimmung die objektiven wirtschaftlichen und rechtlichen Merkmale, und nur sie, maßgebend sind. Das Verhalten einer Klasse ist für die Feststellung ihres Vorhandenseins ganz nebensächlich.« Diese Auffassung wird heute sogar von empirischen Wissenschaftlern abgelehnt. Der Behaviorismus zum Beispiel legt immer noch das Hauptgewicht auf das Verhalten von sozialen Gruppen. Marx kam es nicht allein darauf an, die Klassenstruktur zu erkennen, sondern zu erklären, warum er glaubte, daß die Arbeiterklasse die Gesellschaft verändern werde. Mit dem Glauben an den Automatismus der dialektischen Entwicklung von Gesellschaftsformationen (bei der Sein und Bewußtsein als zusammenfallend betrachtet wurden) schwand bei Bernstein folgerichtig auch das Interesse am Problem des Klassenbewußtseins.

Klassenkampf. Die Lehre vom Klassenkampf ist das Kernstück der Marxschen Erweiterung der Klassenlehre. Marx hat nie geleugnet, daß bürgerliche Historiker und Sozialphilosophen vor ihm die Geschichte als Geschichte von Klassengegensätzen begriffen hatten. Auch der sozialistischen Theorie schrieb er nicht allein das Verdienst zu, den Klassenkampf entdeckt zu haben. Als seine wissenschaftliche Leistung sah er lediglich an, gezeigt zu haben, »daß der Klassenkampf notwendig zur Diktatur des Proletariats führt« und daß »diese Diktatur selbst nur den Übergang zur Aufhebung aller Klassen und zu einer klassenlosen Gesellschaft bildet« (MEW, Bd. 28, S. 508).

Für die moderne politische Theorie wurde die Marxsche Klassenlehre vor allem in Form der Ansätze des Staatsmonopolistischen Kapitalismus (vgl. Kap. III, 1) und ihrer nichtrevisionistischen Kritiker relevant. Die Kritische Theorie der Frankfurter Schule hingegen (Vgl. Kap. I, 3) hat gerade die Klassenlehre als ein Herzstück des orthodoxen Marxismus weitgehend aufgegeben. Aber auch andere Teile der Marxschen Ökonomik schienen revisionsbedürftig. Während die Konzentrationstheorie für die Gesellschaft der von den Neomarxisten als »Spätkapitalismus« bezeichneten Epoche noch eine gewisse Brauchbarkeit hat, wurden die Verelendungstheorie und die Zusammenbruchstheorie von der gesellschaftlichen Entwicklung nicht verifiziert. Jürgen Habermas (Protestbewegung und Hochschulreform. Frankfurt, Suhrkamp, 1969, S. 195) hat daraus geschlossen, daß der – nach wie vor bestehende – Gegensatz sozio-ökonomischer Klassen heute deshalb nicht mehr zu einem politischen Konflikt entfacht werden könne, weil die ganze Organisation des Herrschaftssystems der wirtschaftlichen Stabilisierung und der Sicherung der politischen Massenloyalität dient. »Die Verteilung sozialer Entschädigungen kann, auf der Grundlage eines institutionalisierten wissenschaftlich-technischen Fortschritts, nach allen Erfahrungen so gesteuert werden, daß der systemgefährdende Klassenkonflikt derjenige ist, der mit größter Wahrscheinlichkeit latent bleibt.« Zu Lenins Zeiten wurde das dichotomische Klassenmodell nur durch die Gruppen der Arbeiterschaft falsifiziert, die kein proletarisches Klassenbewußtsein entwickelten. Er erklärte dieses Phänomen mit der Entstehung einer Arbeiteraristokratie, die von den Kapitalisten durch Sondervergünstigungen (meist auf Kosten der Ausgebeuteten in den Kolonien) bestochen wurde (LW, Bd. 22, S. 189). Für Herbert Marcuse und andere Neomarxisten zählt zur Arbeiteraristokratie, die ihre Unfreiheit nicht einmal mehr spürt, tendenziell die gesamte Arbeiterschaft (vielleicht mit Ausnahme der Hilfs- und Gastarbeiter).

Wo in der modernen Soziologie mit dem Begriff »Klasse« gearbeitet wurde, geschah es unter Einfluß und in Auseinandersetzung mit dem Marxismus, wenn auch Soziologen wie G. von Schmoller, K. Bücher, W. Sombart oder J. A. Schumpeter zu anderen Ergebnissen kamen als Marx. Eine neuere, unorthodoxe marxistische Analyse des polnischen Soziologen S. Ossowski hat die Klassentheorien der modernen Soziologie unter drei Modelle subsumiert (1962, S. 38ff.):

(1) dichotomische Gegenüberstellung von Klassen (wie sie der Marxismus am reinsten entwickelte);

(2) bloße Gradationsschemen;

(3) funktionale Systeme, in denen die Klassen nur eine untergeordnete oder auch gar keine Rolle spielen.

(1) Zu den *dichotomischen Klassentheorien* gehört die Lehre von der herrschenden Klasse. Sie kam auf, als der Optimismus der Evolutionisten des 19. Jahrhunderts verlorenging. Von A. Comte bis H. Spencer hofften die Positivisten auf die Entwicklung immer höherer und aufgeklärterer und friedlicherer Führungsgruppen. G. Mosca (1950, S. 58) stellte zwar wie Spencer die Ablösung des Merkmals »Tapfer-

keit« durch das Klassenkriterium »Reichtum« fest, aber an der ewigen Dichotomie von Herrschenden und Beherrschten änderte das für ihn nichts. Diese Lehre mündete bei R. Michels in den elitären Zynismus, daß der Sozialismus als Lehre keine Hoffnung auf Verwirklichung seiner Ideale habe. Nach Michels gibt es für die Sozialisten nur die Chance, als eine neue herrschende Klasse zu siegen, die sich in der Folgezeit aber nicht nennenswert von früheren Eliten unterscheidet. Da diese Dichotomie von der konstanten Dumpfheit der Massen ausging, war sie durch Abgründe von der ökonomistischen und aufklärerischen Dichotomie der Marxisten getrennt, obwohl sich im Denkansatz Ähnlichkeiten fanden. V. Paretos (Allgemeine Soziologie. Tübingen, Mohr, 1956, S. 229) Satz: »Die Geschichte ist ein Friedhof von Aristokratien« ist eine polemische Gegenbehauptung gegen Marxens Ansicht über die Geschichte als Geschichte von Klassenkämpfen.

Eine neue Variante der politischen Deutung eines dichotomischen Klassenverhältnisses bot R. Dahrendorf. Er schied die Klassen in Autoritätsbesitzer und Autoritätslose: »Das tragende Element unserer Definition der Klasse liegt in dem schwierigen und vielschichtigen Begriff der Herrschaft« (1957, S. 140). Rein wirtschaftlich determinierte Klassen, wie sie der Marxismus postuliert, sind für Dahrendorf nur ein »Sonderfall des Klassenphänomens« (ebd., S. 143). Dahrendorf stützte sich stark auf Gedankengänge Max Webers über Macht und Autorität, eine Ausdeutung, von der Weber selbst keinen Gebrauch gemacht hatte. Webers Skizze der Klassen in ›Wirtschaft und Gesellschaft‹ (a. a. O., S. 177ff.) beschäftigte sich mit Besitzklassen, Erwerbsklassen und sozialen Klassen, wobei er letztere besonders vage und formalistisch definierte: »Soziale Klasse soll die Gesamtheit derjenigen Klassenlagen heißen, zwischen denen ein Wechsel a) persönlich, b) in der Generationenfolge leicht möglich ist und typisch stattzufinden pflegt.« Die Klassen sah Weber hauptsächlich im Zusammenhang mit Fragen der sozialen Mobilität, was seine Lehre gerade für viele amerikanische Soziologen attraktiv macht.

(2) In den *Gradationsschemen* werden die Klassen nicht als ein Abhängigkeitsverhältnis betrachtet, sondern als ein logisch ordnendes Verhältnis. Alle Klasseneinteilungen, die eine Mittelklasse zwischen Bourgeoisie und Arbeiterklasse annehmen, gehören zu den Gradationsklassifikationen. Sie ordnen die Klassen einer Gesellschaft nach vielen Kriterien, überwiegend jedoch nach Einkommens- und Prestigegruppen. Im Gegensatz zu vielen dichotomischen Klassentheorien betonen sie weniger die Konstanz der Klassenlage und den daraus resultierenden Antagonismus, sondern berücksichtigen stärker die soziale Mobilität. Die Klassenlage hat nach Schumpeter (1953, S. 158, 169) die Tendenz, das Individuum – oder, wie er auch sagt, die Familie, die er als das »wahre Individuum der Klassentheorie« bezeichnet – in seiner Klasse zu halten und nach oben als Hindernis, nach unten »als Schwimmgürtel« zu wirken.

Relativ vage Klasseneinteilungen sind in den USA üblich. Jede empirische Studie – R. S. Lynds ›Middletown, a study in American culture‹ (New York, 1929) ist eines der berühmtesten Beispiele – schafft sich ihre eigene, mehr oder weniger subjektive Klasseneinteilung. W. L. Warner (1949) differenziert die Klassenschemen sogar nach geographischen Gesichtspunkten; lediglich seine vage Sechsklasseneinteilung läßt er für das ganze Land gelten. Diese Klassen haben jedoch kaum noch etwas mit objektiven ökonomischen Kriterien zu tun; die »upper upper class« und die »lower upper class« zum Beispiel sind nur durch das Merkmal »alte Familie« – »neue Familie« unterschieden. Allerdings sind mit dieser Einteilung keine Klassen, sondern nur Status- und Prestigeschichten gemeint. Th. Veblens Theorie der »leisure class« war für einen Teil der amerikanischen Soziologie wegweisend. Die Statusanalyse begriff die »Klassenanlage« nicht als unabänderliches Schicksal, das allenfalls durch revolutionäre Aktion umgestaltet werden konnte, sondern betonte die Möglichkeiten des Individuums, sich durch bestimmte Verhaltensweisen (bei Veblen besonders die »conspicuous consumption«) in bestimmte Statusgruppen einzureihen. Andere Soziologen untersuchten den Status vor allem als Machtphänomen.

(3) Eine dritte Gruppe von Analytikern der modernen Gesellschaft hat den *Klassenbegriff gänzlich aufgegeben oder ihm eine ganz untergeordnete Rolle zugewiesen.* Th. Geiger sah in seinem Buch ›Klassengesellschaft im Schmelztiegel‹ (1949) eine neue Ordnungsform aufkommen, die durch die Position der Mittelschichten, die Neuverteilung und Angleichung der Einkommen, durch die Institutionalisierung des Klassengegensatzes der industriellen Sozialpartner und die Herrschaft der Experten gekennzeichnet sei. Die Nivellierung der Klassengesellschaft ist in den 50er Jahren zum Gemeinplatz der populären soziologischen Literatur geworden. Auch die Theorie von der neuen sozialen Klasse der Angestellten hat weite Verbreitung gefunden.

Die höchste Stufe der Theoretisierung hat die klassenferne Definition der Gesellschaft in T. Parsons' Theorie des sozialen Systems erreicht. Soweit Parsons von Klassen spricht, tut er es allenfalls im Sinn der Gradationslehren: »Eine soziale Klasse ist dann zu definieren als eine Vielzahl von Verwandtschaftseinheiten, deren Mitglieder, was ihren Status in einem hierarchischen Zusammenhang betrifft, annähernd statusgleich sind« (1954, S. 328). Dieser vagen Definition würde selbst das Warnersche Schema gerecht. Wertvoller als Parsons' Klassendefinition ist jedoch seine Unterscheidung von offenen und latenten Konflikten. Diese Unterscheidung ist zwar nicht unbedingt auf eine dichotomische Klassensituation zu beziehen, sie kann jedoch darauf angewandt werden. Latente Konflikte sind auch in der »spätkapitalistischen Wohlstandsgesellschaft« noch vorhanden, selbst wenn in ihnen der soziale Friede gesichert zu sein scheint.

Auf keinem Gebiet hat der funktionalistische Ansatz heftigere Kontroversen hervorgerufen als im Bereich der Schichtungstheorie. Die funktionalistische Schichtungstheorie (Davis/Moore, 1945) geht davon aus, daß soziale Schichtung auf Grund ihrer selektiven Wirkung funktional für die Aufrechterhaltung der Gesellschaft sei. Die Knappheit der Talente, die unterstellt wird – und in dieser Theorie die angeborenen Fähigkeiten stark zu bevorzugen scheint –, führt nach diesem Ansatz dazu, daß im Durchschnitt die wenigen motivierten

Menschen für höhere Positionen durch höhere materielle und ideelle Belohnungen einen Anreiz erhalten müssen, ihre knappen Talente in den Dienst der Gesellschaft zu stellen. Die Kritik (Mayntz, in: Glass/König, 1961, S. 19) hat erwidert, daß das Talentknappheits- und Motivationspostulat (selbst wenn man die anthropologischen Grundannahmen vom faulen und egoistischen Individuum nicht teilt) in vielen Gesellschaften wahrscheinlich zutrifft; daß aber eine offene Wettbewerbssituation, die unterstellt wird, existiert und daß die höchsten Belohnungen auch die wichtigsten Posten erhalten, läßt sich bisher für keine Gesellschaft nachweisen. Auch in stark differenzierten Gesellschaften, in denen die Konvertibilität der Belohnungen (Macht, Besitz, Prestige, Bildung) geringer geworden ist als in der frühkapitalistischen Klassengesellschaft (vgl. Tumin, 1968, S. 77), in der diese Belohnungen in höherem Maße miteinander korrelierten, gibt es weder eine ganz offene Wettbewerbssituation noch eine stets rationale Belohnungszumessung in den einzelnen Statushierarchien. Kritische Soziologen haben mit Recht darauf hingewiesen, daß die Leistungszumessung in vielen Bereichen der Gesellschaft – trotz der Ideologie der Leistungsgesellschaft – nicht bloß nach objektiv meßbaren Leistungen vorgenommen wird, sondern von Faktoren wie Prestige, Selbstdarstellung, Berufsideologien, Symbolen und anderen Leistungssubstituten abhängt (Offe, 1970, S. 58ff.).

Der Funktionalismus, der sich als Gegenontologie versteht (vgl. Kap. II, 4), war gerade in der Schichtungsdebatte immer wieder in Versuchung, einen »ontologischen Schichtungsbeweis« (Dahrendorf, 1967, S. 367) anzubieten, und kam entweder zu anthropologischen oder zu tautologischen Erklärungen. Demgegenüber bedeutete Lenskis Theorie der sozialen Schichtung einen Fortschritt. Er geht von einem Dualismus von *need and power* (Notwendigkeit und Macht) aus. Nur im ersten Bereich der Notwendigkeit, d. h. der funktionalen Koordinierung und Kooperation, können die Gleichgewichtsannahmen der Funktionalisten allenfalls gelten. Nur in diesem Bereich – bis zum Ausmaß, das zum Überleben notwendig ist – teilen die Menschen die Früchte ihrer Arbeit und kooperieren. Aus diesem ersten Distributionsgesetz folgt jedoch nach Lenski (1966, S. 44) ein zweites: daß Macht die Verteilung nahezu des gesamten Surplus bestimmt, das von einer Gesellschaft produziert wird. Der Besitz oder die Kontrolle über das Surplus verleiht nach Lenski Privilegien, und diese sind eine Funktion der Macht. Wäre Lenskis Analyse richtig, so bekämen jene rückwärtsgewandten rousseauistischen Demokraten Recht, deren Theorie auf der Wiederherstellung oder Erhaltung der *frugalité* eines relativ bescheidenen Lebens, fußt, in dem kein nennenswertes Surplus zur Verteilung kommt.

Da dies jedoch nach Lenski nicht sehr vielversprechend ist, da der technologische Fortschritt zur unabhängigen Variablen erhoben wird, die immer mehr Surplus produziert (auch dies wäre eine zu überprüfende Hypothese!) und die Konservierung der Frugalität unmöglich macht, kann die Schichtungsstruktur nach den beiden Lenskischen Distributionsgesetzen eigentlich nur komplexer und differenzierter werden. Lenski (1966, S. 308) selbst muß jedoch zugeben, daß in »reifen« industriellen Gesellschaften eher eine Umkehr dieses alten evolutionären Trends hin zu immer größerer Ungleichheit zu beobachten ist.

Empirische Klassenuntersuchungen haben sich überwiegend von der allgemeinen Diskussion abgewandt. Kaum eine versuchte ernsthaft, mit dem Parsonsschen Modell zu arbeiten, manche aber übernahmen stillschweigend die konfliktfeindlichen Annahmen der Funktionalisten. Ein großer Teil der empirischen Forschung verstand sich als Widerlegung marxistischer Annahmen von der Zuspitzung der Klassenkonflikte.

Aber selbst die Bejahung sozialer Konflikte in der modernen Soziologie vermag die marxistischen Kritiker nicht zufriedenzustellen, da die sozialen Konflikte nur zum kleineren Teil als Klassenkämpfe gedeutet werden. Die Pressure-group- und Verbandsforschung hat es mit weit vielschichtigeren Konflikten zu tun. Immerhin beginnen auch marxistische Sozialwissenschaftler einzusehen, daß die Klassenforschung durch eine detaillierte Verbands- und Gruppenanalyse ergänzt werden muß. Selbst westliche Forscher sind weitgehend uneinig über die Frage, inwieweit den Gruppenkämpfen in der modernen pluralistischen Demokratie Klassenkonflikte zugrunde liegen. Die Ausprägung des Klassenbewußtseins der unteren Schichten ist fast immer umgekehrt proportional den Chancen des sozialen Aufstiegs. Da der soziale Aufstieg von Arbeitern und Arbeitersöhnen jedoch weit seltener ist, als der *American Dream* – auch in seiner europäischen Form – unterstellt, sind die Klassenschranken keineswegs verschwunden. Auch in den USA hat sich gezeigt, daß der Arbeiter noch keineswegs mittelständisch denkt, daß es durchaus ein Zusammengehörigkeitsgefühl unter der Arbeiterschaft gibt, die im allgemeinen der Gewerkschaftspolitik folgt und der Propaganda der Arbeitgeberseite wenig Glauben schenkt (Kornhauser u. a., 1956, S. 281).

Die Zusammenhänge von sozialer Mobilität und sozialem Bewußtsein werden jedoch von vielen Soziologen nicht mehr in der Verallgemeinerung als Klassenschicksale erforscht. Die fünf Verhaltenstypen (Conformity, Innovation, Ritualism, Retreatism, Rebellion), die R. K. Merton (1957, S. 140) als Antwort auf die soziale Lage feststellte, sind vorwiegend als individuelle Haltungen gedacht, die keine Aussagen über das Klassenhandeln zulassen, obwohl es in extremen Fällen vorkommen kann, daß eine ganze soziale Schicht eine der fünf Haltungen einnimmt.

In den angelsächsischen Ländern scheint das dichotomische Denken geringer entwickelt zu sein als auf dem europäischen Kontinent, wie man aus älteren Befragungen schloß, bei denen sich z. T. 70–80 % der Bevölkerung zur Mittelklasse rechneten. Fehler dieser Befragungen war jedoch häufig, daß man Fragen über die Selbsteinordnung stellte, ohne vorher die Perzeption der Schichtungsstruktur ihrer Gesellschaft bei den Betroffenen zu untersuchen, die allein über den Stellenwert einer Selbsteinstufung etwas aussagen könnte. Ältere angelsächsische Untersuchungen kamen häufig zu dem Ergebnis, daß besonders die Angestellten und Gruppen mit deutlichem Statusstreben nicht von einem dichotomischen Klassenmodell, sondern von einem differenzierten Modell der Statushierarchie ausgingen. Untersuchungen der 60er Jahre (Goldthorpe, in: Hörning, 1971, S. 125) zeigten jedoch, daß selbst die finanziell gutgestellten Arbeiter bis zu 81 % von einem Zwei- oder Dreiklassenmodell ausgingen. Das immer wieder durch Survey-Studien festgestellte Klassenbewußtsein der Arbeiter setzt sich aber – auch nach Ansicht vieler marxistischer Klassenforscher – in erstaunlich geringem Grad in politisches Handeln um. C. W. Mills (The Power Elite. New York, Oxford UP, 1959, S. 30f.) und andere Elitenforscher mit kritischen Intentionen haben das Klassenbewußtsein der Oberschicht für am stärksten ausgeprägt gehalten.

In der Politikwissenschaft spielt der Klassenbegriff eine zunehmende Rolle bei der Erforschung von Wählerverhalten, Parteiensystemen und politischen Kulturen. Am magersten war das Ergebnis bei der Untersuchung von Autoritätsmustern in politischen Kulturen. Lipset (1960, S. 97ff.) kam zu vagen Korrelationen wie: Arme Klassen sind liberaler und »linker« in ökonomischen Fragen, aber weniger liberal und tolerant in Fragen der Grundrechte oder des internationalen Zusammenlebens.

Selbst für die Analyse von Parteien wird der Klassenbegriff immer unbrauchbarer. Bei der Untersuchung von Arbeiterparteien ergab sich nur, daß z. B. in England die Funktionäre noch eine starke Klassenloyalität zeigen, daß aber ungefähr ein Drittel der Arbeiterklasse trotz aller Appelle an das Klassenbewußtsein die Konservativen wählt – ein Stimmenverlust, der niemals durch die Stimmen aufgewogen werden konnte, welche die Labour Party aus den Mittelschichten bekommt. Die subjektive Identifizierung mit der Arbeiterklasse setzte sich nach Befragungsergebnissen (Rose, 1968) in vielen Ländern nicht in eine adäquate Präferenz für die Arbeiterparteien um.

Internationale Vergleiche zeigen, daß Konflikte, die nicht auf Klassengegensätze zurückgeführt werden konnten, die Existenz der Parteiensysteme als Ganzes stärker beeinflußten als die Klassentrennung. Der Protest der Unterprivilegierten hat in der Zeit wirtschaftlichen Aufschwungs nur selten die Ausdrucksweise von *civilized disagreements* (E. Shils) überschritten, während Konflikte auf religiöser, ideologischer und nationaler Basis häufig zu einer fundamentalen Opposition großer Gruppen führten. Zum anderen hat sich die Entideologisierungstendenz der Zeit nach dem Zweiten Weltkrieg nicht als unilinearer Prozeß erwiesen, und es zeigte sich, daß unzufriedene Schichten in Zeiten wirtschaftlicher Rezession ein Bewußtsein und eine Handlungsweise entwickeln, welche die Verwendung des Klassenbegriffs zulässig erscheinen läßt. So sprechen Riesman und Glazer (1963, S. 109) sogar dort von *discontented classes*, wo es sich keineswegs um proletarische Gruppen handelt, sondern um Schichten – vor allem im ehemaligen Mittelstand –, die angesichts eines disproportionalen und asymmetrischen Nutzenzuwachses von Statusfurcht befallen werden und politisch mit Radikalisierung (vor allem unter reaktionär-ideologischem Vorzeichen) reagieren. Ein Gleichgewicht der Klassen existiert ebensowenig als Dauererscheinung wie ein Gleichgewicht der Interessen- und Elitegruppen. Vor allem in der Entwicklungsländerforschung wird mit der Klassenanalyse noch immer erfolgreich gearbeitet, wenn auch nur selten mit einem schematischen Zweiklassenmodell.

Eine einheitliche Verwendung des Klassenbegriffs läßt sich nicht einmal mehr in der empirischen Soziologie marxistischer Länder feststellen. Wo immer der Klassenbegriff noch verwendet wird, weicht er in den meisten Fällen von der dichotomischen marxistischen Konzeption ab, und sein Gebrauch muß für jeden Zweig der Soziologie, für jede soziologische Schule, ja für jeden einzelnen Autor untersucht werden, ehe sich Aussagen über Klassenphänomene verallgemeinern lassen.

Eine fruchtbare Kombination des Klassenbegriffs mit anderen Konflikttheorieelementen ist durch neuere Ansätze in der kritischen Theorie gegeben, wo die Widersprüche der spätkapitalistischen Gesellschaft nicht mehr als Antagonismus zwischen Klassen, sondern als Resultate des nach wie vor dominanten Prozesses privater Kapitalverwertung und eines spezifisch kapitalistischen Herrschaftsverhältnisses verstanden werden.

In dieser Theorie wird das vertikale Klassenschema durch

das horizontale Schema der *Disparität von Lebensbereichen* ersetzt, und die herrschenden Schichten werden nicht mehr eindeutig lozierbar für alle spätkapitalistischen Gesellschaften gedacht. Auf diese Weise wird eine funktionale Arbeitsteilung bei koordinierter Fragestellung der Konflikttheorien möglich, und Klassenanalyse kann zunehmend mit Gruppen- und Elitenforschung Hand in Hand arbeiten. Hauptmanko der Forschung ist jedoch, daß die Klassen bisher am wenigsten mit den Mitteln empirischer Forschungstechniken untersucht wurden, weit weniger als Gruppen und Eliten, die klarer abgrenzbar und strukturierter erscheinen als die sehr weite Kategorie der Klasse.

Auf keinem Gebiet gibt es so viele ungesicherte Theoreme, die nicht einmal die Form überprüfbarer Sätze angenommen haben. Dahrendorf (1967, S. 342) sprach wegwerfend von »Paratheorien«. In keinem Forschungsbereich ist die Kluft zwischen deskriptiven Einzeluntersuchungen mit jeweils eigener Klassen- und Statusgruppenabgrenzung und den vorhandenen Theorien größer als im Bereich der Klassen- und Schichtungsforschung.

Literatur

E. Bernstein: Klasse und Klassenkampf. Sozialist. Monatshefte, 1905, S. 857–864

M. Adler: Die Staatsauffassung des Marxismus. Wien, 1922 (Nachdruck Darmstadt, Wiss. Buchgesellschaft, 1964)

K. Davis/W. Moore: Some Principles of Stratification. ASR, 1945, S. 242–249

Th. Geiger: Die Klassengesellschaft im Schmelztiegel. Köln, 1949

W. L. Warner u. a.: Social Class in America. Chicago, 1949

G. Mosca: Die herrschende Klasse. Bern, Francke, 1950

T. Parsons: Social Class and Class Conflict in the Light of Recent Sociological Theory. In: Ders.: Essays in Sociological Theory. Glencoe/Ill., Free Press, ^{2}1954, S. 323–335

R. Dahrendorf: Soziale Klassen und Klassenkonflikt in der industriellen Gesellschaft. Stuttgart, Enke, 1957

R. K. Merton: Social Structure and Anomie. In: Ders.: Social Theory and Social Structure. Glencoe/Ill., Free Press, 1957, S. 131–160

S. M. Lipset: Political Man. London, Mercury Book, ^{2}1960

D. v. Glass/R. König (Hrsg.): Soziale Schichtung und Mobilität. Köln, Westdeutscher Verlag, 1961

S. Ossowski: Die Klassenstruktur im sozialen Bewußtsein. Neuwied, Luchterhand, 1962
D. Riesman/N. Glazer: The Intellectuals and the Discontented Class: In: D. Bell (Hrsg.): The Radical Right. Garden City, Doubleday, 1963, S. 115–134
L. A. Coser: Theorie sozialer Konflikte. Neuwied, Luchterhand, 1965
G. Lenski: Power and Privilege. A Theory of Social Stratification. New York, MacGraw Hill, 1966
T. B. Bottomore: Die sozialen Klassen in der modernen Gesellschaft. München, Beck, 1967
R. Dahrendorf: Die gegenwärtige Lage der Theorie der sozialen Schichtung. In: Ders.: Pfade aus Utopia. München, Piper, 1967, S. 336–352
R. Rose: Class and Party Decisions. Sociology, 1968, S. 129–162
M. M. Tumin: Schichtung und Mobilität. München, Juventa, 1968
C. Offe: Leistungsprinzip und industrielle Arbeit. Frankfurt, Suhrkamp, 1970
K. H. Hörning (Hrsg.): Der ›neue‹ Arbeiter. Zum Wandel sozialer Schichtstrukturen. Frankfurt, Fischer, 1971
M. Tjaden/Steinhauer/K. H. Tjaden: Klassenverhältnisse im Spätkapitalismus. Stuttgart, Enke, 1973
K. H. Hörning (Hrsg.): Soziale Ungleichheit. Strukturen und Prozesse sozialer Schichtung, Darmstadt, Luchterhand, 1976
M. Neumann: Methoden der Klassenanalyse. Köln, EVA, 1976
G. G. Diligenski: Sozialpsychologie und Klassenbewußtsein der Arbeiterklasse im heutigen Kapitalismus. Frankfurt, Inst. für Marx. Studien und Forschungen, 1978
R. Pettman: State and Class. London, Croom Helm, 1979
L. A. und Ch. Tilly (Hrsg.): Class Conflict and Collective Action. Beverly Hills, Sage 1981

8. Elitentheorien

In noch bewußterer Konfrontation mit der marxistischen Klassenlehre als die liberale Gruppentheorie entstand das dichotomische Konfliktmodell der Elitentheorie. Es ist kein historischer Zufall, daß die Elitentheorie in einem Land wie Italien zuerst formuliert wurde, das relativ disparitätisch entwikkelt war und große Schwierigkeiten mit der parlamentarischen Regierungsform hatte. Die Elitentheorie entstand aus der Skepsis enttäuschter Liberaler wie Mosca und wurde zu einem wichtigen Erklärungsschema für rechte politische Gruppen vom altliberalen Honoratiorenliberalismus bis zu faschistischen Ideologien. Marxistische Forscher lehnen den Begriff Elite ab, sosehr sie auch mit dem Massenbegriff gegenüber den Führungskadern operieren. Die marxistischen Sozialwissenschaften haben jedoch in der »Leitungswissenschaft« durchaus ein Pendant für die Elitenforschung. Zwar wird in einigen Elitentheorien von Pareto bis Dahrendorf ein Primat des Politischen gegenüber ökonomischen und sozialen Determinanten des sozialen Wandels behauptet. Aber die moderne Elitenforschung schließt andere methodische Ansätze keineswegs aus.

In den Definitionen der Elite wird nicht selten betont, daß der Besitz äußerer Machtmittel nicht ausreicht, um eine herrschende Gruppe als Elite zu charakterisieren. Die Anerkennung der Führungsrolle durch die Beherrschten oder (wenn man den Elite-Begriff nicht so sehr politisch verengt) die gesellschaftliche »Vorbildrolle« (Dreitzel, 1962, S. 71) und ihre prägende Kraft für die Normen der Gesellschaft sind neben dem Einfluß zur Erhaltung oder Veränderung der Sozialstruktur Merkmale von Elite. Das Wort *élite* (von *élire* = auswählen) bezeichnete im 17. Jahrhundert Waren von besonderer Qualität, später wurde es auf »gehobene soziale Gruppen, militärische Einheiten und den Hochadel ausgedehnt« (Bottomore, 1966, S. 7).

Die Verwendung des Elitebegriffes in der politischen Theorie war häufig mit dem Postulat nach Herrschaft der Besten verbunden: Die Herrschaft der Weisen bei Plato, die Herrschaft von »Auserwählten« oder »Kirchenältesten« bei verschiedenen religiösen Sekten, die Helden bei Carlyle, die Verherrlichung der Stärksten bei den Sozialdarwinisten hatten Einfluß auf die politische Theorie. In den Sozialwissenschaften bezeichnete Elite vorwiegend eine genau angebbare Leistungsqualifikation, ohne ethisches oder politisches Postulat. Im wertneutralen Sinn wird auch in der Umgangssprache von Elite im Sport und anderen Leistungsgruppen gesprochen. In der politischen Theorie des 20. Jahrhunderts flossen beide Verwendungsarten des Begriffes nicht selten zu einem ideologisch gefärbten Elitebegriff zusammen, der erst durch Sorel und Pareto im außerfranzösischen Sprachbereich als politischer Begriff weitere Verbreitung erlangte. In modernen Elitetheorien wurde Elite meist in einen Gegensatz zum Begriff Masse gestellt und die Elite als Rettung aus der Depravation einer nivellierten Massengesellschaft gepriesen.

Die moderne Elitentheorie hat häufig auf Machiavelli zurückgegriffen, der als erster moderner politischer Theoretiker einer aus den mittelalterlichen feudalen und religiösen Banden herausgetretenen Führungsgruppe von Staatsmännern Ratschläge zur Technik des Machterwerbs und der Machterhaltung gab. Er ging davon aus, daß die Mehrzahl der Beherrschten sich für die Macht nicht interessierte und nur durch außergewöhnliche Ereignisse zur politischen Aktivität gedrängt werde. Da für Machiavelli die Konflikte nicht durch das Recht (das Konfliktschlichtungsmittel der Menschen) gelöst werden konnten, war für ihn der Rückgriff auf die Gewalt (die Form des Konfliktaustrags der Tiere) unvermeidlich. Den Herrschern empfahl er daher im Notfall »die Natur des Tieres und des Menschen anzunehmen«. Anhand zoologischer Metaphern kam Machiavelli zu einer rudimentären Typologie der Eliten: Die Herrscher sollen zugleich Füchse und Löwen sein (Il Principe, Kap. XVIII). Burnham (1949, S. 225ff.) hat die Elitetheorien von Mosca, Pareto, Sorel und Michels unter dem Begriff »Machiavellismus« zusammengefaßt, als dessen gemeinsame Lehre er die Thesen ansah: Alle sozialen Prozesse erklären sich aus der Trennung von Elite und Nichtelite; Ziel jeder Elite ist die Erhaltung der eigenen Macht; die Herrschaft der Elite beruht auf Gewalt und Betrug; rationale und logische Handlungen spielen im politischen Leben eine untergeordnete Rolle. Solche groben Vereinfachungen wurden weder der Lehre Machiavellis noch der der modernen Elitentheorie gerecht. Bei Saint-Simon hatte noch die »Gesamtgesellschaft elitären Charakter«, erst bei Pareto wurde die Trennung von Elite und Nichtelite radikal vollzogen.

Allen modernen Elitetheorien liegt die Vorstellung der Allgegenwärtigkeit von Herrschaft zugrunde. Der Primat des Politischen gegenüber den ökonomischen und sozialen Determinanten des sozialen Wandels wurde implizit oder explizit von den meisten ideologischen Elitentheorien behauptet. Der

»Wille zur Macht« (Nietzsche) oder eine menschliche Neigung zu »perpetuall an restlesse desire of Power after power that ceaseth only in Death« (Hobbes, Leviathan, Kap. XI), dessen Folgen für Leib und Leben Hobbes im staatlichen Zustand durch bedingungslose Unterwerfung der Untertanen beseitigen zu können hoffte, wurde auch in modernen Elitentheorien immer wieder als Grundantrieb des Menschen hingestellt. Ein tiefer Pessimismus über die Menschennatur findet sich auch noch in einer demokratischen Elitetheorie wie der von H. Lasswell.

Die Elitentheorie in den neueren Sozialwissenschaften war sowohl eine Absage an den Historismus des 19. Jahrhunderts als eine Reaktion auf das dichotomische Zweiklassensystem des Marxismus. Paretos Satz »Die Geschichte ist ein Friedhof von Aristokratien« (Trattato, § 2053) war zweifellos als Antithese zu dem Satz des ›Kommunistischen Manifests‹ gedacht: »Die Geschichte aller bisherigen Gesellschaft ist die Geschichte von Klassenkämpfen.« Die Schule von Mosca und Pareto suchte nach Erklärungen des sozialen Wandels, die für alle – auch eine sozialistische – Gesellschaften gelten konnten, während der Klassenkampf nach marxistischer Lehre beim Übergang vom Sozialismus zum Kommunismus aufhören sollte. Nach Mosca ist die Theorie der »politischen Klasse« auf die kommunistische Gesellschaft genauso anzuwenden wie auf jedes andere Herrschaftssystem. Auch eine Theorie, die für alle Gesellschaften Geltung beansprucht, hat ihre zeitbedingten Wurzeln. Die Ablösung der traditionalen Führungsschichten und die Konflikte, die auf dem Weg zur modernen Industriegesellschaft entstanden, haben die schematische Trennung von Elite und Nichtelite gefördert. Die Elitenproblematik wurde vor allem in den Ländern diskutiert, in denen die demokratische Tradition am schwächsten war: in Deutschland und Italien. Gerade die »verspäteten Nationen« haben noch heute ein besonders schlechtes Gewissen bei der Verwendung des Begriffes Elite, und viele Forscher versuchen – nach dem Mißbrauch, der in faschistischen Systemen damit getrieben wurde – das Wort Elite zu vermeiden. In den angelsächsischen Ländern mit vergleichsweise verläßlicheren demokratischen

Traditionen ist dagegen der Elitenbegriff ziemlich unbekümmert rezipiert worden, und Pareto wurde in Amerika eigentlich erst nach dem Zweiten Weltkrieg wirklich entdeckt. Elite wird in angelsächsischen Publikationen in sehr verschiedenen Bedeutungen – für Oberschichten, Status- und Prestige-Spitzengruppen, herrschende Cliquen und sogar für Lokalhonoratioren – verwandt.

Eine breite empirische Elitenforschung gibt es erst seit dem Zweiten Weltkrieg. Mosca und Pareto hatten ihre weitreichenden Theorien nur mit einigen wahllos aus der Geschichte gewählten Beispielen exemplifiziert, in ihrer historischen Methode haben sie mit Machiavelli tatsächlich manches gemeinsam. R. Michels zog aus der schmalen empirischen Basis seiner Kenntnis der deutschen Sozialdemokratie viel zu weit reichende Schlüsse. Noch Lasswells bekanntes Buch ›Politics. Who gets what, when, how?‹ (1958, S. 13) simplifizierte die alte Dichotomie: »The influential are those who get the most of what there is to get. Available values may be classified as deference, income, safety. Those who get the most are elite; the rest are mass.« Trotz solcher Simplifizierungen ging gerade von Lasswell der entscheidende Impuls für die moderne Elitenforschung aus. Anfang der 50er Jahre initiierte er zusammen mit Lerner ein Programm zur Erforschung »of the Revolution and the Development of International Relations« (RADIR), ab 1951 erschienen einzelne Studien in Stanford über die Eliten der weltrevolutionären Bewegungen (gesammelt 1965).

Da die Elitentheorie in einer bestimmten sozialen Lage weite Verbreitung erlangte, kam der Gedanke auf, daß der Elitebegriff nur für einen begrenzten historischen Zeitraum brauchbar ist. Pareto und Mosca hatten ihn zeitlich unbegrenzt verwandt, und Paretos Schülerin Kolabinska (1912) verwandte die Theorie Paretos zur Erforschung der französischen Aristokratie seit dem Mittelalter. Einige Forscher wollen den Elitebegriff erst dort verwenden, wo der Adel aufgehört hat, die Führungsschicht nach dem Blutsprinzip zu rekrutieren. Bei einer solchen Einschränkung wird der Adel leicht als eine allzu abgeschlossene Führungsschicht gesehen. Studien von adligen Führungsschichten wie die von Preradovich (1955) ergaben, daß die Machtelite sich immer aus breiteren Schichten als dem Adel im engen Sinne rekrutierte und daß die soziale Mobilität auch in Preußen und Österreich größer war, als man gemeinhin angenommen hat. Untersuchungen wie die von Jaeggi (1960), die sich nicht auf die formellen Herrschaftspositionen beschränken wollen, neigen ebenfalls nicht zu einer historischen Relativierung des Elitebegriffs. Nach Jaeggi gehören zur Elite alle Gruppen, die dichotomisch und nicht hierarchisch verteilte Machtpositionen innehaben. Zu ihnen gehören auch die »grauen Eminenzen« und »Drahtzieher« ohne formelle Herrschaftspositionen. Das Problem der Elite in der historischen Forschung ist eng mit der Erforschung der sozialen Mobilität verbunden: »Denn die gesellschaftlich vermittelte und ausgeübte Macht wird nicht regellos und zufällig an bestimmte Personen und Personengruppen verteilt, sondern auf Grund bestimmter, der Sozialstruktur immanenter Notwendigkeiten« (Schluchter, 1963, S. 240). Auch Fürstenberg (1962, S. 147) hat in einer neueren Studie nachgewiesen, daß die Struktur des Aufstiegsprozesses »konstituierende Bedeutung für die Struktur gesellschaftlicher Führungsgruppen« hat.

Im Anschluß an Max Webers Forschungen über den Zusammenhang von rationaler Herrschaft und Bürokratie haben einige Wissenschaftler den Elitenbegriff strikt auf moderne Industriegesellschaften beschränkt. Die Klassenherrschaft, die vorwiegend auf dem Besitz der Produktionsmittel beruht, wurde in dieser Sicht durch die »Elitenherrschaft« abgelöst, durch die Herrschaft von Gruppen, die nicht mehr durch Blut oder Besitz rekrutiert werden, sondern allein durch Leistungsqualifikation. Substanzeliten werden nach dieser Lehre durch Leistungseliten verdrängt (Dreitzel, 1962, S. 44). Auch der Umkehrschluß wurde gezogen, daß jede Leistungsgesellschaft elitären Charakter trägt. Legitimationsgrund der Leistungselite ist die Rationalität des Ausleseprozesses, wie sie in der Rekrutierung der Bürokratie am frühesten angewandt worden ist. Militärische Qualifikation, Bildungsqualifikation, unternehmerische Leistung, politische Elitebildung mit besonderer ideologischer und rhetorischer Ausbildung stehen noch nebeneinander. Nicht jede Gruppe kann ihre Elite nach gleichen Kriterien auslesen, obwohl die Leistungsqualifikation die Tendenz hat, universal zu werden. Die Eliten einzelner Gruppen und Subkulturen entwickeln daher trotz verschiedener Auslese immer mehr eine integrierende Kraft auf das soziale Gesamtsystem. Als Kennzeichen der modernen Industriegesellschaft gilt, daß die Bedeutung der eigenen Arbeit in der Gesamtgesellschaft über Status und Position des einzelnen entscheidet (Dreitzel, 1962, S. 73).

Diese Verengung des Elitebegriffes auf die Industriegesellschaft ist nicht von allen Forschern akzeptiert worden. Schon Mannheim (1958, S. 106) vertrat die Ansicht, daß die drei Selektionsarten Blut, Besitz und Leistung selbst in der modernen Demokratie noch kombiniert werden. Mosca (1950, S. 61) hatte bei herrschenden Klassen generell die Tendenz »zur gesetzlichen Erblichkeit« festgestellt und damit dem Blutsprinzip eine auch für die Gegenwart übergebührliche Bedeutung beigemessen. Die englische *Gentry* ist in gesellschaftlicher Stellung und politischer Funktion noch bis ans Ende des 19. Jahrhunderts oft als Vorbild einer Elite im konstitutionell-parlamentarischen Staat angesehen worden (Stammer, 1951, S. 513). Schluchter (1963, S. 250) sah dagegen auch das Leistungsprinzip in älteren Gesellschaften für einflußreich an. Um den Elitebegriff für verschiedene Gesellschaften anwenden zu können, unterschied er Werteliten, die wertrational-traditional ausgewählt werden, von zweckrationalen Funktionseliten und emotional-utilitaristischen, delegierten Repräsentationseliten. Diese dritte Gruppe bezeichnete eigentlich kein Prinzip von universaler Bedeutung, sondern charakterisierte vornehmlich eine bestimmte Elite der repräsentativen Demokratie, die mit dem Leistungsbegriff bis heute nicht hinreichend gefaßt werden kann.

Eine vielseitige Verwendung des Elitebegriffes auf Gesellschaften verschiedenen Entwicklungsstandes bietet eine Typologie Kornhausers (1959, S. 40f.), der die Gesellschaftsformationen überhaupt nach ihrem Verhältnis von Elite und

Massen einteilt, und zwar nach dem Kriterium des Zugangs zur Elite und der Mobilisierbarkeit der Massen. Der Begriff der »communal society« bezeichnete für ihn eine traditionale Gesellschaft, in der die Elite kaum zugänglich ist, aber auch die Massen durch die Elite in der Regel nicht mobilisiert und manipuliert werden können, da sie fest in ihren traditionalen Banden von Familie, Nachbarschaft und Gemeinde ruhen. Die pluralistische Gesellschaft kennzeichnete für Kornhauser die Zugänglichkeit der Eliten bei mangelnder Mobilisierbarkeit der Massen, die in autonomen Gruppen vielfacher Art organisiert sind. In der Massengesellschaft dagegen wurden die Massen als mobilisierbar gedacht, obwohl auch hier die Elite Aufstiegswilligen zugänglich ist. Totalitäre Gesellschaft schließlich wurde durch eine unzugängliche Elite und einen hohen Grad der Mobilisierbarkeit atomisierter Massen definiert. Diese Vierteilung der Gesellschaften ist recht holzschnittartig, und die Thesen über totalitäre Gesellschaften werden zunehmend schiefer. Es war jedoch ein Verdienst Kornhausers, die moderne Industriegesellschaft nicht unterschiedslos als »Massengesellschaft« eingestuft zu haben, wie das in der älteren Elitentheorie häufig geschah. Verdienstvoll war auch die differenzierte Betrachtung der Massen, deren soziale Mobilität und innere Gliederung in den vier Modellen berücksichtigt wurde.

Die politische Soziologie ist bei solchen groben Typologien nicht stehengeblieben. Die Erforschung einzelner politischer Kulturen und des vorherrschenden Organisationsgefüges und des Konfliktaustrages in den Gesellschaften hat gezeigt, daß Elite und Massen nicht schematisch einander gegenübergestellt werden können. Nicht jede politische Kultur tendierte zur krassen Dichotomie von Herrschern und Beherrschten.

Alle Versuche der Quantifizierung von Elite neigen zur Überschätzung der Einheitlichkeit und Kohäsion der Elite. Reißerische Berichte über die 50 oder 400 Familien Amerikas können als nicht ernstzunehmende Versuche übergangen werden. Aber auch empirische Studien haben immer wieder Zahlen für einzelne Länder zu geben versucht. Für Großbritannien kam man zu einer Elite, die etwa 11000 Personen umfaßt (Guttsman, 1963, S. 328), für Italien hat man 4000–5000 Personen (Meynaud, 1966, S. 361), für die USA 5416 Positionen (Dye, 1979, S. 14) angenommen, die Einfluß auf wichtige Entscheidungen haben. Aber auch wo auf genaue Zahlen verzichtet wurde, erwies sich die pauschale Einteilung von Massen und Eliten als revisionsbedürftig.

Ähnlich wie beim Begriff Klasse genügt es bei der Elite nicht, die Existenz einer herrschenden Schicht festzustellen. Politische Folgen hat die Existenz solcher Aggregate erst, wenn sie durch ein Gruppenbewußtsein zusammengehalten werden. Unter marxistischem Einfluß wurde den Machteliten häufig ein einheitliches Bewußtsein – das der produktionsmittelbesitzenden Bourgeoisie – unterstellt. In Zeiten starker außerparlamentarischer Kritik am »Establishment« wird die Elite wiederum als einheitlich handelnde Schicht mit einem Verschwörernimbus umgeben. Neben den »etablierten Eliten« gab es jedoch immer auch »abstrakte Eliten«, die mit der herrschenden Oberschicht nur die Eliteposition gemeinsam haben, ohne durch Familienbeziehungen, einheitliche Schulung und enge Kontakte verbunden zu sein.

Selbst Forschungen über die britische Elite, der oft eine besondere Kohäsion und Homogenität nachgesagt wird – da ihr Herrschaftsanspruch durch keine revolutionären Umbrüche angetastet worden ist –, konnten kein einheitliches Establishment nachweisen. Man fand nur eine Reihe von konkurrierenden Establishments (Sampson, 1963, S. 562). C. W. Mills (1961, S. 241) hat trotz einer Differenzierung der drei mächtigsten Gruppen der bürokratischen, wirtschaftlichen und militärischen Hierarchien dem Mythos von der einheitlichen »power elite«, welche die Massen in der Vormundschaft eines »conservative mood« hält, Vorschub geleistet. Die Elitentheorie der sechziger Jahre hat sich daher in ständiger Auseinandersetzung mit Mills Thesen befunden. Die Gemeindeuntersuchungen haben die Thesen Mills auf der fundiertesten empirischen Basis widerlegen können. Gerade die lokale Elite hat man gern als besonders einheitlich und verbunden angesehen. Aber selbst dort, wo mächtige Gruppen in räumlicher Nähe lebten, ließ sich nicht einmal eine ständige Zusammenarbeit und Kommunikation der *top leaders* nachweisen. Banfield (1961, S. 296) schildert eindringlich, welcher Aufwand von Konferenzen, Arbeitsfrühstücken mit Vizepräsidenten, *branch managern, supervisors*, Kaufleuten und Politikern nötig ist, um eine lokale Elite auch nur um ein gemeinsames Interesse zu scharen. Selbst wenn dieser Aufwand von Erfolg gekrönt ist, ist einheitliches Handeln der Mächtigen nicht die Regel. Die potentielle Macht einer Elitegruppe, die unbegrenzte Geldreserven zur Beeinflussung einer politischen Entscheidung mobilisieren kann, wird nur selten gebraucht. Gruppen mit relativ geringem Potential der Einflußmöglichkeiten, aber einem hohen Grad an Homogenität haben ihre Wünsche oft besser durchsetzen können als die mächtige, aber heterogene Elite im engeren Sinne, wie die Interessengruppenforschung immer wieder erweist. Dahl (1958, S. 465) hat daher mit Recht davor gewarnt, aus dem Fehlen politischer Gleichheit bereits auf die Existenz einer »ruling elite« zu schließen. Die große Gruppe des »neuen Mittelstandes«, die Bottomore (1966, S. 11) auch »Subelite« genannt hat – die hohen Beamten, Manager, Wissenschaftler, Ingenieure und Intellektuellen –, liefert nicht mehr nur den Nachwuchs für die Spitzengruppe oder die herrschende Elite im engeren politischen Sinn, sondern wird auch für die Durchsetzung von Entscheidungen immer wichtiger. Die moderne Lehre der Kommunikation hat gezeigt, daß die *top leaders* häufig gar nicht die günstigste Position innehaben, um Entscheidungen durchzubringen. Ein *strategic middle level* (K. W. Deutsch: The Nerves of Government, New York, Free Press, 1963, S. 154) erweist sich oft als entscheidend. Nicht die Spitzen der Hierarchien sind die Bestinformierten, sondern eine mittlere Gruppe, die von der Spitze und der Basis der Machtpyramide gleich weit entfernt ist und auf Grund dieser Mittelposition große Vorteile im Informationsprozeß genießt. Deutsch hält es für keinen Zufall, daß Militärputsche meist von Obersten durchgeführt werden. Der Oberst im Militär, die obersten Ministerialbeamten, die Redakteure großer Massenkommunikationsmittel gehören zu diesen mittleren Positionen, und für diese

Subeliten ließ sich oft ein einheitlicheres Handeln nachweisen als für die *top leaders*.

Methoden der Elitenforschung. Die Elitenforschung arbeitet überwiegend mit drei Methoden:

(1) mit der *positionellen Methode*, die von der Vermutung ausgeht, daß die formellen Inhaber von Ämtern in der Regel die politischen Entscheidungen maßgeblich mitentscheiden oder daß, selbst wenn dies nicht der Fall ist, die Karrieremuster dieser formellen Elite eine gewisse prädiktive Kraft für ihr Verhalten haben. Es zeigte sich, daß die Positionsinhaber in parlamentarischen Demokratien nicht im gleichen Umfang wie in totalitären Regimen mit den faktisch Machtausübenden identisch sind (Ludz, 1968, S. 39). Die Besonderheiten einzelner Regierungs- und Herrschaftsformen müssen daher stark berücksichtigt werden. Diese Methode wurde verwandt

- zum allgemeinen Studium von Karrieremustern (zahlreiche Beiträge des RADIR-Projekts, Guttsman, Meynaud, Ludz, v. Beyme, Herzog)
- zum Studium von Elitenzirkulation in historischer Perspektive (v. Preradovich, Zapf, Fischer)
- zur Isolierung entscheidender Variablen, die die höchste prädiktive Kraft für politisches Verhalten haben (Edinger, Searing, Kornberg, Schleth),

(2) mit der *reputationellen Methode*, die versuchte, die entscheidenden Machtträger zu ermitteln. Diese Methode eignet sich besser, um auch informell nicht berechtigte *decision makers* verläßlicher zu erfassen, die »grauen Eminenzen«, die Jaeggi (1960) zu untersuchen empfahl. Interessenten, Verbandsfunktionäre, Bürokraten und andere können dabei eine Rolle spielen. Es zeigte sich jedoch selbst unter gutinformierten Politikern, daß sie häufig keine sehr zutreffende Vorstellung davon hatten, wer die mächtigsten Männer im allgemeinen sind, geschweige denn, den Einfluß einzelner bei speziellen Entscheidungen zuverlässig ermitteln konnten.

(3) mit dem *decision-making-Ansatz*, der stärker von einzelnen Entscheidungen her die Hauptakteure zu ermitteln trachtet. Er wurde vor allem von Bauer u. a. (1963), Schatz (1970),

Stammer u.a. (1965) und zahlreichen Einzelstudien angewandt. Dieser Ansatz förderte in der Regel verläßlichere Details zutage, die jedoch einen geringeren Aussagewert für die allgemeine Machtstruktur zeigten.

Am schwersten realisierbar ist die reputationelle Methode, da sie gleichsam zwei Arbeitsgänge der Interviewarbeit erforderlich macht. Die positionelle Methode ist am leichtesten zu handhaben und kann am ehesten vergleichbares Material über eine große Anzahl von Positionsinhabern bereitstellen. Sie hat auch den Vorteil, daß sie zum Vergleich in historischen Längsschnittanalysen benutzbar bleibt, wenn politische Akteure nicht mehr am Leben sind oder durch die Entfernung von den Ereignissen starke Fehlerquellen in den Aussagen aufzutauchen drohen. Nachteil der positionellen Methode, die mit sozialen Background-Daten arbeitet, ist, daß sie

1) oft mehr zur sozialen Mobilität als zum politischen Verhalten in einer Gesellschaft aussagt,

2) daß sie den institutionellen Approach, der durch das Studium der Rekrutierungsfunktion gerade überwunden werden sollte, durch die Hintertür wieder einführt.

Je nach Wahl des Fokus der Elitenforschung und nach der Zugänglichkeit der Eliten werden unterschiedliche Forschungstechniken angewandt. Survey-Methoden, wie sie die Behavioristen entwickelt haben, sind in der Elitenforschung wegen des schweren Zugangs zu der relativ kleinen Elite und der Geheimniskrämerei auch in demokratischen Systemen weniger anwendbar als in der Gruppen- und Klassenforschung. Formale Interviews sind meist nur auf mittleren Elitenebenen möglich (z.B. mußte sich die Wildenmann-Gruppe auf Landesminister beschränken). Informelle Interviews – vor allem von Ausländern, wie sie Deutsch für die deutsche Elite anwandte, und Fragebogen – sind leichter möglich. Niemals aber wird die Elitenforschung auf die Untersuchung anderer Quellen verzichten können, vor allem der verbalen Äußerungen mit den Mitteln der quantitativen Inhaltsanalyse (*content analysis*), und die Sammlung von sozialen Background-Daten.

Abgesehen von den Möglichkeiten in der Anwendung dieser Forschungstechniken, die allen oben genannten Ansätzen dienen können, hat jeder der drei Ansätze der Elitenforschung seine Vor- und Nachteile. Empirische Studien des Entscheidungsprozesses haben den Vorteil, daß sie an eine Machtstruktur nicht so sehr mit festen Hypothesen über eine abgrenzbare Elitenschicht herangehen. Sie versuchen vielmehr, durch Stichproben-Umfragen unter einzelnen politischen Führern herauszubekommen, welchen Anteil sich der Befragte an einer Entscheidung beimißt und welche anderen daran Mitwirkenden er nennt (Presthus, 1964, S. 56). Eine methodische Schwierigkeit ist, die Intensität des Einflusses von einzelnen bei Entscheidungen zu prüfen, da in der Demokratie potentiell jeder an bestimmten Grundentscheidungen mitwirkt. Der Entscheidungsprozeß muß zudem in einzelne Phasen aufgegliedert werden, um die Untersuchung zu erleichtern. Lasswell schlug eine siebenfache Unterteilung vor in: Nachricht (Information und Planung), Empfehlung (Befürwortung), Verordnung (Gesetzgebung), Anforderung, Anwendung, Bewertung und Resultat. Nachteil des Ansatzes ist, daß erst eine große Zahl von Untersuchungen einzelner Entscheidungsprozesse zu Aussagen über das Verhalten der allgemeinen politischen Elite führt und daß die Vergleichbarkeit des Materials in verschiedenen Systemen gering ist.

Soziologische Elitentheorie und politologische Entscheidungslehre haben beide ihre Vor- und Nachteile. Während der *decision making approach* meist keine so weitreichende Theoriebildung erlaubt, erscheint er oft der sozialen Wirklichkeit näher. Andererseits ist die soziologische Elitentheorie meist kritischer. Die Soziologie kam häufiger zur Feststellung elitärer Machtstrukturen, während die Politikwissenschaft den Elitenpluralismus stärker betonte und aus ihren Forschungen weniger kritische Schlüsse für die Verbesserung der Demokratie zog. Die Abwendung der Politikwissenschaft von der Frage »Wer sind die Mitglieder einer hypothetischen Elite?« und die Hinwendung zur Frage »Was tun sie?« haben dem Vorwurf neue Nahrung gegeben, die Politikwissenschaft rechtfertige die bestehenden Machtverhältnisse, ohne sie ändern zu wollen.

Typologien und Theorien. Ähnlich wie in der Gruppenforschung arbeiten die meisten Elitenstudien nicht mit einer Theorie, sondern mit Typologien. Die wichtigsten unter ihnen sind:

- Typologien der *Elitensektoren* (Intellektuelle, Bürokraten, Industriemanager, Politiker u. a. [Bottomore] oder eine noch weitere Aufteilung, wie die sieben funktionalen Eliten bei Dahrendorf und Zapf);
- Typologien politischer Systeme nach der *dominanten Elite*, wie sie Janowitz in einer Vierertypologie (aristokratisches, demokratisches, totalitäres und Garnisonsstaatsmodell) für Entwicklungsländer entwickelte, oder die Typologie von Systemen nach dem Ausmaß des Einflusses bestimmter Eliten in einzelnen Regionen (z. B. Lieuwens Dreiertypologie der Neigung militärischer Eliten, einem politischen Prätorianismus zu huldigen), oder Typologien von revolutionären Eliten, wie sie Lasswell/Lerner, Pye oder John Kautsky vornahmen;
- Typologien von *Entscheidungsprozessen* (Bachrach, Lindblom u. a.);
- Typologien des *Rollenverständnisses* einzelner Eliten (z. B. von Persönlichkeitstypen einzelner Spitzenpolitiker [Edinger], bürokratischer Eliten bei Presthus, parlamentarischer Eliten bei Eulau/Wahlke, Prewitt, Barber, Matthews, Gerlich/Kramer);
- Typologien von Eliten nach ihrer *Stellung im Kommunikationssystem* (K. Deutsch).

Als Theorien hingegen verstehen sich nur wenige Ansätze:

(1) Am stärksten war der Theoriecharakter in den *Zirkulationsmodellen* gewahrt, die mit dem Anspruch prädiktiver Kraft vertreten wurden. Marie Kolabinska, eine Schülerin Paretos, hat mehrere Zirkulationstypen für die französischen Oberschichten herausgearbeitet: 1) Individuen aus den unteren Schichten gelingt der Eintritt in eine bestehende Elite, 2) Individuen der unteren Schichten bilden neue Eliten. Die Zusammenhänge zwischen individueller sozialer Mobilität und dem Auf- und Abstieg ganzer Gruppen wurden jedoch auch bei der Herausarbeitung dieser beiden Mobilitätsprozesse

nicht deutlich. Paretos Elitentheorie wollte – ähnlich wie Marxens Klassentheorie – vor allem einen Beitrag zur Erklärung von Revolutionen leisten: »Revolutionen entstehen, weil sich bei langsamer werdendem Kreislauf der Eliten oder aus anderen Ursachen Elemente mit unterlegenen Eigenschaften in den Oberschichten ansammeln« (Trattato, § 2057). Paretos Theorie versuchte ebenfalls zu erklären, warum die Unterschichten in Revolutionen meist von Angehörigen der Elite geleitet werden (§ 2058). Die Erklärung der Faktoren, die im konkreten Fall eine Revolution auslösen, ist aber durch den Hinweis Paretos auf die blockierte soziale Mobilität nicht geleistet. Seine Revolutionstheorie läßt daher keine Hypothesen zu, die empirisch verifiziert oder falsifiziert werden können. Das Handeln einer revolutionären Gegenelite konnte von Pareto noch weniger erklärt werden als von den Marxisten das angebliche Handeln ganzer Klassen in bestimmten historischen Augenblicken. Neuere Elitenforscher haben daher nicht nur die soziale Mobilität in der Gesellschaft studiert, sondern auch die Mobilisierbarkeit der Massen und ihren Organisationsgrad in die Analyse mit einbezogen (z. B. Kornhauser). Der marxistische Ansatz erwies sich für die Revolutionstheorie als fruchtbarer als der paretanische.

Nur in einzelnen Aussagen konnten Paretos Lehren erhärtet werden. Die Studien unter Lasswell und Lerner (1965, S. 319ff.) über revolutionäre Eliten zeigten, daß z. B. in China die Kuomintang-Elite und die kommunistische Elite – entgegen der kommunistischen Selbstdarstellung – weitgehend aus den gleichen oberen Schichten kamen. Über den marginalen Ursprung der Nazi-Elite oder die Veränderungen der sowjetischen Elite mit der Verdrängung der alten revolutionären Intelligenz durch neue technische Eliten haben einzelne Studien wertvolle, aber noch keineswegs ausreichende Informationen geben können (ebd., S. 459). Die Rolle der Ideologien, von Symbolen (Lasswell) oder »politischen Formeln« (Mosca) wurde durch die Elitenstudien ebenfalls stark befruchtet.

(2) In Anlehnung an paretanische Gedanken entwickelte der ehemalige Trotzkist James Burnham 1941 die Theorie, daß die Kapitalbesitzer von den *Managern* zunehmend ent-

machtet würden und diese ein Bewußtsein entwickelten, das dem der Manager in sozialistischen Staaten zunehmend ähnlicher wird. »Stellung, Aufgabe und Funktion der Manager sind in keiner Weise davon abhängig, daß die kapitalistischen Eigentums- und Wirtschaftsverhältnisse erhalten bleiben; sie beruhen auf der technischen Natur des modernen Produktionsvorganges« (Burnham, 1951, S. 112). Für Burnham war entscheidend, nicht wer nominell Eigentümer der Produktionsmittel war, sondern wer den Zugang zu ihnen kontrollierte und die Privilegien genoß, welche diese Kontrolle schafft.

Eine Abwandlung dieses Theorie-Ansatzes stellt die *Technokratiehypothese* dar, die vor allem in Frankreich nach dem Zweiten Weltkrieg durch Jacques Ellul und Jean Meynaud populär wurde. Sie hatte in Amerika jedoch ältere Vorläufer, wie Thorstein Veblens ›The Engineers and the Price System‹ (1921) und die technokratische Bewegung der 30er Jahre. Die Vorherrschaft von Experten, die durch die Übermacht des wissenschaftlichen und technischen Sachverstandes Bürokratien, gesellschaftliche Organisationen und Parteien in gleicher Weise zu beherrschen drohen und vermittels eines sich immer stärker ausdifferenzierenden Geflechts von Kommissionen, Planungsorganen und Koordinationsstäben den Entscheidungsspielraum politischer Instanzen immer mehr einengen, wurde in den 60er Jahren eine der wichtigsten Möglichkeiten konservativen Sachzwangdenkens, das die Skepsis von wissenschaftlich-technischen Laien gegenüber Partizipation und Diskussion ausbreiten half. Auch diese Hypothese mündete nicht selten in eine Konvergenztheorie ein, die davon ausging, daß die ideologisch-politisch sich legitimierenden Parteieliten sozialistischer Systeme immer stärker durch die technokratische Intelligencija, die sich durch Wissen und Sachverstand auszeichnete, von den Schalthebeln der Macht verdrängt würden und somit neue Verständigungsmöglichkeiten der Technokraten in kapitalistischen und sozialistischen Systemen entständen.

(3) Die bekannteste Elitentheorie in der Zeit nach dem Zweiten Weltkrieg ist die Theorie der *Power Elite* von Charles Wright Mills. Mills verstand seine Theorie als Versuch, die bis

dahin verbreiteten Erklärungen der Machtkonzentration in Amerika durch die »60 amerikanischen Familien« oder die Managerrevolutionstheorie zu widerlegen (1961, S. 28). Er sah enge Zusammenhänge zwischen Militärelite und Wirtschaftselite, zumal er die moderne Wirtschaft als eine Art »Kriegsindustrie« hinstellte. Sein Buch wird von Marxisten daher gern zitiert und wurde sogar ins Russische übersetzt. Unmarxistisch ist jedoch der Schluß, den Mills zieht: »The very rich do not reign alone on top of visible and simple hierarchies« (ebd., S. 117). Lasswell/Lerner/Rothwell (1952, S. 15) kamen zu dem Ergebnis, daß der Aufstieg der Businessmen seit der großen Krise der Weltkriege aufgehalten worden sei und die politische Elite die Wirtschaftsführer an den Schalthebeln der Macht abgelöst habe. Mills hat unter Macht überwiegend die Teilnahme an großen Entscheidungen verstanden. Auch Lasswell/Kaplan (1950, S. 206) hoben eine *ruling class* als aktivsten Teil der Elite besonders heraus. Mills hat jedoch seine Power Elite bewußt vom Klassenbegriff der Pareto-Mosca-Schule abgehoben. Er sah Klassen zu Recht mit der Nebenbedeutung verbunden, daß eine wirtschaftliche Gruppe die Politik beherrscht, da er daran festhielt, daß Klassen Gruppierungen nach ihrer Stellung zu den Produktionsmitteln heißen sollen. Andere Forscher haben den Klassenbegriff gerade auf das Verhältnis von herrschenden und beherrschten Gruppen verengt. R. Dahrendorf (Soziale Klassen und Klassenkonflikt, 1957, S. 144) betonte die Unabhängigkeit der Klassenanalyse und der Untersuchung der sozialen Schichtung. Ihre Verbindung sah er darin, »daß Herrschaft, der Bestimmungsgrund sozialer Klassen, zugleich einer der Bestimmungsgründe sozialer Schichtung ist«. Klassen definierte er als »Gruppierungen der Träger von Positionen gleicher Autorität in Herrschaftsverbänden« (ebd., S. 145). Wirtschaftliche Klassen waren für Dahrendorf nur ein »Sonderfall des Klassenphänomens«, und er lehnte sich damit wieder an die alte Theorie Moscas an, sosehr er den »präsoziologischen Charakter« einiger Thesen Moscas auch kritisierte. Um dem Vorwurf vorzubeugen, auch er mystifiziere die Einheit der herrschenden Klasse, half er sich damit, daß man »analytisch« in jeder Gesellschaft eine Zweiteilung vornehmen könne, empirisch aber können die »die politische Szene einer bestimmten Gesellschaft beherrschenden Klassenkonflikte als Vielfrontenkrieg konkurrierender Gruppen erscheinen« (ebd., S. 143).

Allen Aussagen über das Verhältnis von politischer und Wirtschaftselite haftet bisher etwas Schematisches an, da nicht genügend empirische Vorarbeit geleistet wurde. Hakker (1966, S. 144) sah unsere Zeit durch ernsthafte Spannungen zwischen beiden Eliten gekennzeichnet. Kommunikationsstörungen, Mißverständnisse über ihre Zielsetzungen, Unterschiede der Herkunft und Erfahrung (viele Politiker sah Hacker im Vergleich mit der Wirtschaftselite als provinziell an) machte er für diese Spannungen verantwortlich. Oft ist behauptet worden, die Wirtschaftselite stünde in der Prestigehierarchie höher als die unsichere und kurzlebigere politische Elite. Das hat sich in empirischen Studien nicht verifizieren lassen. Presthus (1964, S. 210) betonte vor allem das Bündnis zwischen wirtschaftlicher und politischer Elite. Andere Lokalstudien haben ergeben, daß die Reichsten keineswegs die Mächtigsten in der Gemeindepolitik sind. Sie fielen zum Teil sogar durch große politische Zurückhaltung auf, während die Mitglieder einiger Subeliten stärker hervortraten. Banfield (1961, S. 292) sprach von einem ausgesprochenen *staff assistant ethos* in der Politik einer großen Stadt wie Chicago. Er erklärte die Zurückhaltung der Wirtschaftselite unter anderem damit, daß die Manager sich heute weniger mit »ihrer Stadt« identifizieren als die früheren Großkapitalisten, da eine Stadt oft nur Durchgangsstufe ihrer Karriere ist. Selbst wenn die Reichsten und Mächtigsten in der Wirtschaft in der Lage schienen, ihre Interessen bei politischen Streitfragen durchzusetzen, machten sie davon seltener Gebrauch als angenommen. Mangelnde Kommunikation, mangelndes einheitliches Interesse waren auch hier auffallend. Auch wenn die formelle Organisation der Reichen und der Manager in Interessenverbänden solche Ergebnisse über lokale Eliten nicht ohne weiteres auf die nationale Politik übertragbar erscheinen läßt, so ergibt sich bei Einflußstudien auf nationaler Ebene dennoch kein so eindeutiges Bild, wie einige reißerische Enthüllungen (im Stile Pritzkoleits und Lundbergs) unterstellen.

Neuere Hypothesen, die an Mills anknüpfen, neigen dazu, die politische Elite in ihrem Einfluß noch geringer anzusetzen als Mills, und sprechen nur noch vom »industriell-militärischen Komplex« (Pilisuk/Hayden, 1969).

Die theoretische Aussagekraft des Machtelitenmodells ist nicht sehr groß. Die Darlegung der Interaktion der drei Eliteteile bleibt bei Mills durchaus im Rahmen der üblichen Deskription und wird auch dem Anspruch nach nicht in Form allgemeiner Sätze über kapitalistische Gesellschaften vorgebracht. Abgesehen von der generellen Gefahr, daß die Elitentheorie zur Verherrlichung von Herrschaft und bestimmter Gruppen, die sie ausüben, mißbraucht wird – wie das vor allem bei Pareto und Michels der Fall war, die starke Konzessionen an den italienischen Faschismus machten –, drohen zwei Gefahren der Harmonisierung in Elitentheorien:

1) durch die Unterstellung eines Gleichgewichts der Eliten in der Theorie des Elitenpluralismus und
2) durch die Rechtfertigung überflüssiger Herrschaft mit den demokratischen Delegationsmechanismen.

(4) Die Theorie des *demokratischen Elitismus*, wie sie Joseph Schumpeter (1950, S. 452) erstmals in einer verengten Demokratiehypothese formulierte, reduzierte die Demokratie auf den »freien Wettbewerb zwischen Führungsanwärtern um die Stimmen der Wählerschaft«. Anthony Downs (An Economic Theory of Democracy. New York, 1957, S. 295) trieb die Analogien eines Politikverständnisses, das in Analogie zu den Gesetzmäßigkeiten kapitalistischer Märkte konzipiert war, auf die Spitze, indem er es als seine Hauptthese erklärte, daß demokratische Parteien analog zu den Unternehmen in einer profitstrebenden Wirtschaft zu untersuchen seien. Demokratie wird auf ein prozedurales Verfahren reduziert, nach dem die Parteien *policies* mit starkem Werbeaufwand anbieten und um Stimmenanteile auf dem Stimmenmarkt kämpfen. Während in diesem Modell einerseits die Schumpeter-Hypothese zugespitzt wird, daß die Massen kaum zu direkter Partizipation an der Politik

willens und fähig seien, wird ihnen andererseits die Rationalität des *economic man* unterstellt, der mit einer gewissen Sachkenntnis zwischen den angebotenen Waren auswählt. In der Wahl- und Parteienforschung haben sich Hypothesen des elitären Demokratiekonzepts nicht selten mit der Vorstellung verbunden, daß Partizipation dem politischen System unzuträglich sei und daß es ein gewisses Maß an stabilisierender politischer Apathie geben müsse (z. B. Berelson u. a.). Auch in neuerer abgeschwächter Form spielt diese Annahme wieder eine Rolle, die Politik für den Durchschnittsbürger als »exzentrisches Handlungsfeld« ansieht. Damit wird die Kluft zwischen Eliten und Nichteliten letztlich unüberbrückbar und der Elitenpluralismus bei Erhaltung alternativer Ausleseprozeduren die einzige Garantie für die Aufrechterhaltung von Demokratie. Erst in der neueren Partizipationsforschung (Bachrach, 1967; Naschold, 1969) wurden diese Annahmen der notwendigen Kritik unterzogen und die Möglichkeiten, die Effizienz des Systems symmetrisch mit Partizipation der Bürger nach den Erkenntnissen moderner Organisationssoziologie zu steigern, aufgezeigt.

Alle vier Varianten der Elitentheorie gingen von einer einheitlichen Gruppe aus, die objektive und subjektive Bedingungen für ihre Elitenqualitäten mit sich brachte. Erst spät wurden jedoch Zweifel an der Einheitlichkeit solcher Eliten angemeldet und (Lasswell/Kaplan, 1950, S. 267) der Begriff der *Gegenelite* herausgearbeitet: »Die Stabilität der Herrschaft variiert mit dem Grad der Organisation einer Gegenelite (counterelite).« Der Sache nach läßt sich diese Einsicht bis auf Max Weber (Wirtschaft und Gesellschaft, [3]1947, S. 128) zurückführen. Teile der Gegeneliten in Parteien, Verbänden und Intelligenz müssen in die politische Elite einbezogen werden, soweit sie an politischen Entscheidungen mitwirken (Bottomore, 1966, S. 15). Elitentheorien, die sich eine Elite in positiver Beziehung zum bestehenden Normensystem der Gesellschaft denken (wie Dreitzels Integrationsmodell) und den sichtbaren Erfolg zum Qualifikationsmerkmal der Elite machen, können die Gegeneliten weit weniger berücksichtigen, obwohl ihre Einbeziehung in ein Konfliktmodell ebensogut stabilisierende Wirkung für die Gesellschaft haben kann (Schluchter, 1963, S. 244). Die moderne Entscheidungslehre würdigt auch den Einfluß der Opposition auf politische Entscheidungen weit stärker, da sie nicht so sehr in Schichtmodellen als in Verhaltenstypen bei Entscheidungsprozessen denkt.

In Polemik gegen Riesman versuchte Mills (1961, S. 243) den »Mythos von der Balance der Eliten« zu zerstören. Die meisten Forscher sehen den Elitenpluralismus aber noch immer als Kennzeichen der modernen Gesellschaft an. Presthus (1964, S. 25) hat dagegen überzeugend dargelegt, daß Elitismus und Pluralismus nur Grenzfälle eines Kontinuums sind. Die meisten modernen Gesellschaften sind in der Mitte dieses Kontinuums zu suchen. Mannheim (1958, S. 102) sah noch überwiegend die negativen Seiten des Elitenpluralismus, den »wachsenden Reizhunger« der Massen, der durch modische Eliten befriedigt wird, und den Verlust der prägenden Kraft der Elite für Kultur und Geschmack einer Gesellschaft. Die positive Seite des Elitenpluralismus ist die Konkurrenz der Elitegruppen, welche die Machtergreifung einer »strategischen Clique« verhindert. Trotz des Elitenpluralismus läßt sich feststellen, daß die verschiedenen Führungsgruppen »dazu tendieren, auch einander ähnliche gesellschaftliche Charakteristika zu entwickeln« (Lasswell, 1966, S. 181), ohne daß dies jedoch zu einem einheitlichen Gruppenbewußtsein oder gar Gruppenhandeln führt.

Der wachsende Elitenpluralismus hat es unmöglich gemacht, die Elite als Wertelite zu verstehen. Eliten sind nicht mehr – wie noch Kluth (1957, S. 30) behauptete – »Schöpfer und Repräsentanten der strukturbestimmenden Werke einer Epoche«. Der Versuch, den Elitegedanken als interne Selbsterziehung einer Wertelite zu verharmlosen, ist heute inakzeptabel. Schon die Pareto-Schule wollte den Elitebegriff wertfrei gebrauchen. Kolabinska (1912, S. 5) hatte nur die Überlegenheit als Kriterium der Elite anerkannt. Würdigung von Verdiensten, Nützlichkeit oder Werten schloß sie aus. Elite als Wertbegriff gehört einer hierarchisch gegliederten, vordemokratischen Gesellschaft an. Selbst Kritiker wie Mills

(1961, S. 360), die den Einfluß der Machteliten dämonisieren, sehen keinen werterfüllten Vorbildcharakter mehr in der Elite. Er sagt sogar: »In this fundamental sense, America is indeed without leaders.« Der Elitenpluralismus führt dazu, daß die Leistungsqualifikation von Personen oft nur von der *ingroup* beurteilt werden kann. Es gibt daneben die Vorbildhaftigkeit von Personen für andere Gruppen, ohne daß diese Personen eine Führungsrolle ausüben. Einfluß oder Prestige und Führungsrolle müssen daher unterschieden werden. Das Führungs-Gefolgschafts-Verhältnis ist eine Wechselbeziehung; die Vorbildrolle ohne Führungsposition beruht auf einseitiger Hinnahme.

Der Elitenpluralismus hat zu den bekannten Klagen geführt, daß an die Stelle der wertprägenden Elite nur eine kurzlebige »Prominenz« getreten sei (F. Sieburg, H. Plessner). Wo heute noch »Substanzeliten« postuliert werden, beruht dies gemeinhin auf der »bloßen Ideologisierung faktischer Leistungsauslese« (Dreitzel, 1962, S. 66). Der Elitenpluralismus wird auch durch die Nivellierung des Ausbildungswesens gefördert. Neben die alten Elitenschulen treten neue und traditionslose Universitäten und Schulen von gleichem Rang. Deutschland hat niemals Elite-Schulen wie Harvard, Oxford oder die »école normale« gehabt. Der kulturelle Föderalismus wirkte hier dispersiv auf die Elitenbildung. Die zentrifugalen Kräfte wurden jedoch durch eine einheitliche Ausbildung in einer bestimmten Art von Fachwissen kompensiert. Dahrendorf (1962, S. 23) kritisierte noch das »elitebildende« Studium der Jurisprudenz in Deutschland. Ein Pluralismus der Zugangsmöglichkeiten und Ausgangsstudien für den Aufstieg zeichnet sich jedoch auch in Deutschland ab.

In einigen Fällen war die Elite nichts als das »reine Artefakt demokratischer Spielregeln« (Dahl, 1958, S. 464). Der Elitebegriff widerspricht aber in den meisten Fällen dem demokratischen Mehrheitsprinzip. Die antidemokratischen Implikationen der Elitentheorie wurden um so stärker empfunden, als führende Elitentheoretiker wie Pareto und Michels der Demokratie skeptisch gegenüberstanden und sogar Ehrungen durch den Faschismus annahmen. Die Elitentheorie hat in der

Regel behauptet, daß Demokratie allenfalls Herrschaft für das Volk, nicht durch das Volk bedeuten könne. Die moderne Elitentheorie hat versucht, den undemokratischen Makel von sich zu nehmen, indem sie entweder nur deskriptiv vorging und an ihre Analyse die Forderung nach Gleichgewicht anhängte oder aber indem sie versuchte, demokratische Postulate und Elitenherrschaft zu vereinen. Ein gescheiterter Vermittlungsversuch ist die Theorie, daß die Demokratie nicht die Gleichheit, sondern nur die Gleichheit der Chancen verwirklichen könne. Gleichheit der Chancen ist jedoch als Widerspruch in sich entlarvt worden. Sie setzt die Möglichkeit voraus, in einer geschichteten Gesellschaft aufzusteigen. Schichtung und Gleichheit schließen einander aus. Gleiche Chancen könnte es nur in einer nicht geschichteten Gesellschaft geben. Wo aber Gleichheit herrscht, ist Gleichheit der Chancen ein Pleonasmus (Bottomore, 1966, S. 153).

Die Repräsentation wurde häufig als Mittel angesehen, eine politische Elite in der Demokratie zu rekrutieren. Im vordemokratischen Repräsentativsystem wurden ein begrenztes, zensitäres Wahlrecht und ein Zweikammersystem zur Erhaltung der Vormachtstellung einer großbürgerlichen Elite benutzt. Die Elitentheorie Moscas und Paretos war jedoch gerade aus dem Zweifel an den Ausleseprinzipien des repräsentativen Parlamentarismus entstanden. Pareto hat die Repräsentation für eine reine Fiktion gehalten, ohne Bedeutung für die Auslese der herrschenden Elite (Trattato, § 2244). Die Skepsis gegenüber der plebiszitären und antirepräsentativen Demokratie hat dazu geführt, daß der Repräsentation nach dem Zweiten Weltkrieg wieder größere Bedeutung beigemessen wird. Daneben aber gewinnen die nicht repräsentativen Eliten der Interessenverbände und Einflußgruppen ständig an Bedeutung. Die demokratische Elitentheorie hält es zum Teil für legitim, daß die »politischen Entscheidungen immer im Gefüge der Eliten fallen« (Stammer, 1951, S. 525), unter der Voraussetzung einer konstitutionellen Zuordnung von Staatsorganen, in welchen die Eliten wirksam werden: »Demokratische Elitenrekrutierung muß auf Wahl und Delegation, nicht auf Kooptation und anderen undemokratischen Prinzipien beruhen.« Auch in der Demokratie kann nicht verhindert werden, daß Minderheiten größere Macht haben als die Mehrheit, welche die Grundentscheidungen in den Wahlen trifft. Demokratische Eliten sind nicht machtloser als andere, aber verantwortlicher. Von den Eliten bestimmter Subsysteme und Organisationen, die allenfalls ihren Basisgruppen verantwortlich sind, muß der demokratische Staat weitgehende Öffentlichkeit der Entscheidung verlangen und notfalls gesetzgeberisch die Mittel des politischen Einflusses und die Art der Willensbildung öffentlicher Kritik und staatlicher Kontrolle unterwerfen. Parteigesetze und Lobby-Acts dienen unter anderem diesem Zweck. Darüber hinaus dienen die Demokratisierung der Erziehung, die Hebung der Bildungschancen für untere Schichten, die Rationalisierung der Aufstiegsmöglichkeiten einer Öffnung moderner Eliten und einer größeren sozialen Mobilität in der Gesellschaft.

Obwohl die Elitentheorien unter die Konfliktmodelle zu zählen sind, haben sich auch mit ihnen immer wieder harmonisierende Konzepte verbunden:

(1) Einige Soziologen wie Dahrendorf haben darauf hingewiesen, daß es in westlichen Demokratien keine sozial homogenen Eliten gibt, da es kein »Establishment« im Sinne des altliberalen Systems mehr gibt. Strategische Eliten und Oberklassen können »twin-born« sein, sind aber in der Regel nicht mehr identisch (Keller, 1963, S. 32). Dennoch haben gemeinsame ökonomische und politische Stabilisierungsinteressen und eine ähnliche formalistische juristische Ausbildung den Mangel an informellen Sozialisationsmöglichkeiten in einigen Systemen kompensiert.

(2) Die Theorie des demokratischen Elitismus seit Schumpeter vertraut allzusehr auf die demokratischen Auslesemechanismen in ihrem Rückkopplungseffekt zwischen Eliten und Nichteliten und in der Konkurrenz von Eliten, die sich in einer offenen Gesellschaft um die Gunst der Wähler bemühen.

(3) Lasswells Konzept der Gegeneliten hat immer wieder suggeriert, daß keine Elite auf die Dauer übergroße Machtkonzentration realisieren könne, weil gleichsam aus funktio-

nalen Notwendigkeiten jede Elite ihre Gegenelite produziert. Selbst für Diktaturen haben neuere Forschungen bereits ein übertriebenes Vertrauen in den Aufstieg der Gegeneliten gesetzt (z. B. Ludz für die DDR).

(4) Das Bild einer heterogenen Elite hat häufig die kartellhafte Einigkeit sozial inhomogener Eliten überdeckt und die Klassenphänomene in Gesellschaften angesichts der Elitenuntersuchungen vernachlässigt. Neuere Ansätze der kritischen Theorie, die nicht mehr von einem doktrinär postulierten Zweiklassenmodell ausgehen, sondern von einem komplexen System von Disparitäten in der Gesellschaft, führen erstmals dazu, daß Klassen- und Elitenanalysen nicht mehr als inkompatibel, sondern komplementär gesehen werden. Studien, die nur an Hand der Daten von Eliten zu generellen Aussagen über politische Systeme zu gelangen trachteten, haben sich gelegentlich in ihren Voraussagen geirrt, wie Deutsch (1967) in seiner Untersuchung über französische und deutsche Eliten. In dem Augenblick, da das Buch erschien, wurden Innovationen in beiden Systemen möglich, die nach den bloßen Interviewergebnissen kaum zu erwarten gewesen waren. Eine Elitenforschung, die sich ihres Ausgangspunktes als Konflikttheorie bewußt bleibt, wird daher Elitenverhalten immer auch mit Ergebnissen der Forschung über Massenverhalten kombinieren, je mehr die Machteliten an den politischen Entscheidungen partizipieren, und je weniger es auch in Semidiktaturen möglich ist, sie zum bloßen Objekt von Herrschaft zu machen. Aber selbst für die Phänomene der Massenmobilisierung ist es nicht überflüssig, sich mit Elitenforschung zu beschäftigen, da sich die Nichteliten nur selten spontan und simultan gegen die Herrschenden auflehnen, sondern in der Regel nur durch protestierende Gegeneliten mobilisierbar werden.

M. Kolabinska: La circulation des élites en France. Lausanne 1912
V. Pareto: Trattato di sociologia generale. Florenz 1916
K. Mannheim: Mensch und Gesellschaft im Zeitalter des Umbaus. Leiden, Gentner, 1935, 1958
D. Lasswell/A. Kaplan: Power and Society. New Haven, Yale UP, 1950
G. Mosca: Die herrschende Klasse. Bern, Francke, 1950
J. A. Schumpeter: Kapitalismus, Sozialismus und Demokratie. Bern, Francke, 1950
J. Burnham: Das Regime der Manager. Stuttgart, Union Deutsche Verlagsanstalt, 1951
O. Stammer: Das Elitenproblem in der Demokratie. Schmollers Jahrbuch für Gesetzgebung, 1951, S. 513–540
H. D. Lasswell/D. Lerner/C. Rothwell: The Comparative Study of Elites. Stanford UP, 1952
N. v. Preradovich: Die Führungsschichten in Österreich und Preußen. 1804–1918. Wiesbaden, Steiner, 1955
C. W. Mills: The Power Elite. New York, Oxford UP, 1956, 1961
S. F. Nadel: The Concept of Social Elites. International Social Sciences Bulletin, 1956, S. 413–424
H. Kluth: Sozialprestige und sozialer Status. Stuttgart, Enke, 1957
R. Michels: Zur Soziologie des Parteiwesens in der modernen Demokratie. (Leipzig 1911), Stuttgart, Kröner, 1957
R. A. Dahl: A Critique of the Ruling Elite Model. APSR, 1958, S. 463–469
H. D. Lasswell: Politics. Who gets what, when, how. New York, Meridian Books, 1936, 1958
W. Kornhauser: Politics of Mass Society. New York, Free Press, 1959
U. Jaeggi: Die gesellschaftliche Elite. Bonn, Haupt, 1960
E. C. Banfield: Political Influence. New York, Free Press, 1961
H. P. Dreitzel: Elitebegriff und Sozialstruktur. Stuttgart, Enke, 1962
F. Fürstenberg: Das Aufstiegsproblem in der modernen Gesellschaft. Stuttgart, Enke, 1962
R. A. Dahl/Ch. Lindblom: Politics, Economics and Welfare. New York, Harper, 1963
W. L. Guttsman: The British Political Elite. London, MacGibbon & Kee, 1963
S. I. Keller: Beyond the Ruling Class. Strategic Elites in Modern Society. New York, Random House, 1963
A. Sampson: Wer regiert England? Anatomie einer Führungsschicht. München, Piper, 1963
W. Schluchter: Der Elitebegriff als soziologische Kategorie. KZfSS, 1963, S. 233–256
R. Presthus: Men at the Top. New York, Oxford UP, 1964
H D. Lasswell/D. Lerner (Hrsg.): World Revolutionary Elites. Cambridge/Mass., MIT Press, 1965

H. Pross: Manager und Aktionäre in Deutschland. Frankfurt, Suhrkamp, 1965
W. Zapf: Wandlungen der deutschen Elite. Ein Zirkulationsmodell deutscher Führungsgruppen. 1919–1961. München, Piper, 1965
T. B. Bottomore: Elite und Gesellschaft. München, Beck, 1966
A. Hacker: Die Gewählten und Gesalbten: zwei amerikanische Eliten. In: E. Krippendorff (Hrsg.): Political Science. Tübingen, Mohr, 1966, S. 132–147
H. Lasswell: Beiträge zum Studium der politischen Eliten. Ebd., S. 173–196
G. Lenski: Power and Privilege. New York, MacGraw Hill, 1966
J. Meynaud: Rapporto sulla classe dirigente. Mailand, Giuffrè, 1966
J. Walker: A Critique of the Elitist Theory of Democracy, APSR, 1966, S. 285–295
P. Bachrach: The Theory of Democratic Elitism. Boston, Little Brown, 1967
L. Edinger/D. D. Searing: Social Background in Elite Analysis. A Methodological Inquiry. APSR, 1967, S. 428–445
E. J. Edinger (Hrsg.): Political Leadership in Industrialized Societies. New York, Wiley, 1967
P. Ch. Ludz: Parteielite im Wandel. Köln, Westdeutscher Verlag, 1968
M. Pilisuk/Th. Hayden: Is there a Military-Industrial Complex which prevents Peace? In: W. E. Connolly (Hrsg.): The Bias of Pluralism. New York, Atherton, 1969, S. 123–155
K. v. Beyme: Die politische Elite in der BRD. München, Piper, ^{2}1974
D. Herzog: Politische Karrieren. Opladen, Westdeutscher Verlag, 1975
R. D. Putnam: The Comparative Study of Political Elites. Englewood Cliffs, Prentice Hall, 1976
Th. R. Dye: Who's Running America. Englewood Cliffs, Prentice Hall, 1979
G. Endruweit: Elitebegriffe in den Sozialwissenschaften. ZfP, 1979, S. 30–46
F. Fischer: Bündnis der Eliten. Düsseldorf, Droste, 1979
W. A. Welsh: Leaders and Elites. New York, Holt, Rinehart & Winston, 1979
D. Herzog: Politische Führungsgruppen. Darmstadt, Wissenschaftliche Buchgesellschaft, 1982

Rückblick: Zur Dynamik des Wandels politischer Theorien

»Wir fühlen, daß selbst, wenn alle *möglichen* wissenschaftlichen Fragen beantwortet sind, unsere Lebensprobleme noch gar nicht berührt sind. Freilich bleibt dann eben keine Frage mehr; und eben dies ist die Antwort.« *L. Wittgenstein*

(1) *Empirische Forschung kann ohne Theorie nicht geleistet werden.* Die unendliche Vielfalt gesellschaftlicher Wirklichkeit bleibt ohne aufschließende Theorie verworren. Auch angeblich theorieferne Aussagen erweisen sich immer wieder als gebunden an bestimmte Theorien, die als »gesunkenes Kulturgut« kaum noch bewußt sind. In ökonomischen Fragen ist dies meist ein neoliberales Ordomodell, in politischen Fragen ein pluralistisches Modell mit technokratischen Reservaten, die als dem Kampf der Gruppen und Parteien entzogen gedacht werden. Jede wissenschaftliche Arbeit beginnt mit Begriffen, deren Formulierung bereits ein Teil der theoretischen Arbeit ist.

(2) Die Theoriebildung in der Politik vollzieht sich auf dem Boden *verschiedener Wissenschaftstheorien oder Metatheorien* (Theorie über Theorien). Deren wichtigste sind:

a) normative Theorien,

b) die analytische Wissenschaftstheorie (von Anhängern häufig als »kritischer Rationalismus«, von Gegnern als »Neopositivismus« bezeichnet),

c) dialektisch-kritische Theorien.

Der kritische Positivismus bewältigt Probleme der Methodologie am besten und ist in der Regel der gesellschaftlichen Wirklichkeit am nächsten, weil er am wenigsten willkürlich durch Ontologie oder Geschichtsmetaphysik nichtempirische

Glaubensinhalte setzt. Nur ein paar Grundregeln werden durch Konsens gesetzt, keine Erkenntnis wird jedoch als endgültig akzeptiert. Die Wertproblematik wird hingegen von den normativen und kritischen Theorien entschiedener angepackt. In der konkreten Forschung sind diese jedoch auf die Grundregeln und die methodischen Errungenschaften des kritischen Positivismus angewiesen.

Die wissenschaftstheoretische Position steht in einem gewissen Zusammenhang zum politischen Standort eines Wissenschaftlers. Es besteht jedoch keine absolute Parallelität: Normativisten sind nicht immer konservativ; Neopositivisten nicht immer liberal; kritische Theoretiker und Dialektiker sind nur bedingt sozialistisch (z. B. Frankfurter Schule).

(3) Zwischen den drei wissenschaftstheoretischen Ausgangspunkten (im ersten Kapitel), den fünf Approaches (im zweiten Kapitel) und den Grundbegriffen der politischen Theorie (im dritten Kapitel) bestehen gewisse Affinitäten (die im folgenden Schema durch Verbindungslinien wiedergegeben sind), aber *es besteht kein eindeutig determinierter Zusammenhang zwischen ihnen.*

Ontologisch-normative Theorien arbeiten vorwiegend mit historisch-genetischen oder institutionellen Ansätzen. Behavioristische Ansätze akzeptieren meist stillschweigend die Grundannahmen der analytischen Wissenschaftstheorie, und die frühe Epoche des logischen Positivismus war durchaus von der behavioristischen Präokkupation für beobachtbares Verhalten gekennzeichnet. Hingegen hatte der kritische Rationalismus starke Vorbehalte gegen funktional-strukturelle Ansätze und vor allem gegen die allgemeine Systemtheorie, in der er eine neue Ontologie witterte.

Dahl hat in einer berühmten Rede die Durchsetzungskraft der behavioristischen Methode in der Politikwissenschaft überschätzt. Historische, institutionelle und dogmatische Ansätze werden daneben bestehen bleiben, aber nicht nur wegen der Widerstandskraft des Traditionalismus – deren Brechung eine Frage der Zeit wäre –, sondern aus methodisch vertretbaren Gründen. Die Institutionen werden vom Behaviorismus

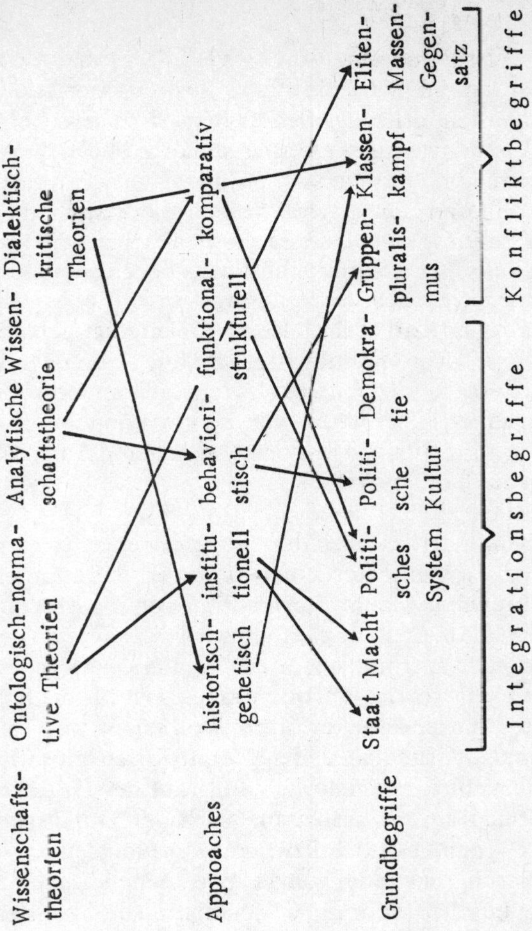

meist nur in reduzierter Form untersucht. Auch wenn man konzediert, daß die Leistung jeder Theorie die Fülle der Wirklichkeit stark reduziert, so wird die Wirkung höchst singulärer Institutionen von der Verfassung bis zum Wahlgesetz wenigstens in rechtsstaatlichen Systemen ebenfalls erforscht werden müssen. Beim Studium nichtsingulärer Institutionen, wie Bürokratien, Parteien und Verbände, hat darüber hinaus der institutionelle Ansatz durch die Organisationstheorie und

Entscheidungslehre eine starke verhaltenswissenschaftliche Anreicherung im Vergleich zum Institutionenstudium der Traditionalisten erlebt. Auch genetisch-historische Studien sind als Voraussetzung für Longitudinalstudien und die Arbeit mit Zeitreihen im Rahmen der Politikwissenschaft nicht völlig nutzlos. Eine an den generalisierend-theoretischen Ansprüchen der Politikwissenschaft gemessene Arbeit, die als »zu historisch« oder »zu institutionalistisch« bezeichnet wird, kann immer noch eine hervorragende historische oder juristische Arbeit sein und darf nicht deshalb für erledigt gehalten werden, weil sie nicht »politikwissenschaftlich« im engeren Sinn erscheint. Solche vorschnellen Urteile gehen von reifizierten Fachgrenzen aus, die weder von den Positionen der analytischen Wissenschaftstheorie noch von denen der dialektischen Theorien aus haltbar sind.

(4) Die Konflikte zwischen den metatheoretischen Positionen in den Sozialwissenschaften haben den Blick dafür geschärft, daß die Frage nach dem *Fortschritt in der Wissenschaft* nicht als Prozeß der Kumulation erfaßt werden kann, wie der Kritische Rationalismus mit seiner *trial and error*-Methode nahelegt. Die Dynamik des Theorienwandels ist für die Sozialwissenschaften bisher kaum erforscht worden. Soweit es um die ideologischen Grundlagen der Metatheorien ging, hat man versucht, Wellen der Theoriebildung auf der Grundlage von Generationen herauszuarbeiten. Nach der Durchsetzung einer Lehre kommt es zur Entzweiung der Flügel und nach Entideologisierungsbestrebungen zu einer neuen Generationsrevolte (Feuer, 1978). Für die wissenschaftliche Theoriebildung im engeren Sinne kann diese Dialektik des Ideologiewandels wenig erklären, und sie ist auf sie bisher auch nicht systematisch angewandt worden. Die Politikwissenschaft ist zudem als Wissenschaft zu jung, um schon sinnvolle Generalisierungen zu ermöglichen. Die Darstellungen der Geschichte der Politikwissenschaft haben entweder mit den konkreten politischen Ereignissen in dem betreffenden Land argumentiert (Kastendiek, 1977, S. 245) oder ziehen sich auf eine vage Generationenhypothese zurück. Gelegentlich ist diese verbunden mit ei-

ner Verschwörungstheorie, soweit – anhand der Entwicklung der Deutschen Vereinigung für Politische Wissenschaft – eine zielstrebige sukzessive »Machtübernahme« der »Kritischen Politikwissenschaft« behauptet wird (Arndt, 1978, S. 193ff.).

Die weitaus verbreitetste Erklärung für den Theorienwandel ist die These vom Wandel der Paradigmen durch Revolutionen seit dem Buch von Thomas Kuhn über ›Die Struktur der wissenschaftlichen Revolutionen‹ (1962). Paradigmen werden logisch und wissenschaftspolitisch den Theorien übergeordnet. Ein Paradigma ist nach Kuhn (1976, S. 187) »das, was den Mitgliedern einer wissenschaftlichen Gemeinschaft gemeinsam ist«. Kuhn relativiert den wissenschaftlichen Fortschrittsgedanken und versucht zu zeigen, daß die Entwicklung nicht rational und kumulativ vor sich geht, sondern in Revolutionen. Das eigentlich Studierenswerte an der Geschichte einer Wissenschaft ist danach weniger die Konkurrenz der Theorien als der Kampf der Paradigmen, wenn plötzlich – als Antwort auf Krisen, die von den herkömmlichen und etablierten Theorien nicht mehr geistig gemeistert werden können – eine neue Weltanschauung aufkommt. Mit dem älteren Falsifikationismus im Kritischen Rationalismus teilt Kuhn noch die Annahme, daß überholte Theorien gleichsam zu den Akten gelegt werden. Das siegreiche Paradigma versucht sich jedoch eher kraft wissenschaftspolitischer Machtpositionen als durch bloße intellektuelle Überzeugungskraft als Sieger zu definieren und das unterlegene Paradigma zu eliminieren. Kritische Rationalisten, die den Pluralismusgedanken Poppers ernst nehmen, haben an diesem Punkt ihre Bedenken angemeldet und lassen einen Minderheitenschutz für die unterlegenen Paradigmen zu: »Um sich bewähren zu können, müssen Theorien zunächst bewahrt werden«, und: »Durch das pluralistische Bewahrungsprinzip soll der ›Mord‹ an vielversprechenden neugeborenen Ideen verhindert werden, um den vorläufig unterlegenen Standpunkten die Chance zu erhalten, den Wettbewerb schließlich doch noch zu gewinnen« (Spinner, 1974, S. 91). In Feyerabends (1976) anarchistischer Erkenntnistheorie schließlich kommt es sogar zur Forderung nach Gleichberechtigung für jede prima vista absurd erscheinende

Lehre, auch wenn sich die Mehrzahl der Konfliktgegner im Paradigmenstreit über die »Unwissenschaftlichkeit« einer Theorie einig zu sein scheint.

Kuhn (z.B. 1976, S. 35) erwähnt die Sozialwissenschaften nur nebenbei. Gleichwohl ist die Paradigmathese auch von Politikwissenschaftlern als brauchbares Erklärungsraster für den Wandel von Theorien angesehen worden (Stammen, 1976, S. 40f.). In manchen Punkten scheint der Theorienstreit seit dem Ende der 60er Jahre mit Kuhns Begriffen gut erklärbar zu sein. Auffallend war die gewisse Gläubigkeit, auf der der Erfolg eines neues Paradigmas laut Kuhn beruht, solange es viele Phänomene nicht wirklich besser als die alten Theorien erklären konnte. Kuhns Thesen haben sich aber in der Aneignung durch Politologen stark verselbständigt. Bußhoff (1975, S. 240) hat den Politikbegriff als eine grundlegende gesamtgesellschaftlich bedeutsame Einheit gedeutet, die parallel zum Paradigma-Begriff nicht völlig auf logisch letzte Bestandteile reduzierbar sei. Paradigmawandel wurde bei ihm gleichsam zu einer kulturrevolutionären Aufgabe. Dieser Überdehnung steht eine Verengung in der Reduktion auf den Methodenwandel gegenüber. Karl Deutsch (1971, S. 12) hat die Einführung von Umfragetechniken, der quantitativen Inhaltsanalyse und der Computersimulationen als revolutionären Paradigmawechsel angesehen. Aber gerade die »behavioral revolution« hat die anderen Ansätze in der Politikwissenschaft nicht erledigt, und ein Paradigma im Kuhnschen Sinne ist nicht an eine bestimmte Forschungsmethode gebunden. Immerhin kann die »Methodenrevolution« den grauen Alltag der Wissenschaft, der sich nach Kuhn (1976, S. 38) in wenig innovativen »Aufräumarbeiten« erschöpft, in einem dynamischeren Licht erscheinen lassen.

Der Paradigmabegriff, der zu einer Erforschung der sozialen Grundlagen des Wissenschaftsfortschritts beitragen sollte, erscheint bisher allzu vieldeutig. Die Parallele zu Karl Mannheims vager Kategorie der »Denkstile« drängt sich auf (Ludz, 1978, S. 218). Das Verhältnis von Paradigma und Theorie bleibt weitgehend ungeklärt. Der Fall, daß eine Theorie das umfassendere Phänomen darstellt, innerhalb dessen mehrere

Paradigmen verschiedene Bilder für das Explanandum bereitstellen, ist nicht vorgesehen (Hondrich, 1978, S. 315). Es wird gerade in der Politikwissenschaft die politische Dimension der sozialen in der Erforschung der Theoriendynamik hinzugefügt werden müssen. Machiavelli und Hobbes haben Aristoteles nicht im gleichen Maße »überholt« wie Kopernikus das ptolemäische Weltbild. Der Aristotelismus in der politischen Theorie hatte ein zähes Weiterleben, zum Teil durch Macht abgestützt. Auch die Konflikte der 60er und 70er Jahre in der deutschen Politikwissenschaft zeigten, daß ein Paradigmawechsel administrativ behindert werden kann. Das Bündnis der alten Erzfeinde »Normativisten« und »Neopositivisten« unter dem Druck des Neomarxismus hat in den Fakultäten und in der Hochschulpolitik ein anscheinend unterliegendes Paradigma am Leben halten können.

Wenn die Kuhnsche These richtig ist, haben Theorienvergleiche, um die sich die deutsche Soziologie zunehmend bemüht (Hondrich/Matthes, 1978), eigentlich keinen Sinn. Paradigmen stehen sich fremd und gesprächsunbereit gegenüber. De facto zeigt sich jedoch, daß die wirklich angewandten Methoden und ihre Ergebnisse viel mehr Übereinstimmungen – bis in die Relevanz- und Beurteilungskriterien hinein – aufweisen, als die von den Vordenkern der jeweiligen metatheoretischen Position proklamierten Grundsätze vermuten lassen. Nach ersten konfliktreichen Jahren, die der Kuhnschen These ähnlich sahen, ist zu bestreiten, daß sich die Theorien weiter gleichsam sozialdarwinistisch zueinander verhalten und die siegreiche nicht rastet, ehe alle anderen ausgerottet sind. Paradigmen bewegen sich nach Zeiten nutzloser Streitereien auch häufig aufeinander zu und befruchten einander trotz sattsamen Aneinandervorbeiredens wie im Positivismusstreit in der Habermas-Luhmann-Debatte oder in der französischen Kontroverse zwischen Strukturalisten und Marxisten.

Anfang der 70er Jahre kam es vor allem zu einer Annäherung der beiden abstraktesten Theoriegebilde in Deutschland, des Neomarxismus und des Funktionalismus. Die lange verketzerte Kybernetik wurde selbst im orthodoxen Marxismus-Leninismus rezipiert (Georg Klaus). Der Gegensatz zwischen

Systemtheorie und Gesellschaftstheorie wurde auch von Marxisten zunehmend relativiert (K. H. Tjaden, in: Hondrich/Matthes, 1978, S. 125ff.). Nur einige Neodogmatiker fuhren fort, andere Meinungen als »zur abstrakten Systemtheorie ... verkommen« zu denunzieren (Hirsch, in: v. Braunmühl u. a., 1973, S. 200).

In der Auseinandersetzung zwischen Marxismus und Systemtheorie zeigten sich einige erstaunliche Gemeinsamkeiten:

a) die Wahl eines *Ganzheitsbegriffes* als Ausgangspunkt (Totalität oder Systemzusammenhang) und die ontologische Prämisse, daß ein Seiendes nicht wahrhaft und beständig sein könne, wenn es einen Widerspruch zu sich selbst enthält;

b) die Neigung zu neuen Formen *teleologischen Denkens*; Emanzipation und Fortschritt im Gang der Geschichte stehen den Begriffen *purpose* und Systemziel gegenüber;

c) eine *unklare Haltung zum Problem der Kausalität*; die Natur des Zusammenhangs von systematischen Interdependenzen ist wie die dialektischen Bezüge oder die »Syndrome«, welche die Freudo-Marxisten allerorten entdecken, nicht selten im schöpferischen Halbdunkel gelassen;

d) eine Tendenz zu *schwer operationalisierbaren Globaltheorien*, die von bestechendem didaktischen und nicht zu leugnendem heuristischen Wert im Stadium der Hypothesenbildung sind, jedoch durch die Ausbildung wissenschaftlicher Subkulturen mit eigener Terminologie und isolierenden Schulbildungen immer falsifikationsfeindlichere Züge annehmen. Der Neigung des aktiven Teils der Jugend, dialektische Globaltheorien zu übernehmen, steht eine vergleichbare Neigung eines großen Teils der theoretisch interessierten und professionalisierten Sozialwissenschaftler gegenüber, im systemtheoretischen Ansatz ein Erklärungsschema für alle politischen Phänomene zu finden, ob man eine lokale Parteieinheit oder die UNO untersucht. Der gewichtigste Unterschied zwischen beiden theoretischen Positionen ist jedoch, daß funktionalistische Systemtheorien sich besser zur Ordnung und Beherrschung des Bestehenden, dialektische Geschichtstheorien besser zur Veränderung des Bestehenden zu eignen scheinen.

Relevante Ansätze der Kritischen Theorie (Kap. I, 3) haben daher eine Fülle von Entlehnungen bei der Systemtheorie vorgenommen, und die Vorkämpfer für die Rezeption von Systemtheorien (z. B. Naschold) haben zweifellos ebensoviele Anleihen bei Vokabular und Werthaltung der Kritischen Theorie für ihre Forschung gemacht.

Bei der Politikwissenschaft, die weniger stark auf Generalisierung eingestellt ist als Soziologie und Psychologie, da die individuellen Rahmenbedingungen einzelner politischer Systeme nun einmal nicht ohne weiteres ausgeklammert werden können, prallen im täglichen Routinebetrieb der Wissenschaft nur selten ganze Paradigmen aufeinander, sondern allenfalls eine Vielzahl von Paradigmafragmenten (Wolin, 1968; Hargens, in: Stehr/König, 1975, S. 377), von einigen Techniken ohne theoretische Verallgemeinerungen dargestellt. Andere theoretische Aussagen sind quasi-metaphysische Theoreme wie bei manchen Normativisten, deren Darstellung zwischen Aristoteles und Zitaten aus einer Tageszeitung hin- und herpendeln. Viele Objekttheorien – die den Verallgemeinerungsgrad der Begriffe, die hier im Kapitel III, 1–8 behandelt wurden, nicht überschreiten – können sogar in relativer Unabhängigkeit von Paradigmen behandelt werden.

Soweit Paradigmawechsel den Theorienwandel erklärt – vor allem die hektische Bekehrung einiger jüngerer Politikwissenschaftler zum Neomarxismus Ende der 60er Jahre hat das Wort »Paradigmawechsel« fast zum konservativen Schimpfwort werden lassen –, war er angesichts des Abflauens des politischen Drucks, der hinter den neuen Paradigmen stand, auch keineswegs in allen Fällen so dauerhaft, wie die These vom revolutionären Paradigmawandel unterstellen müßte.

(5) *Keiner der fünf Approaches wird in der Politikwissenschaft ausschließlich angewandt.* Die meisten empirischen Studien sind durchaus eklektisch. In der Regel sind sie es um so mehr, je weniger abstrakt der gewählte Ansatz ist. Die metatheoretische Position kann vom Forscher nicht willkürlich ausgewählt werden. Sie hängt vom Verständnis und der Rollenauffassung im Theorie-Praxis-Bezug der Wissenschaft ab. Die

Approaches hingegen können je nach Gegenstand und Fragestellung durch bewußte Entscheidung ausgewählt und – trotz der oben erwähnten Affinitäten zwischen einigen metatheoretischen Positionen und theoretischen Ansätzen – relativ unabhängig von der wissenschaftstheoretischen Position des Forschers ausprobiert werden. Die metatheoretischen Positionen können nicht von staatlich sanktionierten Curricula vorgeschrieben werden. Es kann vom akademischen Lehrer allenfalls verlangt werden, daß er die Gegenpositionen darstellt und sich mit ihnen auseinandersetzt, nicht jedoch, daß er sie vertritt. Die Approaches hingegen enthalten in ihren technischen Möglichkeiten eine Fülle von wertfrei erlernbarem Handwerkszeug – von der Quellenbehandlung beim genetischen Approach bis zu den Techniken der Survey-Studien beim behavioristischen Ansatz oder den Regeln für die Behandlung aggregierter Daten bei der komparativen Methode.

Die vergleichende Methode ist in ihren Merkmalen nicht ohne weiteres auf eine Stufe mit den vier anderen Ansätzen zu stellen, da sie selbst sehr vielfältige Verfahren ausgebildet hat und sich mit institutionellen, behavioristischen und funktional-strukturellen Ansätzen verbinden läßt.

Der Funktionalismus hat auf der mittleren Ebene der Approaches die komparative Methode am stärksten befruchtet, während die Ansätze, die auf normativen oder dialektischen Metatheorien aufbauen, dazu neigen, die komparative Methode gering zu achten, weil beiden der sammelnde und klassifizierende Eifer der Komparatistik für die Vielfalt des zufällig Gewachsenen im Bereich des Verhaltens wie der Instutionen fremd ist. Kritisch-dialektische Theoretiker sind im Gegensatz zu normativen Theorien meist antiinstitutionell eingestellt. Nur im übersteigerten Kampf gegen bestehende Institutionen zeigte sich gelegentlich ein negativer Institutionalismus, der die Bedeutung von Institutionen im Kampf ebenso überschätzte wie die Resultate des Gewonnenen bei Zerstörung bestehender Institutionen.

Für die Theoriebildung haben *die verschiedenen Ansätze Unterschiedliches geleistet*: am wenigsten der historisch-genetische, am meisten der funktional-strukturelle Ansatz. Noch immer aber gilt für diese mittlere Ebene der Abstraktion im Bereich der politischen Theorie der resignierende Satz Mertons (1961, S. 9): »We have many concepts but few confirmed theories; many points of view, but few theorems; many ›approaches‹, but few arrivals.«

Gute wissenschaftliche Arbeiten sind in der Regel nicht rigoros auf einen Ansatz festgelegt, und selbst in der Systemtheorie überwiegen eklektische Systemtheoretiker. Die Qualität von Werken, der Spürsinn für Fragestellungen und die Materialbewältigung lassen sich nicht auf die Methode allein reduzieren, obwohl in gewissen Epochen ein Trend der wendigsten und fähigsten Forscher zu bestimmten neuen Ansätzen immer wieder auffällig war. Diese Ansätze behielten jedoch selten für immer die intellektuelle Führung in der Methodendiskussion. Ähnliches gilt für Theorien und deren heuristische Leistungsfähigkeit. Fragwürdige Theorien produzieren gelegentlich brauchbare Einsichten und führen zu neuen vielversprechenden Fragen. Auch der Umkehrschluß gilt gelegentlich. Karl Deutsch (1971, S. 15) hat in seiner »Presidential Address« vor der American Political Science Association 1970 mit Recht vor der Annahme gewarnt, daß die Formulierung einer Theorie, die den bisherigen überlegen scheint, bereits eine Garantie dafür sei, daß alle Resultate, die beim Einsatz der Theorie gefunden werden, nützlich und richtig sein werden.

Pluralismus auf der metatheoretischen Ebene kann nur bedeuten: Toleranz gegenüber anderen Positionen. Pluralismus auf der Ebene der Approaches, Methoden und Forschungstechniken hingegen kann auch das gleichzeitige Nebeneinander der Anwendung beinhalten. Vor allem Marxisten haben gern den Vorwurf des Eklektizismus gegen diese Ansicht zur Hand, meist ohne wahrhaben zu wollen, daß die meisten Marxisten und Dialektiker eine narrative Darstellungsweise konservieren, die den historisch-genetischen Approach nach Bedarf mit forschungstechnisch meist nicht sehr entwickelten Einsprengseln anderer Approaches (z. B. der vergleichenden Methode anhand aggregierter Daten, seltener anhand von

Survey-Studien) ergänzen. Konsequent sind Marxisten und Dialektiker allenfalls in der Vertretung ihrer metatheoretischen Position. Darin aber steht ihnen der kritische Positivist nicht notwendigerweise nach. Im Methodenbewußtsein und in der Forschungstechnik ist er ihnen bisher in der Regel überlegen gewesen. Das muß jedoch nicht immer so bleiben, falls der Marxismus in entdogmatisierter Form sich in den Sozialwissenschaften ausbreitet.

Während für Monographien mit einem begrenzten Gegenstand der Methodeneklektizismus nicht nötig und wünschenswert erscheint, läßt er sich für Überblickdarstellungen und einführende Lehrbücher kaum vermeiden. Je rigoroser eine einzige Methode benutzt wird und je verfeinerter die Forschungstechniken sind, die dabei eingesetzt werden, um so größer wird beim heutigen Forschungsstand der Bereich des wissenschaftlich und politisch Relevanten, das auf dem »Altar der reinen Methode« geopfert werden muß und aus methodischen Skrupeln den spekulativen Sozialphilosophen oder den Popularisatoren überlassen wird.

Methodenpurismus ist in der Regel blind, nicht nur gegen die möglichen Fehlerquellen und Einseitigkeiten der eigenen Methode, sondern auch für die gesellschaftlichen Bedingungen wissenschaftlicher Produktion. Methoden sind in mehrfacher Hinsicht durch soziale Faktoren ihrer Umwelt determiniert:

a) *durch die Persönlichkeitstypen der Forscher und die Modi ihrer individuellen Anpassung –*

Die Konformisten, Ritualisten, Innovatoren, Retreatisten und Rebellen, die Mertons Anomietheorie unterscheidet, gibt es auch unter Sozialwissenschaftlern. Welche Methode jedoch Konformismus ermuntert oder welche Methode die Ritualisten ritualisieren, dürfte von der »herrschenden Lehre« und der »etablierten Methode« abhängen – ähnlich wie methodische Rebellion. Eine Methode, die durch eine wissenschaftliche Rebellion bekannt wurde (z. B. die dialektische), kann nach ihrer Etablierung durchaus ödesten Ritualismus fördern (wie in einigen sozialistischen Staaten). Nur Essentialisten glauben an die »kritische Methode« an sich.

b) durch die *Bedürfnisse innerhalb der Wissenschaftsorganisation* und ihren Zusammenhang mit dem publizistischen Markt –

Je nach dem Genre der wissenschaftlichen Publikation (vom Pamphlet bis zum Lehrbuch) und nach den Zwecken in der wissenschaftlichen Hierarchie, denen eine Arbeit nebenbei dient (z. B. Qualifikation für ein Examen), oder den außerwissenschaftlichen Wirkungsmöglichkeiten, die anvisiert werden (z. B. in der Beratung von Politik), wird sich ein anderer Approach empfehlen. Wenn nur relativ kleine institutionelle Reformen möglich erscheinen, ist das Bestehen auf einem systemtheoretischen Globalansatz auf hoher Abstraktionsstufe zwar nach wie vor wissenschaftlich höchst respektabel, bedeutet jedoch vermutlich den Verlust jeglicher Einwirkungsmöglichkeit. Aber auch zentralere Gesichtspunkte der Forschung haben Einfluß auf die Wahl des Ansatzes: die Quellenlage, die Forschungsmittel, die Möglichkeiten zur Teamarbeit, die Möglichkeiten zur Forschung unter bestimmten Systemen. Interviews in Diktaturen sind kaum möglich, also sind in diesem Fall Studien mit sozialen Background-Daten vorzuziehen, die einen relativ institutionellen Approach mit sich bringen. Nur wenn kein Mangel an Forschern und Mitteln besteht, wäre eine ideale Forschungsstrategie zu entwerfen, in der ein methodisch streng überprüfter Ansatz mit kumulierbaren Daten verbindlich gemacht würde. Dies ist vorerst jedoch ein Traum und nicht einmal ein schöner, denn technokratische Wissenschaft sollte gelegentlich von methodisch auf anderen Voraussetzungen fußenden Pamphleten verunsichert werden können, wenn sie kreativ bleiben will.

c) durch den *Zusammenhang von Methoden und außerwissenschaftlichen Interessen an wissenschaftlichen Leistungen.*

Einige Methoden sind außerhalb der Universität angeregt worden, wie etwa die Statistik, an der ein staatliches Interesse im Zeitalter des Merkantilismus bestand, oder im 20. Jahrhundert die Demoskopie. Der »Verein für Socialpolitik« der Kathedersozialisten in Deutschland, die »Fabian Society« der reformistischen Sozialisten in England oder die Durkheim-Schule mit ihrem außerwissenschaftlichen Nebeninteresse, moralische Unterstützung für die französische Dritte Republik zu organisieren, haben neue Methoden auch aus außerwissenschaftlichen Antrieben gefördert (N. Birnbaum, in: Soziologie zwischen Theorie und Empirie. München, 1970, S. 29).

Das bedeutet nicht, daß das politische Interesse die Methode und ihren wissenschaftlichen Wert determiniert, wohl aber ihre Durchsetzungsfähigkeit, die Unterstützung, die sie außerhalb der Wissenschaft findet, und ihre Macht, sich gegenüber neuen Methoden mit außerwissenschaftlichen Mitteln (z. B. durch Monopolisierung der Forschungsmittel oder Macht bei der universitären Stellenbesetzung) zu behaupten. Methoden sind wegen ihrer technischen Nutzbarkeit für außerwissenschaftliche Interessen direkter fungibel als Theorien.

(6) Die Grundbegriffe der Politik lassen sich zwischen zwei Polen begreifen: entweder als *Integrations- oder Ordnungsmodelle* oder als *Konflikttheorien*. Kein Begriff ist jedoch auf eine der beiden Varianten eindeutig festgelegt. Der System- oder Machtbegriff als Ordnungsmodell ist von modernen Konflikttheorien dynamisiert worden und nur noch bedingt integrationistisch zu verstehen. Umgekehrt sind Klassen oder Gruppenpluralismuskonzepte von Integrationstheoretikern adaptiert worden und haben dadurch viel von ihrer Dynamik verloren.

Einige kritische Theoretiker begriffen System- und Konflikttheorien nur als zwei Varianten spätbürgerlichen Denkens, von denen die Systemtheorie ontologisiert, was die Menschen eint – die Konflikttheorie, das was sie entzweit, den Konflikt. Die Gefahr von Ontologisierung und Substantialisierung ist in der Tat niemals ganz gebannt, auch nicht beim »nichtbürgerlichen« Denken, weil die Übernahme der marxistisch-dialektischen Theorie dazu verleitet, Annahmen über den Geschichtsprozeß sowie über das Verhältnis von Basis und Überbau, Ökonomie und anderen Subsystemen des sozialen Systems zu ontologisieren. Zusammenfassend läßt sich jedoch sagen, daß die Tendenz der politischen

Theorie immer wieder auf die Schaffung von Ordnungsmodellen gerichtet ist und daß Konfliktmodelle den Ordnungsmodellen gegenüber strukturell benachteiligt zu sein scheinen:

a) Systematisches Denken zeigt immer wieder die Tendenz, zum *doktrinären System* zu gerinnen. Elemente von statischem Gleichgewichtsdenken fanden sich in allen Konflikttheorien: in den *cross-cutting-memberships – cross-cutting-cleavages* der Gruppentheorien, im *Patt der Vetogruppen* (Riesman), in der Annahme temporärer *Klassengleichgewichte* in der Klassentheorie und der Vorstellung einer *Rückkoppelung* der Elite durch demokratische Führungsauslese an die Massenbasis und die Existenz der *Gegenelite* (Lasswell) bei den Elitentheorien.

b) Die widersprüchlich konzipierten Einheiten, wie Gruppen, Klassen und Eliten – Massen, wurden von den Ordnungsmodellen ebenfalls verwandt und nicht selten in nichtantagonistischem Sinne umgedeutet, so daß im täglichen Sprachgebrauch (in Amerika selbst bei dem Klassenbegriff, der überwiegend im Sinne des Warnerschen Gradationsschemas benutzt wird) eine *konfliktferne Deutung der Begriffe* überwiegt.

c) Während die Grundbegriffe der Ordnungsmodelle wie »Staat«, »politisches System«, »Macht«, »politische Kultur« oder »Konsens« jedoch die Tendenz hatten, sich zur nichtoperationalisierbaren *Leerformel* auszuweiten, gaben die Grundbegriffe der Konflikttheorien – da sie von Teilen und nicht vom Ganzen ausgingen – mehr Anregungen zur Hypothesenbildung im Bereich der empirischen Detailforschung.

Sie erkauften diese Fruchtbarkeit der Anregung zu konkreter Forschung indessen mit dem Abnehmen des theoretischen Niveaus. Allgemeine Konflikttheorien waren meist *Evolutionsschemen* mit detaillierter Periodisierung – wie sie von Comte bis zum modernen historischen Materialismus immer wieder einflußreich sind – oder *Modernisierungstheorien*, die als Theorien über historische Prozesse einen stärkeren Imperativ zum Handeln enthielten als die Ordnungsmodelle. In der Beschreibung historischer Stufen indessen gingen auch die Konflikttheorien überwiegend taxonomisch vor und verloren sich in Typologien, die allenfalls noch unter dem Gesichtspunkt einer revolutionären Organisationslehre den Mobilisierungscharakter von Konflikttheorien bewahrten.

(7) In allen Theorien sind neben empirischen immer auch *ideologische Elemente* enthalten, und diese sind nicht einmal ausschließlich negativ zu bewerten. Ohne spekulative Vorgriffe fallen in der Regel die Hypothesen für empirische Arbeit dürftig aus. Kreative Phantasie ist jedoch an soziale Positionen und ein bestimmtes Vorverständnis gebunden, das bei allem Bemühen nie ganz ideologiefrei zu halten sein wird. Das Wissen um die Unvermeidbarkeit ideologischer Elemente und die Würdigung ihrer schöpferischen Seiten brauchen jedoch nicht in die Verherrlichung der politischen Theorie als »Ziviltheologie« zu führen, die Falsifikation durch Heilsgewißheit und Überprüfung durch einseitige Kommunikationsformen wie Indoktrinierung und Agitation auszuschalten versucht.

(8) Die politische Theorie ist bis in die 60er Jahre überwiegend mit dem Material und den *Begriffen der europäisch-amerikanischen politischen Kultur* konzipiert worden. Mit diesem Handwerkszeug war in der Regel weder die Politik der Zweiten (sozialistischen) Welt noch der Dritten Welt (der Entwicklungsländer) zu verstehen. Die Zweite Welt wurde in den 50er Jahren mit Totalitarismustheorien analysiert, die am Bild faschistischer Regierungssysteme der Ersten Welt gewonnen wurden. In den 60er Jahren wurde die Eigenständigkeit der sozialistischen Entwicklung durch Konvergenztheorien bagatellisiert. Die Dritte Welt wurde zunächst mit evolutionistischen Theorien interpretiert, und als das Telos des Modernisierungsprozesses galt die europäisch-amerikanische Welt. Entwicklungstheorien der Ersten und Zweiten Welt zeichnen sich durch die Neigung zu einem symmetrischen Weltbild aus und durch Vernachlässigung der Möglichkeiten segmentierter Gesellschaft mit wenig ausdifferenziertem Herrschaftsapparat. Theorien zur Erfassung der sozialen Realität der Zweiten und Dritten Welt beanspruchen heute mehr als nur akademisches Interesse. Mit zunehmender Verflechtung der Staatenwelt wirken die politischen Prozesse in anderen Systemen auf die Erste Welt zurück, vor allem im Bereich der Planung und

Daseinsvorsorge (sozialistischer Länder) und in der Bewältigung der zunehmenden Fragmentierung und Anomien, die den politischen Prozeß der Ersten Welt dem der Dritten immer ähnlicher zu machen scheinen.

Die Impulse der Kritischen Theorie fruchtbar zu machen für eine adäquate Theoriebildung bei Bewahrung der Errungenschaften westlicher sozialwissenschaftlicher Forschungsmethoden, wie sie der Funktionalismus und der Behaviorismus erarbeiteten, wird Aufgabe politikwissenschaftlicher Theoriebildung der Zukunft sein.

Literatur

R. K. Merton: Social Theory and Social Structure. Glencoe/Ill., Free Press, ²1961

Sh. S. Wolin: Paradigms and Political Theory. In: P. King/B. C. Parekh (Hrsg.): Politics and Experience. Cambridge/Mass., Harvard UP, 1968, S. 125–152

K. W. Deutsch: On Political Theory and Political Action. APSR, 1971, S. 11–17

C. v. Braunmühl u. a.: Probleme einer materialistischen Staatstheorie. Frankfurt, Suhrkamp, 1973

H. Spinner: Pluralismus als Erkenntnismodell, Frankfurt, Suhrkamp, 1974

H. Bußhoff: Systemtheorie als Theorie der Politik. Pullach, Verlag Dokumentation, 1975

L. L. Hargens: Anomie und Dissens in wissenschaftlichen Gemeinschaften. In: N. Stehr/R. König (Hrsg.): Wissenschaftssoziologie. Studien und Materialien. (Sonderheft 18 der KZfSS) Opladen, Westdeutscher Verlag, 1975, S. 375–392

P. Feyerabend: Wider den Methodenzwang. Frankfurt, Suhrkamp, 1976

Th. S. Kuhn: Die Struktur wissenschaftlicher Revolutionen. Frankfurt, Suhrkamp, ²1976

Th. Stammen: Theoriendynamik in der Politikwissenschaft. München, Vögel, 1976

H. Kastendiek: Die Entwicklung der westdeutschen Politikwissenschaft. Frankfurt, Campus, 1977

H.-J. Arndt: Die Besiegten von 1945. Versuch einer Politologie für Deutsche samt Würdigung der Politikwissenschaft in der Bundesrepublik Deutschland. Berlin, Duncker & Humblot, 1978

L. S. Feuer: Die autoritäre Vermessenheit. Ideologen im Dilemma. Graz, Styria, 1978

K. O. Hondrich/J. Matthes (Hrsg.): Theorienvergleich in den Sozialwissenschaften. Darmstadt, Luchterhand, 1978

P. CH. LUDZ: Thomas S. Kuhns Paradigmathese: eine ideologiekritische Untersuchung. In: Sozialphilosophie als Aufklärung. Festschrift für Ernst Topitsch. Tübingen, Mohr, 1978, S. 217–246
J. KOCKA/TH. NIPPERDEY (Hrsg.): Theorie und Erzählung in der Geschichte. München, DTV, 1979

Register